河合隼雄著作集

ユング心理学の展開

2

岩波書店

序説　影とイメージ

悪

ユング心理学に私が関心を持つようになったのは、偶然的な要因が大きいように思うが、今になってみると、ほとんど必然と言いたいほどに感じられる。そのようなことのひとつとして、「悪」の問題がある。私は相当幼い頃から自分の悪ということに悩むことが多かったし、善悪の判断について、子ども心にも考えさせられることも多かった。おそらく、ユングも同じような傾向をもっていたのではなかろうか。従って、彼の言う「影」ということが、私には非常に意義深く感じられたのである。

子どもの頃から私は二律背反的な傾向を強くもっていた。ともかく自分自身に対して、悪いとかずるいとか自己批判をして、ちぢこまっているようなところがあるのだが、周囲の人たちを見ていると結構同じようなところがあるので、ほっとするようなことが多かった。また逆に、善悪の判断に急に厳しくなって、他人の不正を強く批判したり、したくなったりしたあげくに、自分の中にもそのような傾向を発見して、しゅんとなるようなこともあった。今でも、それらのことをよく覚えているのがある。

私が子どもの頃は、「長幼序有り」の考えで、自分より上の人を批判することは、それだけでも悪である、と考えられていた。面白いのは、私はむしろそのような与えられた善悪の規準にはあまり関心がなかったことである。従って、自分の判断でおかしいと思うときは、親でも教師でも向かっていった。それも合理的論理的に筋を通して批判をするので、目上の人たちから怖がられたり、嫌われたりすることも多かったようだ。そのままの傾向をもって大人になっていたら、随分とイヤな人間になっていたのではないかと思う。もっとも、今でも、「これは許せない」と感じると前後の見境もなくつっかかってゆくようなところは残っているが。

自分の悪にも他人の悪にも、破壊的なほどに厳しい態度をもちながら、今日まで生きながらえてきたのには、親、兄弟の力が大きいと思う。大なり小なり似たような傾向をもっていたので、時には一同で「正義」のために憤慨したりしながらも、自分の判断を常に相対化するはたらきがどこかに生じて、バランスが回復された。二律背反のなかで生きてゆくのに絶対必要とも言える「笑」が、大切な要素として家族のなかにあった。冗談、洒落は親子共に好きであった。「正義」が硬直しはじめると適切な笑がそれをときほぐしてくれるのである。このような人間関係に守られていたので、特別に危険なことにまで至らずに済んだが、やはり、悪の問題をかかえこんでいる程度は、家族のなかで自分が一番大きいのではないかと思っていた。

善悪の判断の相対性という点で一番大きいことは、何と言っても日本の敗戦を経験したことであろう。善悪の価値判断がここで一転したわけであるし、それまで偉そうに言っていた人が平気で態度を反転させる例をたくさんに見た。戦争中は上から与えられる価値観を正しいこととして、それに従わねばならないと努力する一方で、何やらおかしいとひそかに感じていたところもあった。敗戦を契機にして、戦時中の価値観のまちがいが鋭く指摘され、自分がひそかに感じていたことがまちがってなかったと思うと共に、急激に戦後の考えに頼って「正義」を主張する人にも同調し難い、と感じていた。

生来の傾向に加えて、思春期に一般的価値の転換する現象に会ったこともあって、それ以後、一般的な価値判断にすぐに同調することが出来ず、ともかく自分で考え判断してみる、という態度が強くなったと思う。多数のなかで一人異なる考えをもっていても、あまり困らずにゆっくりと成りゆきを見ることができる。このことは、自分のその後の人生に大いに役立ったように思う。

善悪の判断という点については、自分なりに考え、それが多少他と異なるものであっても困らなかったが、自分自身の悪ということは、どうにもならないところがあった。どう考えても悪と思えることを、考えたり、実行したりしてしまう。あるいは、「不正と戦う」つもりで張切っている自分のなかにも、そのような不正を見出す。それをどうすればいいのか、どう考えればいいのか。このことは実に重い問題であった。子ども心にも、兄弟のなかで、なぜ自分だけがこんなに悪人なのだろう、と嘆かわしく思ったこともある。

このようなことを考え続けているときに、ユングの心理学に触れ、そこに「影」ということを見出したときは、ほんとうに嬉しかった。同じことを悩み続け、そこにひとつの道を拓こうとした人がいる、と思った。

影のリアライゼーション

影をどのように「定義」するかは難しい問題である。厳密な定義などによって把握できないところに、その特徴がある、と言ってもいいであろう。それをどのように理解するかよりも、何と言ってもそれをどう実感するかの方に重点がある。弟子たちが影の概念について論じあっているとき、ユングが腹を立てて、「それは無意識の全体だ」と言ったのは、よくわかる気がする。それは論議する前に体験しなくてはならないものだ。

影を実感する方法のひとつとして夢体験がある。というよりは、ユングが「影」ということを言い出した基には、彼の夢分析の経験がある。私も夢分析を受けはじめると、早速多くの「私の影たち」が夢に登場しはじめた。自分はどのような点で悪人であるか、どのような欠点をもっているか、などと単に話合うのと、夢の体験を基にして話合うのとでは、そこにはたらく心的エネルギーの量が異なってくる。頭で理解するのと、自分の存在全体にかかわってくるのとでは随分とその質が異なるものだ。

影のリアライゼーションという言葉はいい言葉である。英語の realize(リアライズ)には「知る」という意味と「実現する」という意味がある。単に知的に知るのとは異なり、何らかの実現を必要としている。あるいは単に行動するのみではなくそれを「知る」ことがなければならない。悪事を犯した人は、多くの場合それを「やってしまった」とは思っても、それをはっきりと自分のこととして「知る」ことをしていない。夢の分析を受けても、影をいかにリアライズするかが重要である。うっかりと影の部分を実現してしまうと、それは犯罪になることも多い。法律的には問われないにしても、人間的な罪であることも多い。しかし、それをまったく恐れていては、リアライズすることができないとも言える。

これに対する答はおそらく「個性」との関連においてのみ見出されるだろう。「自分の生きてこなかった半面」などというと無限にある。そんなことをすべて実現できるはずはない。自分の個性実現の過程のなかに、自分の影のリアライゼーションがあり、それはあまりにも個別のことであるので、時には社会一般、あるいは伝統的な道徳には相いれぬこともあろう。しかし、あくまでも自分の個性実現の線に沿って、慎重にリアライズすることを試みるしかないのではなかろうか。そこには常に転落の可能性があるが、半歩ずつ踏みしめ踏みしめして進んでゆくより仕方がないであろう。このような慎重であくまで観察を怠らない歩の進め方を知らず、「自己実現のためには悪も許される」というような安易な態度になるときは、破壊的な結果を免れない、と思われる。また影のリアライゼーションに伴う結果に対しては、全責任を負う覚悟も必要である。

スイスで分析を受けはじめてすぐに、日本人としての影、と言っても普遍的影に近い存在との取り組みが課題となった。自分が嫌悪していた日本人の影が、当然のことではあるが、自分のなかにもあると認知することは辛いことである。そのような重荷に苦しんでいるとき、分析家のマイヤー先生が読むように示唆してくれたのが、本書に取りあげている、ロレンス・ヴァン・デル・ポストの『影の獄にて』であった。もちろん、当時は翻訳もなかったし、ヴァン・デル・ポストのことも何も知らなかった。ユング研究所で借りて図書室で読みはじめると止められない。電車を乗りつぐ間も読み続け、帰宅するまでに読んでしまったが、体がふるえるような感激を味わったことを、今もって忘れることができない。この本のおかげで、キリスト教文化圏の人に会うのが以前より会いやすくなったと思う。われわれの年代の日本人にとっては、キリスト教文化圏の人に会うと、評価を高くしすぎたり、低くしすぎたり——つまり文化的影の影響を強く受けるので——なかなか平静に会いにくいのである。

『影の獄にて』の対としてヘリゲルの『弓と禅』をあげたのは、文化的影の問題を考える上で適切だったと思う。この本は昔に確か岩波書店より出版されていて、それを中学生のときに読んで感動したものである。まさか、このようなところで役立つことになろうとは、思いもかけないことであった。

一九七二(昭和四十七)年に京都大学に奉職したときは、学園をゆるがせた闘争も相当下火になっていた。しかし、私の奉職した教育学部ではいろいろと事情が重なって、学生諸君の言う「団交」なるものがよく行われた。はじめのうちは少し勝手が違ったが、様子がわかってくると、「団交」の相手をすることが増えてきた。こんなときに、それまで分析体験として行なってきた影のリアライゼーションが少しは役に立ったように思う。

たくさんの「正義の味方」の学生諸君に会ったし、「正義」を唱える者の常として相当に乱暴な言動をする学生も居たが、憎む気にはならなかった。いろいろ言いたてる彼らの姿に、自分の中学生時代の姿を垣間見るような思いもした。若いから無理もないと思ったが、もう少し彼らが年齢相応の影の自覚をもっていれば、あの当時の大量のエネルギーの消費に対して、それに見合う建設的な結果を得られたのではないかと思った。もちろん、当時の運動には多くの要因がからみあっているので、これはある一面から見た点だけを述べているに過ぎないのであるが。

イメージの世界

「影」は夢においては、夢見る人と同性の人物として現われる。本書にはそのような例を示している。夢や箱庭などの表現を用いた事例を報告すると、時にそのような「空想だけを扱っていたのでは、現実に適応できないのではないか」と言われたり、「自分は現実に人が死ぬの生きるのという場面にかかわっているので大変だが、そのような架空のことをやっていると楽でしょう」と言われたりする。このような人たちは、人間にとってイメージの世界がいかに重要であるかを理解していない。それは人間にとってのひとつの「現実」なのである。

イメージについて論じるとき、まずその「深さ」に注目するべきである。普通に目を閉じて、その前に見ていた窓外の景色をイメージしたりするときは、それは単なる外界の模像である。それに対して、深いイメージは前者のように意識的コントロールによって生じるものではなく、もっとそれ自身の自律性をもっている。夢の場合を考えるとわかりやすいが、誰も自分の夢をコントロールできない（時に浅い夢のときはそれがある程度可能であるが）。夢で次の場面で誰が登場するのか、どのように話が展開するのかまったくわからず、夢のなかでは本人自身も一人の登場者であり、その話の製作者ではない。これはよく考えてみると大変なことである。「私の夢」などと言っているが、それは私のあずかり知らぬところで生じているのである。

創作をする人が「作中人物が勝手に動き出す」と言う。つまり、自分の作る作品ではあるが、そのなかの人物は作者の意のままにならない。主人公がそれなりの自律性を獲得する。そのような作中の人物の自律性と作者の意志とのせめぎ合いのなかから名作が生まれてくるのだ。作者の思いどおりに作った作品は、「つくり話」で読者の深い感動を誘わない。イメージの深さと、それによって動く情動の深さとは対応している。夢でも深い夢を見たときは、目覚めたときにそれ相応の感情が残っている。

この逆の場合を考えてみよう。現実に人を殺した人でも、それに伴うはずの感情をほとんど体験していない人もある。死ぬの生きるのと言う人にかかわって右往左往しても、それは確かに「わずらわし」かったり「疲れ」たりするかも知れないが、人間の死ということにかかわる深い感情、存在を奥底から揺がすような体験とはまったく関係のないときがある。それは「現実」であるからイメージよりも重いと言えるだろうか。実際、私の経験では、イメージを扱っている方が、はるかに大量のエネルギーの消費を感じさせられる。たとえて言うならば、三文小説を読んだときと、名作を読んだときとの感動の差のようなものである。

十九世紀から二十世紀の前半にかけて、欧米の文化が急激に外向化し、外的現実を操作しコントロールすることに熱中し、それが大成功を収めた。それに心を奪われすぎたので、人間は内的世界を無視したり、拒否したりするようになった。たとえ「内界」という言葉を用いるにしろ、人間が意識的に思考したり感じたりすることを意味し、それを突き抜けたイメージの世界のことを忘れていたのである。人間生活は便利で効率的になったが、その代償として多くの神経症や、最近では心身症、境界例などの問題をもつようになった。したがって、それらの治療を考える人たちがイメージの世界に注目するようになるのも当然のことと言えるであろう。イメージの世界は言うなれば、近代社会の影なのである。

自分の生活を、この世を、イメージの方から見直してみることは、ともすると平板化しがちな自分の生き方に立体的な厚みをもたせることとして、現代人に特に必要なことではなかろうか。

人間は古来からイメージの世界を大切にしてきた。しかし、近代社会は多くのイメージを骨抜きにしたり、生命力を奪ったりしてしまった。既成の宗教は多くの形骸化したイメージをかかえて困っているとも言える。現代に生きるわれわれは、もう一度イメージの世界を活性化することを、近代科学と共存する形でやり直さねばならない。

イメージとしての「私」

実験心理学とは異なり、深層心理学は「私が私について研究する」ところから出発する。そのような意味でそれは「私の心理学」と言っていいものである。ただ、私が私について漫然と考えていても仕方ないので、私の「深層」に至るためには、イメージに頼らねばならない。前節に述べたような、それ自身の自律性をそなえた私の心のなかのイメージを研究することによって、私自身を知ることができる。面白いことには、そのイメージのなかに、「私」のイメージも含まれてくる。

夢の例をあげると話がわかりやすい。たとえば、夢のなかで「私が誰か知らない悪漢に追いかけられる。必死に逃げて一軒の家に逃げ込むと、優しい年輩の女性が出てきた。彼女は私をかくまい、追いかけてきた悪漢をうまくごまかしてしまった。おかげで助かってほっとした」という夢を見たとする。このなかで、「私」が登場しているが、「私」はまったくの登場人物で、話がいったいどうなるのかわからない。結局は助かってほっとして目覚めただけである。いったい、この夢のなかの「私」は、今、覚醒して考えている「私」にとって、何なのだろう。

夢のことなど自分とは関係がない、と思うのが一般の態度であろう。あるいは、少し考えてみるにしろ、「ああ助かってよかった」などと思うくらいではないだろうか。しかし、考えてみると、これはまぎれもなく「私」の見た――というか体験した――事実であって、私以外には誰も知らないことであり、そうなると、これほど私固有の体験はない、ということになる。そのようなせっかくの体験を無視してしまうのは惜しいことだ。

夢を少し離れて、自分の心のなかの「私」のイメージについて考えてみよう。われわれは他人のわれわれに対する態度によって、ひどく傷つけられたり、腹が立ったりするときがある。それは、私が「私」に対してもっているイメージと、他人が私に対してもっているイメージとの喰い違いによって生じることが多いのではなかろうか。自分は自分のイメージを「高い」位置においているのに、他人はそれを「低い」イメージとしてみている。あるいは自分の職業についてのイメージが自分と他人とでは異なっている。そんなときにわれわれは腹立たしい思いをする。「自分を何様と思っているのか」などと言って他人を攻撃するとき、その人のもっている自己イメージが他者の抱くのとずれていることを責めているのである。

このように、自己イメージの重要性に気づいてくると、夢のなかで、「悪漢に追われている私」というイメージを見たことは、やはり何らかの考慮を必要とすることになってくる。「自分は何かに追いかけられていないか」と考えてみる。すぐ思いつくのは「原稿の催促」である。そして、それからできるだけ逃げようとしていることも事実である。とすると、自分をかくまって悪漢を追い払ってくれた優しい女性、というのは何だろう。それはひょっとして、仕事を何とかのばそうとする自分の甘え心ではないか、などと思うと、その女性に感謝してばかりも居れない。むしろ、逆に、このような自分の甘え心が、何か大切なことと直面することを避けさせているのではないか。「悪漢」を原稿の催促などという具体的なことに限定せずに、むしろ、無意識の側からの何らかの衝迫、というように広くとってみてはどうか、などと考えられてくる。

このように考えると、夢のなかの「優しい女性」も実は私自身のことになってくる。つまり、夢のなかのイメージはすべてが「私」のことに関連してくる。いったいどこまでを「私」と言っていいのか、わからなくなる。夢のなかの「私」をとりまく、すべてのイメージがまた「私」なのである。言うなれば、私は私のなかにイメージがあると思っているが、イメージのなかに「私」がある、と言うべきであろう。この考えを推しすすめると、「外界」に存在していると思っているすべてのものが、私を包むイメージとして見えてくるし、それらすべてが実は「私」なのではないかとさえ思えてくる。なかなか自分の意のままに動いてくれない友人、何かと意見を押しつけてくる上司、しがらみと思えてくる家族。それらは「他者」ではなく、それらはすべて「私」をつくりあげているものではないだろうか。こうなると、自分のことを考えることはすなわち他人のことであり、他人のことを考えるのはすなわち自分のこととなる。

イメージについて真剣に取り組むことは、人生について実に深く広く考えることになるし、人生を大いに豊かにしてくれる。ユング心理学は「イメージの心理学」と言ってもいいほどであり、このような考えを知ることによって、私は自分の人生を実に多角的に楽しむことができるようになったと思っている。

河合隼雄著作集第2巻　ユング心理学の展開　目次

序説　影とイメージ …… 3

I

影の現象学 …… 3
第一章　影 …… 4
第二章　影の病い …… 46
第三章　影の世界 …… 88
第四章　影の逆説 …… 132
第五章　影との対決 …… 181

II

イメージの心理学 …… 223
イメージと深層心理学 …… 224

イメージとは何か …… 237
イメージと元型 …… 253
宗教とイメージ …… 268
境界例とイメージ …… 283
イメージと言語 …… 298
イメージと創造性 …… 313
ライフサイクルとイメージ …… 324

解　題 …… 339
初出一覧 …… 341

I

影の現象学

第一章　影

人間にとって影とは不思議なものである。それは光のあるところには必ず存在する。私の影は常に私と共にあり、ときに大きく、ときに小さく、あるいは濃淡の度合を変化させながら、まぎれもなく、私のものとして付き従ってくる。しかし、それは私のものとしては、なんと平板で未分化なものであるか。それに、私の影は、大きい影の中ではまったくそれに包摂されて、姿を失ってしまうのである。

私がこの世に生まれるやいなや、私の影は存在し始め、私と共に成長してきた。しかし、それは、私の死にあたってはどうなるのであろうか。私と共に土の中に葬られるのか、あるいは、主人から初めて自由を得た奴隷のように、自由にどこかに飛び去って行くのか、あるいは、影は影の墓場をもつのであろうか。いや、影はその主人と異なり、光の存在にともなって消失したり再現したりを繰り返しているように、死と再生を繰り返しているのであろうか。

影について考察してゆくうえにおいて、影というものが、人間の心の中のイメージとしてどのように存在し、どのような意味をもつのかを、まず明らかにしてゆこう。

一　影のイメージ

影を失くした男

影の意味の重大さについて、影を失くした男の経験ほど、われわれに強く訴えかけてくるものはないであろう。

市内のあたりで私はすぐまた番兵が、「貴方は影をどこへ置いてきたのです？」と言い、その後すぐに、二、三の婦人から、「おやまあ、かわいそうにあの人は影がないわ」と言うのを聞かねばならなかった。それは私を悩まし始めた。そこで、私は用心深く日向へ出ることを避けた。しかし、それはどこでもうまくゆくものではなかった。たとえば、私が最初に横切らねばならなかった広町通りを、まったく運悪く、ちょうど子供たちが下校する時刻に、横切るのは大変なことであった。……彼等はすぐ非難し、泥を投げたりし始めた。「当たり前の人間なら、日向では影を持っているはずだぞ！」私は彼等を追っ払うために金貨をいく握りも投げつけて、同情した人たちが助け乗せてくれた貨馬車の中にとびこんだ。

動き出した馬車の中で独りになるや否や、私は烈しく泣き始めた。この世において黄金が功績や徳行にまさるのと同程度に、影は黄金よりもなお高く評価されるのではないかという予感が、私の心の中に浮かんでくるのであった。しかも、私は以前に良心のために富を犠牲にしたのと同様に、今や黄金のために影を投げ渡したのである。この世の中で私はどうなることができたのか、どうなるべきだったのか。

これは、ドイツのローマン派の詩人シャミッソーが一八一六年に発表した、有名な『ペーター・シュレミールの不思議な物語』(1)の一節である。主人公、ペーター・シュレミールは、悪魔に自分の影を売り渡し、代わりに、好きなだけ金貨を取り出すことのできる財布を手に入れる。しかし、たちまちにして、影のない男の悲しみを味わう羽目におちいるのだが、その描写が先に引用した一節なのである。

シュレミールは魔法の財布の助けによって、王者のような華美と浪費の生活をおくるが、影を失ったという決定的な出来事のため、不幸に悩む。ただ忠義な男ベンデルの存在が、唯一の慰めであるが、恋に破れ、他の召使いにもそむかれ、果ては金も影もない存在にまでおちこんでゆく。無一物になりきったときに、主人公は平静な心をとりもどし、偶然に手に入れた七里の靴によって、全世界の自然を探索することに慰めを見出す。この不思議な物語は、シュレミールの「まず影を、その後に、金を尊重することを学びなさい」という言葉をもって終わりとなるのである。

シャミッソーのこの物語は、当時の人々の間に大きい反響を呼び起こし、影をつくらないように工夫されたランプが、シュレミールランプと名づけて売り出され、人気を博すほどであったという。

この物語の意味については後で考えるとして、もう一人、影を失った男の物語を紹介することにしよう。それは、アンデルセンの童話の一つ、「影法師」(2)である。

ある一人の学者が寒い国から、人が太陽のために黒人になってしまうほどの暑い国へやってきた。あまり暑いので外出せず本ばかり読んでいた。学者が夜中にふと目をさますと、向かいの家のバルコニーに不思議な光がさしてきたように思った。そこにある花という花が炎のように輝き、その中にすらりとした若い女の人が立っているのが見えた。しかしそれはすぐに消え失せ、人の気配はなかった。

ある晩、学者がバルコニーに腰かけていると、うしろの部屋にあかりがついていたので、学者の影法師が向かいの家の壁にうつった。学者は冗談半分に、自分の影法師に向かって、その部屋にはいってみてはなどと言っていると、影法師はほんとうに向かいの家の中にはいっていってしまった。翌日、学者は自分の影法師がないのに驚いたが、また新しい影法師ができてきた。学者は喜んで寒い国へと帰って行った。学者は真善美について学び、本を書いていたが、あるとき、前の影法師が訪ねてきたのである。

影法師はとびきり上等の服にエナメルの靴、金の首飾りにダイヤモンドの指輪といういでたちで現われ、今までの経験を話してくれた。それによると、学者の向かいの家には「詩」が住んでいて、そこに三週間とどまり、それは人が三千年生きていて、詩にうたわれたり、本に書かれたりしたものを全部読んだのと同じ効果があった。影法師はそこで詩と親類関係をもち、自分の本質と天分を知り、人間となった。影はその性質を利用して夜になってから行動しているうちに、人間生活について「どんな人間も知ってはならないことを！　そのくせ、誰もが知りたがっていることを！　つまり、「隣人の悪」ってやつを！」見たのである。これを種に影は金をかせいできたというわけである。

影法師の羽ぶりのいいのに比して、学者のほうはさっぱり、真善美について書いても誰も耳を傾けてはくれず、体もやせて「先生はまるで影法師のようですよ！」と人が言うまでになってしまう。そこで、影法師は自分が費用をもつから湯治に行こうと提案し、ただそのとき自分が主人となり、学者が影法師となるという条件を強引におしつけてしまう。

もともと心持ちがよく、おだやかでやさしいというこの学者は、馬鹿げているなと心の中で思いつつも、結局、

影法師　これはアンデルセンの童話「影法師」の挿絵である．この「偉大な」影は本人から独立した存在として行動し始める．

影法師の言いなりになり、影法師は学者に「君」と言うが、学者は「あなた」と相手を呼ばねばならぬ関係にまでおちこんでしまう。温泉に行くと、そこには「物があまり見えすぎ」て困るという王女が湯治にきていた。影法師は王女にうまく取りいって、王女はついに結婚したいとまで思うようになる。王女は決心するにあたって、影法師がどれほど学問があるかをためそうとする。影法師はそれくらいのことは私の影法師だって答えられますよというわけで、学者に答えさせる。王女はますます感心し結婚を決定する。結婚式にあたって、影法師は学者に対して、年金を与えるから、自分の影法師として行動するように提案するが、学者もとうとうたまりかねて、それを拒否し、人々に真実を告げるという。ところが、時すでに遅く、影法師の命令で学者は逮捕されてしまう。夜になると祝砲がなり、兵隊が捧げ銃をして、王女と影法師はめでたく結婚する。しかし、「学者はこのにぎわいを、何も聞きませんでした。なぜなら、もうとうに命を奪われてしまっていたからです。——」というのが、この話の結末である。

これは影の喪失というよりは、影の反逆である。童話というにはあまりにも恐ろしい物語である。マッチ売りの少女の話を書いたアンデルセンの心の中に生じた、もうひとつの真実の姿であろう。『ペーター・シュレミール』にしても、「影法師」にしても、これらの話はまったく荒唐無稽なものとも言うことができるが、これらが、その反面、われわれの心を打つものであるのは、それらが影についての何らかの内的真実を物語るからであろう。では、われわれにとって影はどのような意味をもつものであるか、それはどのように受けとられてきたかを次に考察することにしよう。

影とたましい

人間にとって影がどのような意味をもつかは、それに対する未開人の態度について知ることによって、もっとも端的に明らかにすることができるであろう。現代人の目が自我意識によってくもらされているのに対して、未開人の目は、はるかに「影そのもの」を見たのではないかと思われるからである。

未開人の影に対する態度を、まず、フレイザーの『金枝篇』(3)によって述べてみよう。フレイザーによれば、未開人はしばしば自分の影や映像を自分の霊魂、または自分自身の生命的部分と見なしているという。ウェタル島には人の影を槍で突いたり刀で斬ったりして、その当人を病気にすることのできる呪術師たちがいる。また、ネパールを旅行していたサンカラがダライ・ラマと争ったときに、自分の威力を示すために天高く舞い上がった。ところが、ダライ・ラマはその影を小刀で刺したので、サンカラはたちまち転落して頸を折ってしまったという話もある。

フレイザーが中国のこととして紹介している話に、葬式のときに参列者が自分の影を棺の中に閉じこめられないように注意するというのがある。葬式でいよいよ棺の蓋をするとき、一番の近親者を除く会葬者は二、三歩後に退くか、次の部屋へ引き下がる。これは影を棺の中に閉じこめられると、人の健康が危険にさらされると信じているためである。同様のことは棺を墓穴に納めるときにも守られる。

ファン・デル・レイユーによると、[4] アフリカのバストス族では、ワニが人間の水面に映る影をつかむと、その人間をとらえることができると信じられているという。影を水中に引き込むことによって害を及ぼすという考えは、わが国の伝説のなかの影取池や影取沼のなかにも認められる。水中の怪物によって影を呑まれて死ぬという話である。影によって危害を受けるのは人間だけとはかぎらない。フレイザーによると、ベラクにある石灰岩の山々の近くに現われる一種の小さい蝸牛は、家畜の影を通してその血を吸い、そのため家畜は貧血のため死ぬこともあるという。あるいは、アラビアでは、月夜に犬が屋根にのぼって地上に影を落としているところをハイエナが踏むと、犬は屋根から落ちてしまうと信じられていた。また、ハイエナが人の影を踏むと、その人はものを言う力と動く力を奪い取られるという。このような点から考えると、子どもたちのする「影踏み」の遊びは、おそらく古代の宗教的儀式から派生してきたものではないかと思われる。

影が本人から完全に分離してしまうと、本人は死んでしまうという考えは、アフリカにおいて認められるが、これは、わが国で江戸時代に信じられていた、影のわずらい、影の病いと同じものである。この点については次節に考察するが、同工異曲のものとしては、死者や幽霊には影がないという考えがある。この考えは、わが国はもちろん全世界に相当広く分布しているようである。ファン・デル・レイユーは、ジャワにおいて、黒猫などの霊的な動物は影がないと信じられていると述べている。

影が人間または動物の生命的な部分であるとするると、影に触れることは実際にその人にまたは動物に触れることになる。そこで、未開人は危険だと見なす人物の影も忌み嫌うことになる。この点についてもフレイザーは報告している。未開人が危険と見なすものとして、喪にある者、婦人、特に義母がある。シュスクプ・インディアンは、喪中の者の影が他の人にかかると、後者は病気になると信じている。ヴィクトリアのクルナイ族では、新参者は入団式に際して女の影をかけられぬよう用心させられる。女の影がかかると痩せて怠惰、愚鈍になるという。オーストラリア土着民のある男が樹の下で眠っていると、義母の影が両脚にかかったので仰天し、ほとんど死にかかったということである。

ギリシャでは、近代においても影を人身御供の代わりにする風習が残っていると、フレイザーは述べている。新しく建てる家の土台をすえるときに、雄鶏や山羊などを犠牲とし建物に安定と力を与えるのだが、ときとして動物の代わりに人間を土台石のところまで誘いよせ、秘密にその軀あるいは軀の一部または影の寸法をとり、それを土台石の下に埋めるのである。土台石をその人間の影の上に置くこともある。そして、その人は年内に死んでしまうと信じられている。トランシルヴァニアのルーマニア人のなかには、つい先頃まで、壁を丈夫にするために必要な影を、建築家に売るのを商売にしている影商人がまだ生きていたとのことである。

影が人間の霊魂ときわめて密接に結びつけられ、その喪失が病気や死をもたらすと考えられることはすでに述べた。同様の考え方に基づいて、一日中の影の大きさの変化を人間の生命力の消長に結びつけることもある。マンガイア族は、トゥカイタワのある大戦士が影の大きさによってその威力に消長があったと物語る。つまり、朝とか夕方に影の大きくなるときは威力が大で、正午になると影も小さくなるため、その力が最低となる。結局その秘密を見やぶられて、彼は真昼時に討ち倒されるのである。

この話から窺えるように、正午になって「影の無くなる」ことを忌み嫌う話は、アフリカに多く存在する。つまり、正午には森の空地や広場を決して横切らないのである。レヴィ・ブリュルはこの点についてミス・キングズレーがアフリカの原住民と交わした興味深い会話を報告している。(5) キングズレーは、正午に影を失うことを特におそれるバイウィリ人の一人に、それほど影のなくなるのを怖がるのだったら、夜になって自分の影が周囲の闇の中に消えるときは心配しないのかとたずねたのである。彼は、夜はすべての影が大神の影の中に憩い、元気をとり戻す、だから、朝にはすべての影が長く強くなっているのである、と答えたという。個々の影が夜になると、ひとつの大きい大神の影に包まれてしまうという考えは、非常に深い示唆を与えてくれる。

今まで述べてきたことによって、未開人にとっての「影」の重要性が認められたことと思う。影はその人間の体の一部のように考えられるか、あるいは、われわれが「たましい」と呼んでいるものに同定して考えられているようである。しかし後者の点については、影とたましいを単純に等価関係におくのではなく、もう少し分化された考えも存在している。この点については、デシャンのアフリカの宗教に関する報告が情報を提供してくれる。(6)バンバラ族では住民はそれぞれ二つの精神的な原素、すなわち、魂(ニ)および影(ディア)をもっているという。ニは息であり、人の睡眠中に浮遊して歩く。ディアはその人間と対をなす双生児で、地の上では影となり、水上では水影となる。胎児はこれらのニとディアを親族集団中の最近に死んだ成員から受けつぐ。人が死ぬと構成要素が分解され、ディアは神と共に水に還り、ニは家長によって家族の祭壇に合祀される。

「ドゴン族では、不可視の人格は体内に宿り、睡眠中は肉体から遊離する「知的な影」と、有形な影である「愚かな影」と、生命力があるニヤマとからなっている。「知的な影」は人の死に際して、長い旅の末に神に合体する。ニヤマは髪を通って身体から離れる。」

デシャンはその他にも例をあげているが、これらの報告から考えられることは、たましい、影などについて単純な同定をせず、もう少し分化した定式化を行おうとしていることである。

光と陰という二分法について考えてみると、人間の身体と心、意識と無意識、良心と悪心などのいろいろな二分法が思い浮かんでくるが、影の問題はこれらと深い関連をもちつつ、簡単にはどれかと結びつくものでもないところが興味深い。このために、ユングのいう「影」の問題は複雑で、意味あるものになってくるのだが、その点については次節に述べることにして、われわれが「影」の問題を探究するにあたって、どのような方法論によっているのかを、次に簡単に述べてみたい。

イメージの世界

「消えろ消えろ束の間の燭火《ともしび》、人生は歩いている影たるにすぎない」、これは『マクベス』五幕五場で、主人公マクベスが夫人の狂死を知ったときに述べる独白の一節である。夫人と共謀して王を殺害し、王位を手に入れたのも、まったく束の間、たちまちにして復讐者たちに追いこまれ、夫人は狂い死んでしまう。敗北の予感に満ちたなかで、彼は人生が歩いている影にすぎないと悟り、影を生ぜしめている燭火が消え、影も消え去ってしまうことを願うのである。人生をひとつの影、あるいは夢として見る人生観は、別に珍しいものではない。しかし、マクベスがこの人生観を最初から明確にもっていたのならば、影たるにすぎぬ人生の王位を獲得するために、殺人までしでかすこともなかったのではないかと思われる。つまり、影と言おうと夢と言おうと、現世において王であるか貴族、乞食であるかの差は大であり、そのことにこそ、われわれは血まなこになっていると言えるのである。

このように、相反する二様の人生観が存在するように、イメージということについても極端に言えば二様の対立する考えが存在する。つまり、イメージとは外界の模像であるという考えと、内界の状態の反映であるという考え方である。前者の考えは解りやすいもので、知覚対象のない場合に生じる視覚像として限定されてくる。これに対して、後者のような考え方をする典型的なものとして、ユングは、イメージが外的客体の知覚とは間接のつながりしかもたぬもので、むしろ「無意識的空想の活動に基づくもの」であり、内的要求への適応によって方向づけられると考えている。

ここで、たとえばシャミッソーが『ペーター・シュレミール』の物語を思いついた心のメカニズムについて考えてみることにしよう。「影を失くした男」など、もちろん実在するわけはないから、このようなイメージがどうして彼の心に浮かんできたかが問題となる。ここで、よく取りあげられることは、シャミッソーがフランスの生まれでありながら、ドイツに移住し、しかも折悪しく起こった普仏戦争のため、ドイツの士官として祖国フランスと戦わねばならなかったという事実である。このような悩みを背負っていた彼――祖国をもたない人とも言える彼――の心に、影を失った男の物語が浮かんできたのである。このような創作によって、彼はずいぶんとその悲しみと苦しみを慰められたことであろう。それに、物語の最後に述べられている主人公が世界の周遊と自然科学の研究に生きがいを見出すところは、まさに彼自身のその後の生き方を暗示していたのである。

ではここで、主人公の失った影は、シャミッソーにとって「祖国」のことを意味していると言ってよいだろうか。イメージを考えるうえにおいて、このような単純な同定を行うことは危険なことである。もし、シャミッソーが祖国のないことのみを訴えたいのならば、このようなイメージによらずとも、もっと簡単に直接的な方法で述べることができたであろう。おそらくシャミッソーのような状況におかれた人は、「わたしの祖国はどこか」という疑問から出発して、「わたしはいったい何に属しているのか」、「いったい私とは何か」という根源的な問いへといいたるにちがいない。そして、それらのすべてのものに対する答として、この物語が浮かんできたのであろう。

エリアーデは、「イメージはその構造上「多価的」なのである。もし精神がイメージを用いて事象の究極の実在を把握するとすれば、それはまさしくその実在が矛盾した仕方で顕現するからであり、したがって諸々の概念によっては表現され得ないからである」[7]と述べている。シャミッソーにとって、影のイメージは、彼の魂であり、祖国であり、あるいは彼の心の故郷であり、また、そのどれかひとつに限定できるようなものでもなかったであろう。イメージは不可分の意味の束のようなものなのである。

イメージをこのような意味をもったものとして考えてゆくのであるが、このイメージの発生という点について少し考えてみよう。まずイメージを見る主体としての「私」ということを問題としなければならない。私が私として意識し得ること、私の過去の経験のうちで記憶に残っていること、現在私の感じている感情、思考していること、それに知覚していること、などのすべてはある程度の統合性を有し、ひとつの人格としてのまとまりをもって存在している。われわれユング派では、このような私の意識の統合性の中心を「自我」と名づけている。つまり、自我は私の意識経験の主体であり、その中心である。

ところで、深層心理学の多くの研究は、その自我がわれわれの心の動きのすべてに対して、完全な主体性をもっているものではないことを明らかにしてきた。アンデルセンの「影法師」の話のように、影が主体性を奪って、もとの自我を殺してしまうのはあまりにも荒唐無稽とも思われるだろうが、実際、自分の無意識に動かされて行動し、後になってから後悔しても、自らの破滅を防ぎきれないようなことが起こり得るのである。その無意識の心の動きを把握するものとしてイメージがあると考えられる。

図1は人間の心の構造を図式的に表現したものである。人間の意識領域は自我によって統合され、言語によってその内容を把握することができる。たとえば自分の名前、出生地、あるいは学校で習った知識などはすべて言

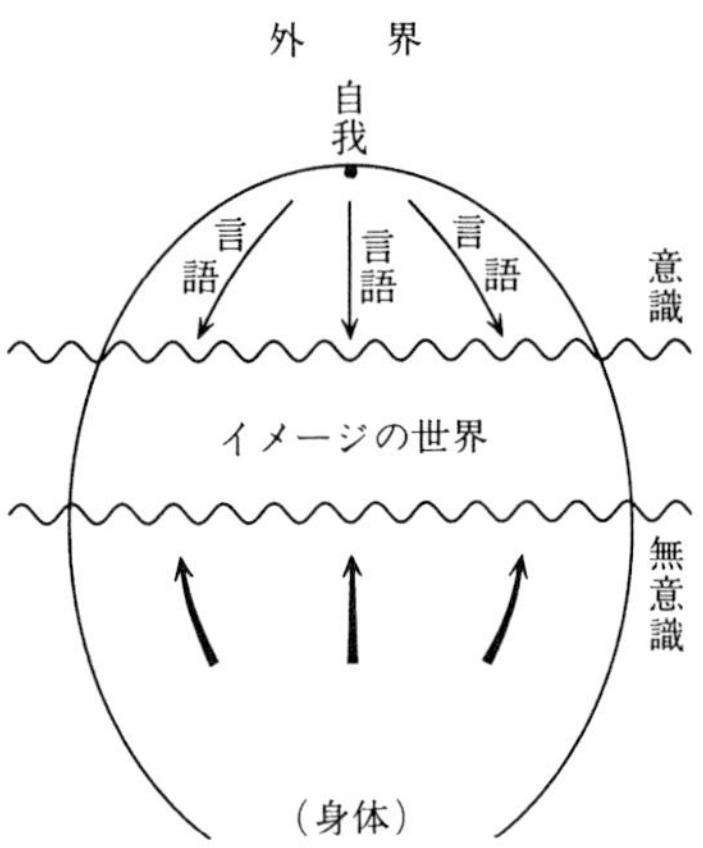

図1　イメージの世界

語化することができる。しかし、自我によって確実に把握することが難しいものほど言語化することが難しくなってくる。まったく無意識に属することは、これはもちろん無意識の定義から考えても、意識的に把握されるはずがない。しかし、意識と無意識の領域はそれほど画然としたものではなく、その中間領域あたりの動きは、イメージとして把握されると考えられる。

　このような意味でのイメージにもっともよく当てはまるのが夢である。睡眠中に自我の統制力が弱まるため、無意識的な動きが活発となり、それを自我によってイメージとして把握したものが夢であると考える。そこで、その夢を分析することによって、われわれは自分の無意識界の動きや在り方を推察できるのである。夢ではなく、外界の知覚に際してもイメージの働きが認められるときがある。たとえば、他人に秘した悪事をもっていると、他人が話し合っているのを見るとすぐ自分のことを言っているのではないかと感じたりする。これは、無意識的な怖れの感情が、そのようなイメージを提供するため、外界の知覚を歪曲させるのである。あるいは、未開人のように自我の力が弱い場合、外界の知覚と内界のイメージとは融合が生じやすく、朝日の昇るのを見るとき、それは神そのものとして体験される。つまり、朝日を見て、それを神と見なすという二段構えの心の動きではなく、外界にある朝日と内界にある神のイメージとは完全に融合し、ひとつのものとして体験されるのである。このような劇的な体験を記録するものとして、神話、伝説、昔話などが存在すると考えられる。このような観点からみれば、神話、伝説、昔話などは豊富なイメージの記録を提供するものであり、夢との類比性も非常に高いのである。

心理学者は、このイメージの世界を探究する方法として投影法という技法を用いている。これは一例をあげると、ロールシャッハ・テストといわれるものでは、インキのしみのような漠然とした図形を見せて、それが何に見えるかをたずねるのである。不明確な刺激であるので、被験者は自分の内界にあるイメージの助けを借りるより仕方なくなり、いろいろと答えるのであるが、同じ図形でも、人によって、こうもりに見えたり人の顔に見えたり、踊っている人に見えたりするわけである。そのような反応から逆に、その人のイメージの世界を知ることができるのである。投影法の種類は多くあるが、いずれも刺激やテスト場面を適当にあいまいにして、被験者がなんらかの意味で、そのイメージの世界にかかわる反応をせざるを得ないように工夫されている。

今まで述べてきたように、夢、神話、投影法の反応などを通じて明らかにされるイメージの世界を探ってゆくのであるが、そのなかで特にユングが「影」と名づけたものを中心にしてゆこうとするのが本書の目標である。イメージとしての影が人間にとっていかに大切であるかをすでに示してきたのであるが、これに対して、ユングが影と呼ぶものはどのようなイメージであるかを次に明らかにしたい。

二　ユングの「影」概念

「影」の夢

ユングの「影」の概念を説明するために、まず、夢の例をあげてみよう。ユングがこのような考えをもつにいたったのも、多くの夢について研究を重ねた結果のことなのである。はじめに、簡単で解りやすい夢をあげる。夢を見た人は独身の若い女性である。

夢　友人のA（女性）に会う。Aは私のボーイフレンドから手紙をもらったという。私はボーイフレンドから手紙がこず心配していたので、私にこずにAにくるはずがないと思う。しかし、Aは自分がもらうのが当然という顔つきでいる。

ここで、夢に対する連想を聞くと、ボーイフレンドからは最近手紙がこず心配しているところである。Aはもちろん彼から手紙をもらうようなことはあり得ないが、夢があまりにも現実的な感じだったので念のためにAに確かめてみたが、そんなことはないという。次に、Aの性格については、何事につけても自分と反対である。自分はテキパキと割り切ってするのが好きだが、Aはぐずぐずとしている。言うならば自分はドライだがAはウェットなほうである、などと語る。その言い方から察するに、Aの人生観、生き方などについては相当批判的な感じをもっているらしい。このような場合、夢に出てきたAを、この夢を見た人の影のイメージであるとユングは考える。

人はそれぞれその人なりの生き方や、人生観をもっている。各人の自我はまとまりをもった統一体として自分を把握している。しかし、ひとつのまとまりをもつということは、それと相容れない傾向は抑圧されたか、取りあげられなかったか、ともかく、その人によって生きられることなく無意識界に存在しているはずである。その人によって生きられなかった半面、それがその人の影であるとユングは考える。つまり、この夢に出てきたAは、本人の生きなかった半面をあらわしている。

夢の意味するところは何か。それは「あなたよりもAのほうがボーイフレンドと親しいのではないか」、「あなたの影を通してボーイフレンドとつながってゆくことが大切ではないか」というふうに考えられる。つまり、今までの生き方にAのような生き方を少しつけ加えてゆくことが、ボーイフレンドとのつながりをスムースにするのではないかと考えられる。しかし、ここでボーイフレンドを現実のボーイフレンドと考えるか、あるいはAを現実の人と考えず、本人の影の部分とみたように、より内的なイメージとして考えるかという問題が生じてくる。アンデルセンの物語にも示唆されるように、つまり学者の影が「詩」という女性に会ったように、影の背後に存在する異性像の問題は非常に重大なことである。この点については後述するとして、このボーイフレンドを内的な像としてとるならば、この夢の意味は、Aのような影の生き方を取り入れることによって、自分の心のより深い部分と交わることができるという解釈も生じてくるであろう。ともかく、この夢は、自分の生き方と相反する傾向をもつ影の像の存在と、それを通じてこそ人生の意味を深めることができることを示している点で、非常に解りやすく典型的で、分析の初期にはよく生じる類の夢である。

次にもう少し複雑な夢を示そう。これは大学に勤めている中年の男性の、やはり分析の初期にあらわれた夢である。

夢　××会館の一室のようなところで研究会の相談をやっていた。そこへ三人ばかりの与太者ふうの学生が現われ「自分たちも入会させてくれ」と言った。私はこの会は少数の特定メンバーの会であるから駄目だと自分は思う、と言い、横にAさんがいたので「他のみなさんの意見を聞いてほしい」と言った。結局、彼らは私の意見を了承して立ち去った。その後そばにいた若い二人が「Bさんなら、ああはっきりとことわれないな」と言うので、「いったい彼らは何者かね」と聞くと、「有名な学内ゴロですよ」と言った。私は残務を片づけながら「この分では私の帰りを待ちぶせているかもしれないから、ぬけ道を通らねばならぬな」と思った。そこへ三人はまた現われて、彼らは玉子丼を注文してそこで食事を済ますつもりらしかった。彼らは三千円くらいの金を出して「あなたの考えは一応了承した。だがこれを会費としてではなく寄付としてでもよいから取っておいてくれ」と述べた。私は「御厚意は有難いがそれもあずかれない。とにかく会自体がまだできていない段階で、これから会の設立の準備会をやる段階だから」と押問答しているうちに目が覚めた。

この夢は登場人物がすべて男性である点が特徴的である。まず、研究会の相談中に現われた「三人ばかりの与太者ふうの学生」というのが、影のイメージと考えられる。ここで前の夢の場合はAという個人として影が現われたのに、ここでは不特定の人間として現われてきた点に注目しなくてはならない。これは前者の場合、自我が問題としなければならない影の側面について、相当具体的に表現されていると考えるべきであり、Aという人物についての連想によって、解釈を豊かに具体的にすることができる。それに反して、この夢の場合では、この影が集団で生じてきていることは、夢を見た本人の生きてこなかった半面というのみではなく、集団として、おそらくこの場合では研究会を作ろうと集まって来ている人たちの共通の影ということができる。つまり、この研究会のメンバーは「与太者ふうの学生」を共通の影としている。

ところで、この影たちは研究会への入会を希望している。これは「影の要請」ともいうべき現象であり、影はこのようにして自我への「入会」を要請するものである。これに対して自我はそれを拒否し、他のメンバーも賛成したようである。しかし、影たちも立ち去った後で、若い二人(この場合も誰か不明の人物である)が、「Bさんなら、ああはっきりとことわれないな」と言う。このあたりから自我の影の存在に対する怖れの感じが生じてくるし、「Bならばどのように応対しただろうか」という迷いも生じている。この場合のBは、影のイメージの中で自我に近いものと考えられる。つまり、影は無限の広がりをもつものであるが、そのうちのある側面を自我が具体的にイメージとして把握したものが、いろいろな影の像として出現すると考えられる。ここでは、Bもひとつの影(夢には登場していないが)であり、それはより深い影とのつながりをもつ仲介者になるのではないかと推察される。

自我の迷いが生じたところで、三人の影たちは再登場する。それが玉子丼を食べているというのは何かユーモラスな感じを与えるが、意味は不明である。ここで少し横道にそれて、夢の解釈という点からひとこと述べておこう。彼らが玉子丼を食べたことの意味は不明であると述べたが、この点については夢を見た人について連想を聞いてみたが、とりたてて意味のある結果が得られなかったのである。このように夢の内容について、分析者も被分析者も努力を重ねても意味が解らないことはよくあることである。これは夢の生じてくる機制から考えても当然のことであるが、その解らないままのことをずっと心に留めておくと、だいぶ経ってから、ときには数年後になって、その意味が解ることもある。このような観点からすれば、解らない夢を無理に説明し去るようなことをせず、不明なものは不明なものとして心に留めておくことが大切だと思われる。もちろん、ここでも玉子丼ということにこだわらなければ、彼等が食事をしたということは、影がエネルギーを獲得し、自我の迷いに乗じて再現してきたと言うことはできる。また、玉子丼を食べているということに何かユーモラスな感じを受ければ、「影と言っても、われわれと同じくありふれたものを食べているんだから」というわけで、影との接触に余裕が生じてくるかもしれない。知的な「解釈」のみではなく、このような夢にともなう感情の流れも大切なことなのである。

夢の本文に話をかえすと、三人の与太者学生は再び現われ「会費としてではなく寄付として取ってくれ」とお金を渡そうとする。このあたりの影の行動の巧妙さはまったく日本的である。それに対してこちらも「御厚意は有難いが……」と日本的辞退を行い、押問答のうちに目が覚めてしまう。これは、自我が影を取り入れることに葛藤を感じた状態のまま、夢は解決策を明示することなく終わりとなったわけである。ここで、影の要素を取り入れるか拒否するかは目覚めた自我の決定にまかされている。実際、後にも示すように、影の取り入れは成功すれば創造的であるが、失敗したときは破滅につながってゆく。この研究会が与太者的要素を取り入れるかどうかも、にわかには決定しがたいところである。夢を見た人は、これを未解決の課題として真剣に取り組まねばならぬことを、夢は如実に示している。

以上の二例によって、ユングが「影」ということで、何を意味しようとしたかはだいたい把握できたと思うが、これをもう少し概念的に明確にする試みをしてみよう。

「影」の概念

ユングが影をどのように定義しているかは、簡単なようで案外解りにくい。たとえば、彼の言葉を引用すると、「影はその主体が自分自身について認めることを拒否しているが、それでも常に、直接または間接に自分の上に押しつけられてくるすべてのこと――たとえば、性格の劣等な傾向やその他の両立しがたい傾向――を人格化したものである」[8]と述べている。これである程度のことは解るが、では影と、ユングのよく言うコンプレックスとはどうちがうのか、あるいは、無意識そのものと同じものかという疑問が生じてくる。ところが、夢に現われてくる人物像を、夢を見た人と同性のものを「影」と呼び、異性のものを、「アニマ」(男性の夢の中の女性像)、「アニムス」(女性の夢の中の男性像)と呼んで、「影との出会いが「弟子の仕事」とするならば、アニマ(アニムス)との出会いは「師匠の仕事」である」[9]と述べている点をみると、影はもちろん無意識そのものなどではないと思われるし、アニマ(アニムス)の問題に比べれば、比較的「容易な」ことなのかとも思われる。しかし、また他のところで彼は、「少しの自己批判力をもって、人は影を——その性質が個人的なものであるかぎり——見とおすことができる。しかし、影が元型として現われるときは、アニマやアニムスの場合と同様の困難に出会うものだ」[10]と述べているのである。このような彼の言葉を断片的に見ていると、ユング自身も用語の使用に混乱をきたしているとさえ感じられる。

このような疑問に対する答として、フォン・フランツが興味深いエピソードを紹介している。[11]ユングの弟子たちがすでに述べたのと同様の疑問を抱き、ユングの言葉を引用し合いながら、議論しているのを聞いたユングは怒りをこめて、「そんなのはまったくナンセンスだ！　影とはただ無意識の全体なのだ」と言ったとのことである。それは、ユングの追随者たちが、影ということがどのようにして見出され、個人にとってどのように体験されるかを忘れてしまい、ただ知的な議論にのみ巻きこまれるのを、ユングが極端に嫌ったことを示している。

ユングは体験を重視する。彼は自分の理論が「経験的に」つくられてきたことを常に強調するが、確かに彼は自分の経験に基づいて理論をつくりあげるので、それは時代と共に変遷するし、そのような経験を背後にもたずに彼の理論だけをみると、混乱したものと感じられるのである。そのうえ、影という用語は、あくまでイメージの世界から生じてきたものであって、概念的な明確さを初めから拒否しているものとも言えるのである。ユングは、イメージと概念を対比して、イメージは生命力をもつが明確さを欠き、概念は明確であるが生命力を欠くものだと述べている。影を明確に把握しようとして白日のもとにさらすと、それはもはや影の特徴を失っているとさえ言えるのである。宗教体験の本質を解明して、ヌミノーゼという用語をその基礎においた、ルドルフ・オットーは、その用語について、「あらゆる根源的な基本事実と同じく、厳密な意味で定義を下すことができず、ただ論議し得るのみである。相手にそれを理解させる方法は、ただ一つあるだけである。すなわち議論によって、相手を自分の心情との一致点にまで導いてくる。するとその範疇が相手方の心の中で動き出し、活躍し始め、相手方を自覚させるにちがいない」(12)と述べている。これと同様のことが、ユングのいう影のみならず、彼が元型として述べる他の用語についてもあてはまると思われる。

そこで、影についてもう一度はじめから考えなおしてみると、それは個人に体験されることとしては、まず無意識の全体として体験されると言わねばならない。つまり、影は後に分化されてゆくにしろ、最初は無意識の全体を被うものとして体験されるということである。次に、そのような意味を明らかにする夢の例をあげる。これは三十歳のある独身男性で筆者がスイス在住中に分析したヨーロッパ人の夢である。彼は自分は何も悩みがないが、分析というものがどんなのか知りたいので、まず「十回だけレッスンを受けたい」と言ってきたのである。ところで、分析を始めると、彼は隠していた秘密を話さざるを得なくなり、彼がひどい神経症に悩んでいること、父親が誰か不明であるという大きい問題を生活史のなかにもつことなどを語る。そして、このことは誰にも話したくなく、分析の方法を習って、自分で自己分析することで治してゆこうと考えていたと述べる。その後で次のような夢を見た。

夢　どこかはっきりとは解らないが、共産圏と自由主義国の国境であった。両者の間に戦いが始まったが、武器は杖とか棒で鉄砲類はなかった。共産主義者たちは国境を越え、自由主義国の人たちをつかまえはじめた。二人の男（顔は自分の見知らぬ顔であった）が私に向かってきた。しばらく戦ったが、二人は私を国境を越えて共産圏へと引っぱりこんだ。私は持っていた棒で二人をなぐりつけたが効果は何もなかった。国境を越えて連れ去られた自由主義国の他の人たちは助けを求めて叫びはじめた。二人の男は恐ろしい早さで私を共産圏へ引っぱって行くので、それから逃がれようとして同じように叫んだ。助けを求めて叫び声をあげながら目を覚ました。息をはずませ、ベッドの敷布や枕などむちゃくちゃにした状態であった。

これはまさに悪夢とも言える恐ろしい夢である。日本では解りにくいかもしれぬが、当時の自由主義国の人のなかには、共産圏に対して今日では考えられないほどの恐怖感を抱いている人が多かったので、この夢はまったく恐ろしい体験を夢見た人に与えている。この夢の共産圏はすなわち無意識の世界であり、この人は夢にもあるとおり、無意識の世界へ引きこまれることに対して、これほどの恐怖と抵抗を感じているのである。つまり、ここでは共産圏の人々すべてが、この人にとって影として体験され、ただ恐怖感でいっぱいなのである。ところが、そのなかの特に二人が彼をひっぱりにきたことは、影のイメージが少し分化し始めていることを示しているが、この二人が未知の人間である点で、それがまだ十分でないことが解る。ここで、たとえば既述の夢の場合のように、その相手が既知の誰かである、あるいは、誰かに似ているというときは、それに対する連想を頼りにして、影の内容を分化してゆくことが可能なのである。ここではなんらそのようなことが行われていないので、彼は無意識に対して、したがって分析に対しても恐怖と抵抗を強く感じており、発展の手がかりも非常に薄いことが解るのである。ついでに付け加えておくと、以上のようなことを話し合い、十回のレッスンで分析の方法を覚え、後は自分で自己分析をすることなどとうてい不可能であり、もし神経症をほんとうに治したい決意があるのならば、分析をつづけるより仕方がなく、それはこの夢が示すように共産圏にはいりこんでゆくほどの決意を必要とすることを指摘した。この人は、そのことはよく解るが自分は今のところそれだけの力も決意もないので、分析を中止してまたの機会を待ちたいと述べ、筆者も了承したのであった。確かに、影との対決はそれにふさわしい「時」があり、自分の力も省みずに行うときは、非常に危険なことになることを忘れてはならない。残念と言えば残念なことであるが、致し方のないことである。

影はこのように非常に未分化な無意識全体をあらわすような形で体験されるが、それが分化すると、最初の夢のようにもっと個別的な性質をもち、それがどのような点で、自分の無視してきた側面をあらわしているかが明らかとなってくる。このような場合を、ユングは影が夢を見た人と同性の人物像であらわされ、その性質はわりに把握しやすいものと述べているのである。このように分化がはじまり、無意識の内容がだんだんと意識化されてくると、次に、異性像で表わされるような心的内容が生じてくる。ユングは夢にでてくる異性像をアニマ、あるいはアニムスと名づけ、影と区別した。本書はもっぱら影について述べるのであるが、全体的な見とおしを得るために、ユングの考えている心の構造について、次に一応一般的なことを述べておきたい。これによって、影が心全体の中でどのような意味をもつかが明らかになるであろう。

心の構造

影について述べるにあたって、読者がユングの心理学をある程度知っておられることを前提として論をすすめたいのであるが、あまりそのようなことを押しつけるわけにもいかぬので、ここに簡単にユングの考えている心の構造について述べておく。

ユングは心を意識と無意識の層にわけて考える。今世紀のはじめころ、フロイトと協調しつつ、彼は連想実験を行って、人間の心の中に、意識の働きを妨害するようなはたらきのあることを明らかにした。それは、ある心的内容が感情によって色づけられた集合体をつくり、それが自我の統制を乱すはたらきをもつからであり、そのような心的内容の集合を、感情によって色づけられたコンプレックスと名づけたのである。このようなコンプレックスは、自我によって統合されていない心的内容が無意識内に集合してできあがるのである。ここで、興味深いのは、ユングがまだ「影」の概念を確立していないころ、すでに一九一二年の論文に、このような無意識の存在を、「心の影の側面」(Schattenseite der Seele)という呼び方で記述していることである。[13] おそらく、このころではコンプレックス、無意識、心の影の側面などの用語が、ユングの心の中では同一のものを表わすような感じで存在していたのではないだろうか。ところが、ユングがフロイトと異なり、精神分裂病の治療に関心が高かったためもあって、ユングはコンプレックスという概念だけでは、人間の無意識を理解するのが困難であると考え始めたのである。この点について説明するために、ユングのあげている例によるよりは、むしろ「影」ということの説明にも関連するので、ひとつの詩をあげてみよう。これは、その詩集の序文によれば「Schizophrenia と診断された少女」のつくったものである。[14]

窓ガラスがわれている

そのわれがするどくとがっている
人が人を殺すごとき
そんな形にわれている
二つの影が(四字不明)ている
一つの影は刃物を持っている
相手の影もせまっている
じっとみていると
今にもぬけだしてきそうだ
だんだん大きくなってくる
黒い影はとびだしてくるくらい大きくなった
ガラスが机の上におちている
それを拾ってにぎった
先がとがっている
無気味に光っている
殺せ
その先でのどをつけ
殺せ
戸のすきまから死の神がはいって来て

死ね死ねと叫ぶ
殺せ

この詩の与える強烈な印象は「胸を打つ」などという形容では表わすことができない、「魂を切りさく」というような烈しい言葉があてはまるように思う。そして、このようなイメージが、この少女が生活史のなかで何を抑圧してきたかといった個人的な意味合いをもたず、むしろ、非常に深い普遍的な意味をもつ点に注目しなくてはならない。ユングは精神分裂病者の妄想や幻覚を研究しているうちに、それが夢、未開人の心性、神話、昔話などに現われるイメージと深い共通点があることに気づいた。そして、それが生じるときには深い情動体験がともない、イメージの普遍性が全人類に共通に認められるので、人間の無意識の層には、人類に共通と思われる普遍的な層が存在すると考えるにいたった。

そこで、無意識を個人的無意識と普遍的無意識に分けて考え、コンプレックスとは個人的無意識の内容であると考えた。ところで、影を例にとってみれば、今まで示してきたように、昔話や未開人の信仰や分裂病者の内的なイメージなど共通に認められるのだが、このように普遍的なイメージが存在する背後には、人間の普遍的無意識内にその元型(archetype, Archetypus)があると仮定する。つまり、元型は人類の無意識内に存在する表象可能性であり、それを意識化してイメージとして把握するとき、それは元型的なイメージとなると考える。元型そのものは意識化不能の仮定的存在であり、そのイメージが全世界にわたって存在しているが、逆にそのイメージの共通の元として元型の存在が推察されるとするのである。したがって、われわれが論議してゆくときに、元型としての影、影のイメージ、それも個人的色彩の強いもの、普遍性の高いものなどを区別して述べねばならない。

普遍的な影は人類に共通に受け容れがたいものとして拒否されている心的内容であるので、それは「悪」そのものに近接してゆくが、個人的な影は、ある個人にとって受け容れがたいことであっても、必ずしも「悪」とはかぎらないのである。もっとも、ユングは元型としての影と、そのイメージとしての影の像とを区別せずに述べているので、この点について読者が少し注意すれば混乱は生じないのだが、あいまいなままで読むと解らなくなってしまうのである。本書においても、特に混乱を起こしそうにないときは、厳密に用語を用いずにただ「影」とのみ言うときもあるので、その点注意していただきたい。

今、影について述べたが、その他にもユングは元型の存在を認めている。夢分析を始めると一般に影の像が現われ、それも個人的無意識との関連で理解されることが多いが、その次に異性像が現われてくる。男性の場合は女性像が、女性の場合は男性像が現われるが、それぞれの元型をユングはアニマ、アニムスと名づけている。

アンデルセンの「影法師」を例にとると、主人公の学者が向かいの家のバルコニーにちらりと見た、「すらりとした若い女」は学者のアニマ像である。学者はあまりにも堅い生活をしているので、心の中のアニマとのつながりを失っている。ちらっと見たせっかくのアニマ像もすぐ消え失せて、結局は影法師がそれに会いにゆくことになっている。つまり、学者はその影を通じてアニマとの接触を得られるはずなのだが、その影が独り歩きして学者から独立したために悲劇が生じるのである。アニマとの接触を絶たれた学者がいくら真善美について本を書いても、少しも売れなかったのは当然である。アニマとはまさに「たましい」であり、たましいのない本は売れないのである。

一八頁の夢の場合も、女性にとっての影が、そのアニムスとの接触の道となることを示している。アニムスは女性の心の中に存在する男性像の元型であり、この内容を意識化し自我に統合してゆくことは、女性にとってなかなか困難なことである。

アニマ、アニムスについで、心の奥深く存在する元型として、自己(self, Selbst)がある。自己はユングの概念のなかでももっとも重要なものである。これは、自我を意識の統合の中心として定義したのに対して、自己は意識、無意識を含めた心の中心と考えられる。自己は心の中心であって、自我の一面性を常に補償するような働きをもち、夢の中では曼荼羅などの幾何学的図形によって、その統合性と中心性を顕現する。

自己について、ユングが自らの夢を示して説明を試みているが、そのひとつをここに示すことにしよう。影という問題にも関連してくる夢である。(15)

ユングの夢　私は、ふたつのレンズの形をして金属的な輝きをした円盤が、家をこえて湖のほうに弧を描きながらぶーんと飛んで行くのを、家の中から見た。それはUFO《ユーフォー》(空とぶ円盤)だったのだ。すると、もうひとつの円盤が私に向かってまっすぐに飛んできた。それはまったく円形をしたレンズで、望遠鏡の対物レンズのようであった。四、五百メートルの地点で、それはしばらくとどまっており、それから飛んで行ってしまった。すぐその後で、もうひとつ他のが空中を飛んできた。それはひとつのレンズで、金属でひとつの箱――魔法の幻灯――につながっていた。それは六、七十メートルの距離に静止して、まっすぐ私に向かっていた。私は驚きの感情とともに目覚めた。半分夢の中で考えが頭にひらめいた。すなわち、「われわれは空とぶ円盤がわれわれの投影であるといつも考えている。しかし、今や、われわれが彼等の投影となったのだ。私は魔法の幻灯から、C・G・ユングとして投影されている。しかし、誰がその器械を操作しているのか」と。

これは深く、ある意味では恐ろしい夢である。現実の人物は魔法の幻灯によって映された影にすぎないという夢である。それでは幻灯を操作するものは誰か。それにユングは「自己である」と答える。私が意識し、私が知っている私の背後に存在する、真の私とも言うべきものが自己なのである。われわれは元型としての自己について知り得べくもないが、その働きやイメージを意識化することができる。それを通じて自我のかたよりをなくしつつ、あくまで真の自己へと近似しつづける過程を、ユングは自己実現の過程と名づけたのである。

自己実現の過程において、影、アニマ(アニムス)、自己の元型は非常に大切であり、一般に、夢分析の過程ではこの順番に顕現してくるものである。といっても、すでに述べたように、影は最初に体験されるものとして、他の元型と混同した形で現われやすい。したがって、分析の初期には影の像と自己の像を見分けることさえ困難なときがある。われわれが内心の声に耳を傾けるとき、それはいったい影の声なのか、自己の声なのかを聞き分けることが非常に難しいものである。このように考えると、影について知ることの重要さが理解されると思う。

影の問題でもうひとつ大切なことに、普遍的影の存在がある。普遍的影とはまさに悪そのものである。人類が共通にその影とするものである。先に示した詩に描かれているように、ガラスの窓を破って侵入し、殺せと叫ぶ影のイメージは強烈である。個人的影と普遍的影の差は、一例としてあげるならば、ファウスト博士に対して、ワーグナーが前者であり、メフィストフェレスが後者であると言うことができる。ユングも言うように、普遍的影の問題はアニマ、アニムスのそれと同等の困難さを有している。しかし、今日のように現体制に対する批判と改変が強く要求されるときには、われわれはそのアンチテーゼとしての普遍的な悪についても考慮を払わざるを得ないのである。以上のことを心にとめておきながら、これからは影の問題について考えてゆくことにしよう。

三　影の種々相

投影

われわれ人間は誰しも影を持っているが、それを認めることをできるだけ避けようとしている。その方策としてもっともよく用いられるのが「投影」の機制であろう。投影とはまさに自分の影を他人に投げかけるのである。しかし、投影といっても誰彼なく相手を選ばずにするのではない。その意味において、投影を受ける側も投影を引き出すに値する何かをもっていることも事実である。

夢分析を始めると、まず影の像が出現することを述べたが、夢分析によらない普通の話合いのカウンセリングの場合にも、影の話題がよく出てくる。自分の周囲にいる「虫が好かない」人を取りあげ、それをひたすら攻撃する。自分はお金のことなどあまり意に介してないのだが、同僚のXはお金にやかましすぎる。彼はお金を人生で一番大切と思っているのではないか、などと一所懸命に訴えるのである。彼は金のことなら、どんなことだってするのではないか、などというときに、その人の示す異常な熱心さと、その裏にちらりと不安感のよぎるのとを、われわれは感じるのである。このような話合いをつづけてゆくと、結局は、この人が自分自身の影の部分、お金の問題をXに投影していたことが解り、この人がもう少し自分の生き方を変え、影の部分を取り入れてゆくことによって問題が解決され、Xとの人間関係も好転することが多いのである。

このとき大切なことは、Xに対して強い悪感情を抱いたとき、自分の個人的影を越えて、普遍的な影まで投影

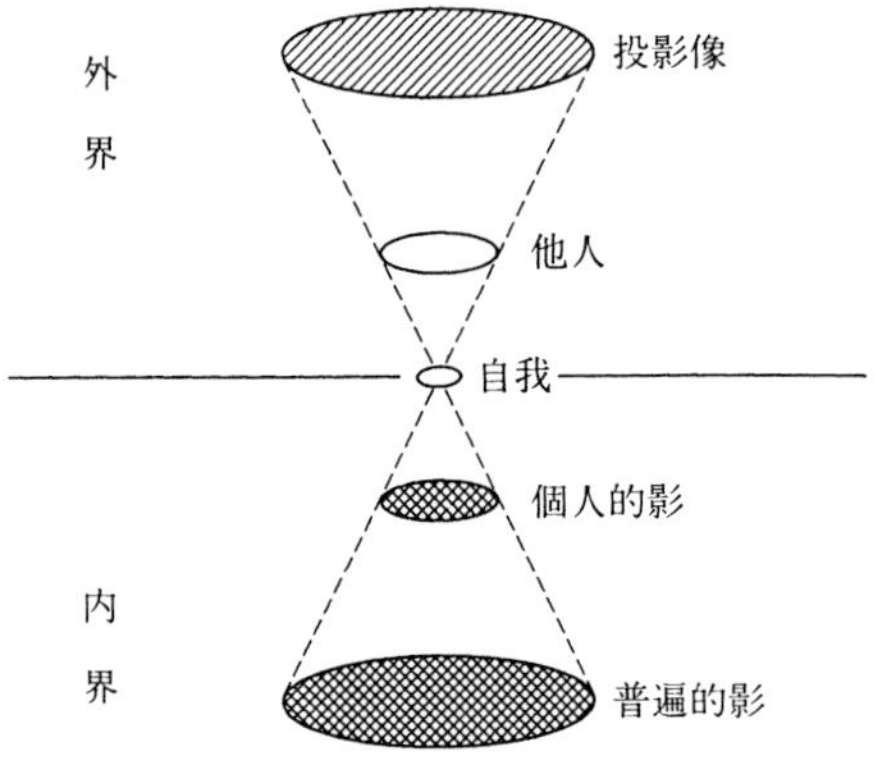

図2　投影

しがちになるということである。確かにXは個人的な影の投影を受けるに値する現実行動――たとえば、少しケチであるなど――をしているのであろう。しかし、「金のためならなんでもする男」などというとき、それは現実を越えた普遍的な影の投影になっている。つまり、われわれは自分の影の問題を拒否するときに、それに普遍的な影をつけ加え、絶対的な悪という形にして合法的に拒否しようとするのである。このことのために、ある人からまるで悪人の標本であるかのごとく言われる人物に実際会ってみると、話に聞いていたほど悪人ではないと感じることが多いのである。各人はすべて影を背負っている。しかし、正真正銘の悪人というのはめったにいないものである。ひたすら悪人として攻撃していた人物が、それほどでもないことに気づいたとき、われわれは「投影のひきもどし」を行わねばならない。つまり、その人物に対して投げかけていた影を、自分のものとしてはっきりと自覚しなければならない。投影のひきもどしは勇気のいる仕事である。

青年期になると、子どもはまずその影を両親(特に同性の親)に投影することが多い。これも、もちろん両親の現実のあり方が関係してくるわけであるが、思いがけず両親の影を発見して驚いた子どもは、それに普遍的な影を混入させて、両親を非難したり批判したりする。ここでも、もちろん子どもは投影のひきもどしに成功するかぎり、成人として成長したことになるのであるが、影の発見が子どもの自立への動きを促進する点に注目するならば、人間の成長のある段階には、必ず影の働きを必要とすると考えることもできる。

投影の機制で少し複雑なのは、「白い影の投影」の問題である。個人の生きてこなかった半面は、必ずしも悪とはかぎらない。たとえば、他人に対する親切さを抑圧して生きてきた人は、その「親切」という白い影を他人に——たとえば上司に——投影する。この場合も投影は現実を越えたものとなって、ほとんど絶対的な親切心をその上司に期待することになる。ところが実際にその上司が期待どおりの親切さを示さないとき——そんなことはできるはずはないのであるが——、すぐにその人を不親切な人だと言って非難する。このようなことは案外多い。白い影の投影は他人に良い面を期待するように見えながら、結局はその人をすぐに攻撃することになるが、その際も、当人は自分の責任ということ、自分の影を背負うことについては、まったく無意識であることが特徴的である。

影の反逆

投影の機制は非常によく用いられるが、これが集団で行われるときは、その成員はその影を自覚することが、ますます難しくなる。集団の成員がすべて同一方向、それも陽の当たる場所に向かっているとき、その背後にある大きい影について誰も気づかないのは当然である。その集団が同一方向に「一丸となって」行動してゆくとき、ふと背後を振り向いて、自分たちの影の存在に気づいたものは、集団の圧力のもとに直ちに抹殺されるであろう。そのことほどその集団にとって危険なことはないからである。犠牲者は集団の行進の背後の影に吸収され、ただ消え失せてゆくのみである。

このような集団が強力であることはもちろんである。しかし、どのような強いものも何らかの弱点をそなえている。このような集団は、あるときに強烈な影の反逆を受け、それに対してまったくの無防備であることを露呈する。凝集性の極度に高い集団は短期間には、その強力さを発揮するが、いつかはそのもろさをつかれて影の反逆に屈する。影は外部から攻撃してくるときもあるし、内部に突如として生じるときもある。このような極端な反転現象は歴史を少しひもといてみると、随所に見出すことができるものである。

影の力がだんだんと強くなり、それが集団の成員の無意識内で動きはじめると、その人々は意識的には集団のために努力を重ねながら、心の中で言いがたい不安を感じたり、仕事に対する熱意がなんとなく薄らいでゆくのを感じたりする。そのうちに、影は成員のなかの少数の人の意識に侵入し始める。集団の影を背負うことを余儀なくされる人は、どのような人か、強い人か弱い人かは容易に断定しがたい。ともかく、結果としてその人は、予言者、詩人、神経症、精神病、犯罪者になるか、あるいは一挙に影の反逆に成功して独裁者となるか、なんらかの異常性を強いられる。それは誰がなぜ選ばれたかなどという問題を押しつぶして、ただそこに抗しがたい力――運命としか呼びようのないもの――が働いていることを認めざるを得ない。運命という用語を避けたい人は、自然の力と言ってもいいだろう。人間も自然の一部にすぎないことを如実に感じさせる力であり、そこに人間の意志などとうていはいりこむことのできぬものである。ユングの言葉を引用するならば、「単なる人間の理性などは、火山に蓋をするような大仕事にはまったく間に合わない[16]」ということになろう。

ドイツにおけるナチスの台頭を、ユングはこのような見方で見ていた。一九三六年に発表した「オーディン」というエッセイにおいて、ナチスの動きはキリスト文明においてあまりにも抑圧された北欧神話の神のオーディンの顕現としてみるとき、もっともよく理解されると述べている[17]。オーディンは荒ぶる神である。それはギリシャの神ディオニソスと同じく、人々を狂暴な群れと化し、本能のおもむくままに嵐のごとく荒れ狂わせる。それはギリシャの神ディオニソスと同じく、人々を狂暴な群れと化し、本能のおもむくままに嵐のごとく荒れ狂わせる。本能の抑制に徳を見出すキリスト教は、これらの神を、ひづめをもった悪魔のイメージをかぶせて下落せしめてしまう。しかし、長らく地下にひそんでいたオーディンが、千年以上も経た後にドイツ国民の心の意識に浮かびあがってきたのである。もっとも、それより早く、まったくの個人として、アンチ・クリストの動きをとらえたものはいた。ディオニソスに向かって、肯定の叫びをあげたニーチェがその人である。しかし、ユングが指摘するごとく、「肯定を語り否定を生きた」(18) ニーチェは一人で重荷を背負い狂気のなかに死ぬよりほかなかったのである。

ニーチェは十五歳のとき、夜に森の中を歩いていて、恐ろしい狩人に出会ったという。彼は近くの精神病院からの肝を冷やす叫びを聞き、恐れおののいた。その後すぐに、荒々しく不気味な顔をした狩人にばったりと出会った。狩人があまりにも鋭い口笛を鳴らすので、ニーチェは気を失って倒れてしまったという。狩人の姿は古来から、オーディンの姿として描かれているものである。ニーチェが見た幻影は、キリスト教のもとに長らく隠れ去っていたドイツの神の姿、あまりにも悲劇的な顕現を余儀なくされたオーディンであったのだろうか。

影の反逆は個人の生活においても起こり得る。ある個人の自我があまりにも一方向にかたよった構造をもつとき、それはいつか影の反逆を受けねばならない。シェークスピアの悲劇は、影の生成と活動をみごとに描いてみせてくれる。マクベスのそれは、その結末にいたるまでの動きのあまりにも迅速な点において、まさにオーディンの軍勢が森を駆けぬけるさまを思わせるものがある。オセロウにおいては、イアーゴウが「影の主人公」であることは、もちろんである。イアーゴウがオセロウを陥れる動機についてよく云々される。イアーゴウ自身が独白のなかで、それを申し立てるが、時によって異なったり、矛盾したりする。しかし、これはむしろ当然のことであろう。あまりにも立派で、あまりにも疑いを知らぬオセロウ。そのオセロウの存在はイアーゴウの存在を必然的に呼び起こす。つまり、オセロウとイアーゴウとは、組になって「出来ている」のであって、何かが何かの原因とか結果というようなものではないのだ。イアーゴウも要するに犠牲者のひとりであり、彼自身も自分の動機について知るはずがないのは当然である。だからこそ、あれほどまでにすべての人が彼にだまされるのである。マクベスの場合のように「運命」を示す妖女はオセロウには出現しない。にもかかわらず、やはりオセロウの悲劇は運命的に思える。それは、個人を描きつつ、なお個人を超えたものをも描いているからだ。元型的なものが作用するとき、個人の物語はすなわち普遍的な物語となるのである。それは人間を描きつつ、広義の「自然」を描いているとも言える。シェークスピアの悲劇で多くの人が死んでゆくのを体験しながら、われわれは台風の後の晴天の日のような感じを与えられるのも、このためであろう。

影の肩代わり

影を抑圧して生きながら、影の反逆をまったく受けていないように見える人もある。しかし、よく見るとその人の周囲の人が、その影の肩代わりをさせられている場合が多い。たとえば、宗教家、教育者といわれる人で、他人から聖人、君子のように思われている人の子どもが手のつけられない放蕩息子であったり、犯罪者であったりする場合が、それである。世間の人はどうして親子でありながら、あれほど性質が異なるのか、といぶかったり、息子の親不孝ぶりをなじったりする。あるいは、聖人、君子と言われていても案外子どもには冷たいのではないかとか、親子関係の悪さを勘ぐったりする。しかし、これはそのような次元では了解できないことであり、たとえ、親子関係に一般的な意味で問題がないとしても、親の「影のない」生き方自身に、子どもの肩代わりの現象を呼び起こす力が存在しているのである。一般に信じられているように、親が悪いから子どもが悪くなるという図式で了解されるような場合は、治療も簡単である。しかし、いわば親が良いために子どもが悪くなっているとでも言うべきときは、治療はなかなか難しいのである。

それほど劇的ではないにしても、子どもは多かれ少なかれ親の影を背負わされるものである。子どもはそれと苦闘しつつ、結局はそれを背負って親とまったく逆の生き方をするか、影を排除しようと努めつつ親と同じ生き方をするか、になってしまうことが多い。親をいろいろと批判しつつ、子どもは親と同じか、あるいはまったく逆か、のふたつの生き方を選ぶことが多く、親の生き方を適度に修正することは、ほとんど至難のことと言ってよい。そこには、無意識的な影の力が働いているため、意識的な努力に強い慣性が作用しているのである。

集団の影の肩代わり現象として、いわゆる、いけにえの羊(scapegoat)の問題が生じてくる。ナチスドイツのユダヤ人に対する仕打ちはあまりにも有名である。すべてはユダヤ人の悪のせいであるとすることによって、自分たちの集団の凝集性を高め、集団内の攻撃を少なくしてしまう。つまり、集団の影をすべていけにえの羊に押しつけてしまい、自分たちはあくまでも正しい人間として行動するのである。家族の中で、学級の中で、会社の中で、いけにえの羊はよく発生する。それは多数のものが、誰かの犠牲の上にたって安易に幸福を手に入れる方法であるからである。無意識な程度のひどい人は、そのうえ、このいけにえの羊の存在によって集団の幸福が乱されていると、本気に感じている。そしてその実は、その羊の存在によって自分たちの安価な幸福があがなわれていることには、まったく気づかないのである。

ナチスの例に典型的に見られるように、為政者が自分たちに向けられる民衆の攻撃を避けようとして、外部のどこかに影の肩代わりをさせることがよくある。ここでもすでに述べたような普遍的な影の投影が始まり、ある国民や、ある文化が悪そのものであるかのような錯覚を抱くようなことになってくる。そして冷たい戦争によっていがみあうことにもなるが、ユングがいみじくも指摘しているように、「鉄のカーテンの向こう側から西側の人に歯をむいているのは、自分自身の邪悪な影の顔なのである」[19]。自分の影を自分のものとして自覚することは難しいことである。

いけにえの羊をつくり出したり、集団の外部に影を投げかけたりせずに、集団内で影の反逆を防ぐ方策として、人間は影の祭典というものをもっている。ユングも述べているように、ヨーロッパの中世において盛んとなった、「愚者の祭り」などその典型であろう。それは中世の秩序を支えているキリスト教の教義をまったく逆転せしめる祭りである。「礼拝式の最中に、グロテスクな顔をしたり、女、ライオン、道化役者などに変装した仮装者たちが踊りをおどり、聖歌隊は卑猥な歌をうたい、ミサを行っている近くの祭壇のすみで、脂っこい食物を食べ、博打までうちはじめ、古皮でつくったいやな匂いの香をたき、教会中を走ったり跳びはねたりする」[20]というのだから、まったく凄まじいものである。キリスト教の厳然とした教義によって縛られていた民衆にとっては、これはまさに「影の浄化の祭典」(shadow catharsis festival)[21]と言うにふさわしいものであり、これによって影の鬱積によって生じる暴発を防ぐことができたと考えられる。わが国においても、このような影の浄化の祭典は多く存在し、盆踊りなどもそのような意味をもったであろうし、現在なお行われている、いろいろな「無礼講」がその意味を果たしていることは明瞭である。もっとも、このような愚者の祭りが、単なるカタルシスという消極的な意味のみではなく、積極的な意味をもつ点に関しては、第四章において触れることになろう。

永遠の少年

影との関連において、どうしても考慮しなければならない問題に、永遠の少年(puer aeternus)ということがある。

すでに親の影を子どもが肩代わりする例について述べたが、子どもがその影を親にまったく押しつける場合もよくある。子どもはやりたい放題のことをして、母親はひたすらその尻ぬぐいをさせられている。これは大なり小なり母子のパターンとして生じることであるが、それが年齢が大人となってもちこされたり、程度がひどくなってくると、そこに「永遠の少年」の元型が働いていることが感じられるのである。少年は自分の影を自分で背負うことをしない。自分の影の存在にすら気づいていないときもある。

「永遠の少年《プエル・エテルヌス》」とは、オウィッドがギリシャにおけるエリューシスの秘儀の少年の神イアカスを指して呼んだ言葉である。エリューシスの秘儀はデメーテル、コーレの神話を踏まえ、穀物が母なる土を母胎として冬には枯れ、春には芽生えてくる現象を基にして、死と再生の秘儀をとり行うものである。ここで死と再生を繰り返す穀物の姿の顕現として、「永遠の少年」の神イアカスが登場する。永遠の少年は成年に達するまでに死に、グレートマザーの子宮の中で再生し、再び少年としてこの世に現われる。それは常に少年であって成人に達することがない。永遠の少年は、英雄であり、神の子であり、皇子であり、あるいはグレートマザーの申し子であり、救世主であり、トリックスターであり、そして、そのいずれにも成りきっていない不思議な存在である。それは、英雄として、救世主として急激な上昇を試みるが、それに成りきる前に突然の落下により、母なる大地に吸いこまれてしまう。しかし、それはまた新たな形をとって再生し急上昇を試みる。このような永遠の少年の元型は、すべての人の心の無意識内に存在している。このような元型と同一化するとき、その人は文字どおり「永遠の少年」となる。

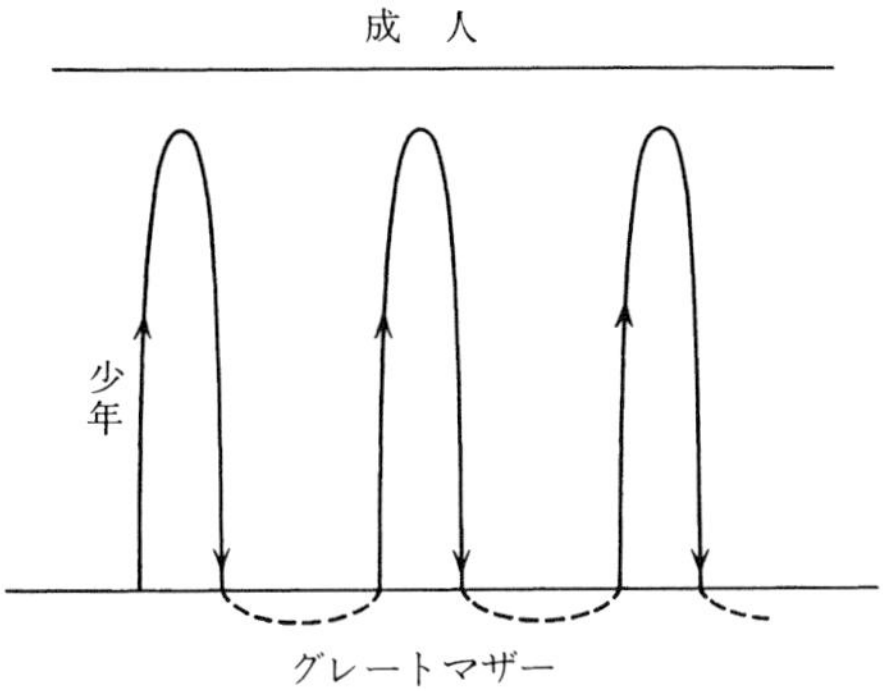

図3　永遠の少年

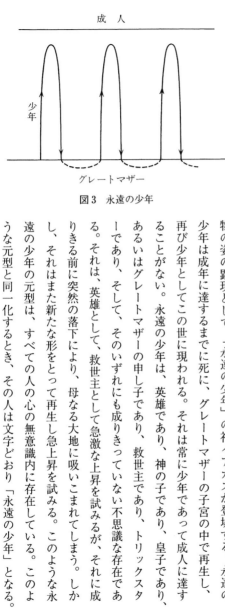

永遠の少年の元型と同一化した人のイメージを、ユング派の分析家たちはみごとにスケッチしてみせてくれる。(22)現代の社会に生きている永遠の少年たちは必ずしも年齢が若いとはかぎらない。彼等は慣習にとらわれず、直線的に真実に迫り、理想を追い求める姿勢をもっている。ヒルマンが指摘するように彼等の主なテーマは「上昇」であり、理想を求めて急上昇を試みる。しかし、彼等は水平方向にひろがる時空間、つまり「現実」とのつながりの弱さにその特徴をもっている。理想を追いつつそれを現実化する力に欠ける。彼等のもっとも不得手なことは待つことであり忍耐である。現実とのつながりを失ったとき上昇は停止し急激な下降がはじまる。大地に吸いこまれてグレートマザーの子宮に帰ると、しばらく無為の生活が始まる。彼等は自分が社会に適応できないのは、自分の特別な才能が理解されないためであるとか、こんな誤った社会には適応する必要がないのだとか自らに言いきかせて、その無為の状態を合理化している。ところが、ふとある日、彼等は何かにつかれたように人類の救済や、警鐘をめざして急上昇をはじめる。そのときの力の強さは多くの人を驚嘆せしめ、ときには大きい期待をさえ呼び起こすが、結果としては、おきまりの落下と無為が訪れるのみである。少年が光を求めて高く昇れば昇るほど、彼の影は母なる大地に大きく投影される。彼等にとって、それは親であり社会であり、国である。それらに向かって彼等は、すべての悪の責任をとることを要求するが、自ら自分の影を背負って立とうとはしないのである。彼等が自らの影の存在を意識したとき、そこに死が訪れる。その死を、成人への成長のためのイニシエーションとして迎えるか、母なる大地への単なる回帰とするかは、彼等の自我の強さにかかっている。

永遠の少年の死の神話は、全世界にひろく分布している。今はそのなかで影との関連を如実に示すものとして、北欧神話のバルデルの死の話を取りあげてみよう。

バルデルはひどくあやしい夢を見たので、神々にそれを告げた。そこで神々は会議を開いて、世界のあらゆるものがバルデルに危害を与えないようにすることになった。バルデルの母親のフリッグが、世界のあらゆるもの、火・水・土・石・動物などにバルデルに傷を与えない約束をとりつけた。神々はそこで安心して、バルデルを立たせて何でもかでもを投げつけるという遊びを考案した。何があたってもバルデルは傷つかないので、神々はこの遊びに打ち興じた。ところが邪悪な神ロキはこれを見てねたましく思い、フリッグをおだてあげて、結局は彼女が「宿り木」だけはあまりに弱々しいので、誓いをたてさせなかったことを聞き出したのである。ロキは早速、宿り木を取って持って行き、オーディンの息子のホズルが盲目であるため遊びからはずれているのを見て、親切ごかしに宿り木を持たせ、バルデル目がけて投げるように助けてやる。

ホズルは喜んでロキの言葉に従い、それはバルデルに命中して命を奪ってしまう。大きい不幸に神々は呆然とし、ロキは逃走してしまう。このあと神々のロキに対する復讐の話がつづくが、それは省略して、少年の神バルデルの死の意味について考えてみることにしよう。

バルデルは非常に美しく、彼の姿を目にし、彼が語るのを聞きさえすれば、誰でも彼を好きになったと言われている。これも「永遠の少年」の在り方のひとつである。永遠の少年は影をすべて母親に負わせ、自分はよい子でいられるのだ。全世界のあらゆるものに、わが子に危害を加えない誓いを取りつけることは、もしも可能なら日本中のすべての母親がしたいと望むことであろう。母親フリッグとバルデルの結びつきの強さは明らかである。その強さはユングも言っているように、「永遠の近親相姦の状態」(23)とさえ呼べるものであろう。それを端的に示しているのが、「宿り木」である。つまり、宿り木は母なる木に寄生し、それと生命をともにしている。このような類比からみて、宿り木はバルデルの影の兄弟なのである。宿り木はバルデルその人と等価であり、それがロキによって親木から取り去られたとき、バルデルの命はもはや終わりとなったのである。かくて、影の一撃はバルデルを倒してしまう。「英雄が英雄的な仕事をやり抜くために、その生命力と意識の強さを欠くときは、影は致命的なものとなる[24]」のである。ところで、ここでイアーゴウ役をつとめたロキの意味については後で触れることになろうが、このような永遠の少年に実際に接するときには、どのようなことが必要であるかについて、少し述べておく。

バルデルの神話が示唆するように、永遠の少年の取扱いの難しさは、彼等の背後に常に死の影が存在していることである。彼等の急上昇を無理にストップさせると、それは死につながることが多い。そこで、われわれ心理療法家にとってできることは、少年たちと共に空を飛びながら、徐々に制動をかけることしかない。あるいは、フォン・フランツの言うように、気球を背負って飛んでいる少年のところへ、こちらも気球によって飛んで行き、二人で空中飛翔をつづけながら、だんだんとその空気を抜いてやるしかないのである。これはまったく辛抱のいることである。しかし、一般の人々は、ときに気球で飛翔する若者に喝采をおくるか、あるいは業を煮やして気球を打ち破るかのどちらかであるようだ。少年と共に空を飛ぶのは、こちらの命も危いことなので、多くの人々が地上に足をつけたままで、少年たちをあしらっているのも当然のことかもしれない。

永遠の少年たちは、自分の影を意識しないまま、その影を両親や社会に投影し、ひたすら正しく、幸福に生きているが、それにしても、われわれはいつかは自分の影の存在を自覚しなければならない。影の存在をもっとも劇的に見せてくれるものとして、二重人格や二重身の現象がある。このことについて、次章に述べることにしよう。

注

(1) Chamisso, A. v., Peter Schlemihls wundersame Geschichte, Reclam, 1967.

(2) アンデルセン、大畑末吉訳『アンデルセン童話集 (三)』岩波書店、一九六四年。

(3) フレイザー、永橋卓介訳『金枝篇』一―五、岩波書店、一九六六―六七年。
(4) Van der Leeuw, Religion in Essence and Manifestation, vol. 1, Harper & Row Publishers, 1963.
(5) レヴィ・ブリュル、山田吉彦訳『未開社会の思惟』上、岩波書店、一九五三年。
(6) ユベール・デシャン、山口昌男訳『黒いアフリカの宗教』白水社、一九六三年。
(7) エリアーデ、前田耕作訳『イメージとシンボル』せりか書房、一九七一年。
(8) Jung, C. G., The Archetypes and the Collective Unconscious, C. W.* 9, i, 1959.
(9) Jung, C. G., *ibid.*
(10) Jung, C. G., Aion, C. W. 9, II, Pantheon Books, 1959.
(11) von Franz, M.-L., Shadow and Evil in Fairy Tales, Spring Publications, 1974.
(12) オットー、山谷省吾訳『聖なるもの』岩波書店、一九六八年。
(13) Jung, C. G., Wandelungen und Symbole der Libido, Deuticke, 1912.
(14) 久保紘章編『天の鐘　心を病める少女の詩』ルガール社、一九七二年。
(15) ヤッフェ編、河合／藤縄／出井訳『ユング自伝』2、みすず書房、一九七三年。
(16) Jung, C. G., Civilization in Transition, C. W. 10, Pantheon Books, 1964.
(17) Jung, C. G., *ibid.*
(18) Jung, C. G., Two Essays on Analytical Psychology, C. W. 7, Pantheon Books, 1953.
(19) ユング編、河合隼雄監訳『人間と象徴』上、河出書房新社、一九七五年。
(20) ラディン／ケレーニィ／ユング、皆河／高橋／河合訳『トリックスター』晶文社、一九七四年。
(21) von Franz, *ibid.*
(22) たとえば von Franz, M.L., Puer Aeternus, Spring Publications.
(23) Jung, C. G., Symbols of Transformation, C. W. 5, Pantheon Books, 1956.
(24) Jung, C. G., *ibid.*

* C. W.: Collected Works of C. G. Jung.

第二章　影の病い

前章において、未開人は影をたましいと同定しており、影が本人から分離すると死んでしまうと考えていたことを述べた。わが国においても、江戸時代に「影のわずらい」とか「影の病い」と呼ばれるものがあり、同様の考えをもっていたことを示している。本章ではそのような点について、人間の無意識内に存在する影が引き起こす病い、異常な状態について見ることにしよう。

一　二重身

影の病い

江戸時代に影の病いとか、影のわずらいと言われたものは、離魂病とも言われ、人間の魂がその身体を離れて漂泊するという考えによっている。栗原清一が『日本古文献の精神病学的考察』に引用している一例を示してみる。(1)

北勇治という人が外から帰ってきて居間の戸を開くと、机にむかっている人がいる。自分の留守の間に誰だろ

う と見ると、髪の結いよう、衣類、帯にいたるまで自分が常に着ているものと同じである。自分の後姿を見たことはないが寸分ちがいないと思われたので、顔を見ようと歩いて行くと、向こうを向いたまま障子の細くあいたところから縁先に出てしまい、後を追ったがもう姿は見えなかった。家族に話をすると、母親はものも言わず顔をひそめていたが、それから勇治は病気となり、その年のうちに死んでしまった。

「是迄三代其身のすがたを見てより病つきて死にたり。これや所謂影の病なるべし。祖父、父の此病にて死せしこと、母や家来は知るといへども、余り忌みしきことゆゑ、主には語らでありし故知らざりし也」とある。

つまり、影の病いとは自分自身の姿を見ることであり、それは自分の魂の脱け出したものであると解釈するのである。自分の姿を見ると死ぬという言伝えはわが国だけではなく、ドイツにおいてもそのように言われているという。

これは恐ろしい離魂の話であるが、同じ「魂のぬけ出た話」でも、ハッピーエンドになる話が中国に伝わっている。これは『唐代伝奇集』に収録されている話である(2)。

倩娘《せんじょう》という娘が王宙《おうちゅう》という若者に恋をする。相愛の仲となったが、家族は知らぬまま、娘を他の男性と婚約させる。宙はうらんで都へ上ることを決心する。旅に出た日の夕方、倩娘が後をはだしのまま追ってきて、二人で逃げ出し、蜀《しょく》の国で五年間を共に過ごす。子ども二人生まれたが、宙の妻は父母を恋しがる。そこで故郷へ家族連れだって帰るが、家の近くで妻を待たせ、宙がまず妻の家に行き事情を述べてあやまる。ところが妻の親は、娘は病気で五、六年寝たままでいるのに、なんというでたらめを言うかと怒る。宙の説明を聞き使者をおくって確かめると、倩娘は元気で、「お父さまはお達者か」などというので、驚いてそれを報告した。部屋で寝ていた娘はこれを聞くと喜んで、起きあがって着物を着がえ迎えに出ていった。そして二人の倩娘が出会うと、ぴったり一つに合わさって、着物までが完全にかさなった。

こちらのはめでたい話であるが、前の話に比べて現実性に欠けることはもちろんである。しかし、この話をまったく荒唐無稽とばかりも言っておられない。というのは、近代の理論物理学者の心に浮かぶイメージに非常に類似のものがあるからである。少し話が横道にそれるが、それを紹介しておこう。

一九三一年ケンブリッジ大学の有名な物理学者、ディラックは「反電子」の理論を発表した。その理論から導き出される「反粒子」は、電荷や磁気モーメント、そして「スピン」と「ストレンジネス」が反対である以外は、他のあらゆる点で粒子とまったく同じである。そして、その反粒子は地上におけるもう一人の自分に出会うや否や、ただちに相互にお互いを消去し合うという。他の星雲が反粒子から成り立つ反物質をつくりあげていて、物質と反物質との雲が相互にぶつかり合い相互に消去し合い、そこにまったく新しい強力なX線源が生じるなどを想像することも可能である(3)。

カリフォルニアの物理学者、ハロルド・P・ファースは次のような面白い詩をつくって、一九五六年十一月の『ニューヨーカー』誌に載せたという。

対流圏の遥か彼方に
純粋な　星の領域がある
そこでは反物質の層の上に
エドワード・アンティ・テラー博士(4)が住んでいた

溶解の源からは遠く離れて
彼は誰からも気づかれずにそこに住んでいた
彼のあらゆる反親族たちと共に
その椅子の背にはマカッサル髪油[5]をおいて

ある日　海の水に弄ばれて
彼は巨大な円盤を見出した
その上にはA・E・C[6]という三つの文字が描かれていた
地球からの一人の訪問者が降り立った

喜びの声を挙げて　渚の上を
そっくり同じな二人は
まるでレンズ豆のようにそっくり同じな二人は　お互いの右手を伸ばし
しっかりと握り合った　そして　残ったのはガンマー線だけであった

何とも不思議な詩である。『唐代伝奇集』の人物は二人が合わさって一人となったが、この詩の、エドワード・テラー博士とエドワード・アンティ・テラー博士は握手をしたとたんに消え失せ、後にガンマー線が残ったのである。近代物理学者のイメージにこのような類のものが生じるのは、真に興味深いことと言わねばなるまい。

二重身(ドッペルゲンガー)の現象

二重身の現象とは自分が重複存在として体験され、「もう一人の自分」が見えたり、感じられたりすることである。精神医学的には、自分自身が見えるという点から、自己視、自己像幻視と呼ばれ、また二重身、分身体験などとも言われる。ドッペルゲンガー(Doppelgänger)という言い方は、ドイツの民間伝承に基づくものである。ハイネが同名の詩をつくり、それにシューベルトが作曲していることは周知のことである。わが国では一般にこれは「影法師」と訳されているようだ。

二重身の現象にはいろいろな場合があるが、これについて高柳功が包括的に論じているので[7]、それを参考にして述べてみよう。

自分自身の像が見えるもの。これは鏡像幻覚のように自分が鏡に映った姿のようなのが見える場合と、自分の身体の一部や後姿(前節の北勇治の例)だけの場合がある。ゲーテが『詩と真実』に述べている体験は、このような例である。

自分の姿とは外観的に異なるが、自分であると直覚的に判断されるもの。これは自分の姿とは異なるのに、自分だと確信するのであるが、ミュッセがこのような体験をもったと言われている。

自分の姿が鏡に映らない。これはフランスの学者ソリエによって、マイナスの自己像幻視(autoscopie négative)と名づけられたもので、次節に述べるE・T・A・ホフマンの小説『大晦日の夜の冒険』や、モーパッサンの『オルラ』に記述されている。筆者はまだこのような症例にあたったことはないし、他の治療者からも聞いたことはないので、現実には非常に珍しいのではないかと思う。

鏡に自分の姿が二人映る。これは高柳は記載していないが、広義の二重身体験にはいるのではないかと思われる。パンコフの報告した例によると、(8) ある女性は十六歳のときにそのような体験をもったことを、「……ある夜、私は本を読むためにひとりで二階へ上っていきました。そして鏡に自分の姿を映してみようとしたのです。その瞬間に事が起こりました。私の内に二人の人がいるのを見たのです。この瞬間から私は追われている、と感じだしたのです」と述べている。

もう一人の自分がいると感じたり、確信したりする。この場合はもう一人の自分を見ることはないが、もう一人の自分が背中合せにいるのを感じたりはする。あるいは、自分は大学へ来ているが、もう一人の自分は下宿で寝ていると主張したりする。これは二重身のなかでは多い(と言っても、一般には珍しいが)現象である。

外観は異なるが、もう一人の自分が他の場所で行動していると確信する。この場合は、もう一人の自分は自分と異なる名前をもったり、外観も異なる人物なのであるが、それはやはりもう一人の自分であると確信するのである。

自分の外に自分が存在し、そこから自分の姿を眺めているという体験。ツットという学者が報告しているが、筆者もこのような体験の報告を受けたことがある。これは、たとえば天井の一点に自分がいるという感じで、その部屋にいる自分をその位置から見下ろすことができるのである。

ここに簡単に紹介したように、二重身といっても、さまざまの体験があり、それはなんらかの意味で自我意識の異常を示すものであるが、心理的には相当異なる機制によるものと思われる。また精神病理学的に言っても、正常人、神経症、精神分裂病、いずれの場合にも起こり得るし、てんかんや脳腫瘍などの器質的な障害によっても生じるものである。

ゲーテやミュッセが自己像幻視の体験をもったことはすでに述べたが、この他、ダヌンチオ、シェリー、ホフマンなども同様の体験をもったことが報告されている。わが国では芥川竜之介がドッペルゲンガーの体験をもったと言われている。(9) 芥川は二重身を主題とした『二つの手紙』という軽い短編を書いている。

二重身の体験に鏡が大きい役割を演じていることは当然のことである。鏡に映る自分の映像は二重身の原体験であるとさえ言うことができる。フロイトは「不気味なもの」について論じた評論の中で、彼自身の興味深い体験を述べている。(10) 彼が旅行中寝台車の一室にいたとき、汽車が烈しくゆれた際に、隣の洗面所に通ずるドアが開いて、旅行帽をかぶり寝巻を着た一人の老人がはいってきた。便所へはいるのをまちがえて、自分の部屋へはいってきたのだとフロイトは思い、説明してやろうと立ち上がった。ところが、その闖入者は実はドアのガラスに映った自分自身の姿であることを知って呆然としたというのである。フロイトはこの現象が非常に不愉快なものであったと言っている。

これは自分の映像を他人と見誤ったのだから、二重身現象の逆のようなものである。しかし、ここに自分自身の姿を見知らぬ他人として誤認したという事実は、自分に対する存在感について不安を引き起こす点で、二重身体験と共通するものがある。鏡による異常体験としては、鏡を見ているうちに、鏡に映っている自分がほんとうの自分であって、こちら側の自分はその映像にすぎないのではないかと感じ不安になる症状がある。これも二重身とは異なるが心理的にはかなり共通の面が感じられる。つまり、自分の存在感が稀薄になることである。

西丸四方は二重身体験をもった患者の体験を詳細にわたって記録した、非常に価値のある報告をなしている。(11) 十五歳の少年が自分で「影」と呼んでいる彼の分身が、勝手に行動したり、またその影に自分が動かされロボットのように行動したりする体験が報告される。そのなかで印象的なのは、「ぼくはほんとうはなんなのか」、「ぼくとは何か、人とは何か」という疑問が再々提出されることである。すべての二重身体験を包括的に説明することは困難であると述べたが、すべての二重身現象の背後に、このような根源的な問いが存在していることは誰しも認めることであろう。

われわれはこの現象を説明するために、コンプレックス、影、フロイトの言う超自我、あるいは、無意識、魂

鏡二題　上右の図は，有名なエラスムスの『痴愚神礼讃』に，ハンス・ホルバインが描いた挿絵である．鏡を見ている真面目そうな青年の鏡像は，舌を突き出した道化まがいの顔として映っている．ところで，左の図は，現代の漫画家，ハンス・ヘームの作品である．ここでは道化の鏡像が紳士然として立ち現われている．影は実体より劣等とは限らない．この二つの鏡のモチーフはわれわれに多くのことを語りかけてくる．

ハンス・ホルバイン　著者　エラスムスの『痴愚神礼讃』挿絵
ハンス・ヘーム　作品の一つ　『ネルベルスパルター』誌所収　A. G. グラフィッシャー　アンスタルト社

などいろいろの概念を用いることができるかもしれない。しかし、第一章において、影が個人に体験されることとしては、「まず無意識の全体として体験される」と述べたように、相当未分化な影の体験として考えることが妥当であろう。その影のどのような面に強調点がおかれているかによって、コンプレックス、超自我、魂などの言葉によって、より適切に表現されることになるのであろう。二重身の現象をこのような点から説明するために、ホフマンの小説『大晦日の夜の冒険』を取りあげてみることにしよう。

映像を売った男

二重身を文学作品として取り扱ったものは相当ある。すでに述べたもののほか、エドガー・アラン・ポーの『ウィリアム・ウィルソン』、ドストエフスキーの『二重人格』(これはこの本の訳者も断っているように、本来二重身または分身と訳すべきものである)などがある。ワイルドの『ドリアン・グレイの画像』もこの類にはいるだろう。前述したフロイトの論文には、エーヴェルスの『プラークの大学生』が取りあげられている。E・T・A・ホフマンの作品には、直接、間接に二重身の主題が取りあげられているが、彼自身も二重身体験をもったようである。(12) 彼の代表作のひとつ『悪魔の美酒』は二重身体験を取り扱ったものである。ユングは早くからホフマンの作品に興味をもち、いつか取りあげて論じたいとフロイトへの手紙などに述べているが、(13) 結局はまとまった論文を書かなかった。『悪魔の美酒』に関しても、影を説明するときに少し言及するくらいにとどまっている。

ホフマンの『大晦日の夜の冒険』は、ソリエの言うマイナスの自己像幻視をテーマとする小説である。まずその梗概を述べる。

これは一種の枠物語になっている。大晦日に法律顧問官の宴会に招かれた「私」が昔の恋人ユーリアに出会う。

しかし彼女に醜い夫があるのを知り、そこを飛び出してしまう。地下の酒場へ行った私はそこで不思議な二人の男に会う。一人は何とあの影を失ったペーター・シュレミールであり、もう一人の男は映像を失った男、エラスムス・シュピークヘルなのである。ふとしたことから私はシュピークヘルの手記を見ることになる。その手記がすなわち、映像を売る話なのである。

シュピークヘルは妻と子どものラスムスをドイツに残してイタリアに行く。フローレンスでドイツの男性たちとイタリアの女性たちでパーティを催したとき、彼は凄艶な女性ジュリエッタに会う。「ジュリエッタを一目見たとき、エラスムスはまったくただならぬ気持ちをおぼえ、何が原因でそんな強い感動が胸底に起こるのか、自分でもはっきりしないほどであった。彼女が近よってくると彼はなんだか奇妙な力にとらえられて、息の根がとまるほど胸が締めつけられた。」こんなありさまだから、シュピークヘルは急激にジュリエッタとの恋におちこんでゆく。シュピークヘルの友人フリードリヒは、そのような彼に忠告して、ジュリエッタは狡猾きわまる高等売春婦であること、彼女について奇妙な噂が流れていることなどを話し、故郷の妻子のところへ帰るべきだと言う。フリードリヒの親切な言葉に動かされ、彼は家へ帰ろうとするが、ジュリエッタの手先の藪医者のダペルチュトウ氏にうまくのせられてジュリエッタのところへ行ってしまう。

シュピークヘルはそこでイタリア人の男とのけんかに巻きこまれ——これも深いわなだったようだが——殺人を犯してしまう。このためフローレンスを逃れ去るより致し方なくなるが、ジュリエッタは彼に彼の映像を残して欲しいと言う。いぶかる彼に対して、ジュリエッタは彼の分身を鏡の中に残して欲しいと言い、シュピークヘルは同意する。「ジュリエッタは彼の唇に燃えるようなキッスをした。それから彼を放し、こがれ憧れるように鏡の方へ腕をさしのべた。エラスムスは、自分の動作とは無関係に自分の姿が現われてきて、ジュリエッタの腕の中にすべりこみ、異様な芳香につつまれながら彼女とともに消え去るのを見た。」

その後、彼はまたダペルチュトウ医師にだまされそうになるが、フリードリヒに助けられ故郷への旅を急ぐ。途中彼の映像が鏡に映らないことがばれて多くの人に軽蔑され、警察から「一時間以内に完全な酷似せる映像を帯同のうえ当局へ出頭するか、ないしは町を退去すべし」などという通告を受けたりしながら、家に帰り着く。家では妻子が喜んで迎えてくれ平和な家庭生活をいとなむことになった。ところが、子どものラスムスが父親に鏡の映像がないことを発見し、妻も驚いてしまい、シュピークヘルを地獄の鬼とののしり、夫ではないと叫ぶ。

シュピークヘルが戸外へ逃げ出すと、ダペルチュトウ氏がどこからともなく現われ、ジュリエッタに会いたいと言う彼に策をさずける。それは妻子とのきずなを絶つことによって行われるのだというわけで、そのための毒薬を手渡す。シュピークヘルはそれを拒否しながらも、どうしてだか知らないが毒薬を受け取って家に帰る。彼はこの誘惑には打ち勝つが、せめてジュリエッタにもう一度会いたいと思っていると、卒然として彼女が彼のもとに現われる。共に暮らしたいと願う彼に対して、ジュリエッタは、邪魔ものをなくするため、彼がその妻子をダペルチュトウの意のままに支配されてもよいという契約に署名せよという。彼がそれに従おうとしたとたん、白い影がはいって来て、「エラスムス、なにをするんです――どうぞ後生だから、そんな怖ろしい行為はよして！」と叫ぶ。彼はそれが自分の妻であることを認めると、紙きれとペンを投げ棄てる。ジュリエッタの顔は醜くゆがみ、体は火のようになり、消え去ってゆく。部屋にはからすの羽ばたきのような音がする。

翌朝、シュピークヘルは妻のところへ行くと、妻は心から優しい柔和な女になっていた。彼女はいたく彼に同情するが、鏡に姿が映らなかったら世間の人の物笑いになるので、旅に出て映像を悪魔から奪いとるようにと言う。シュピークヘルは旅に出て、ペーター・シュレミールと出遭い、それぞれ協力してシュレミールは自分の影を、彼は自分の鏡の中の映像をとりもどそうとするが、無駄であった。

これが、ホフマンの『大晦日の夜の冒険』の梗概であるが、筋だけを追ったのでホフマン特有の現実と幻想とが巧みに交錯する怪しい雰囲気はまったく脱け落ちてしまったことを断っておかねばならない。ところで、この小説を「お化けのホフマン」と言われた奇妙な人間の非現実的な夢物語と見る人もあろうが、私にとっては、これは人間の内界の現実を語るものであり、現代人に対しても大きい意味をもつものと考えられる。

ホフマンの作品が二重構造をもつことはよく指摘される。この小説でも、まず「私とユーリア」の関係があり、そのうえに「シュピークヘルとジュリエッタ」の関係が重ね合わされている。このような点について、ホフマン研究家の吉田六郎はみごとに表現している。[14]「ホフマンは「焦点」をおいて作品を二重構造にするのが好きである。この場合の「焦点」は、水に映る月影に対して天空にかかる月の本体にたとえられるだろう。月影をのぞきこんで嘆賞している時、ふとうしろを振り返ると空に月が皎々と輝いていて、水に映るものの本体を明らかにしている――というような体験を、読者はホフマンの作品をよんでたびたび体験する。」

この作品の焦点は、先にも示したとおり二組の男女の関係であるが、それらの底にホフマン自身のユーリア・マルクとの恋愛の体験が存在していると思われる。ホフマンは三十五歳のころに自分が音楽を教えていた少女ユーリア・マルクに熱烈な恋愛感情を抱く。しかし、「ユーリアはホフマンにとって、地上を歩く音楽の精霊であった。この言葉の中には、すでに融和しがたい矛盾がふくまれている。この世に属し且つまたこの世に属さないという二律背反によって表わされる矛盾である。言いかえれば眼に見えない音楽の精神と肉声でそれを歌う現実の女性との互に背き合うものの結合である[15]」。このような強烈な二律背反をもった恋は、彼女がある金持ちと結婚することによって悲劇的な結末を迎える。このようなホフマンの性格の二重性は、父方の情熱的詩的な精神と、母方の理性的散文的な精神の両方を受けついだことによるものと思われる。実際、彼は音楽、小説、絵画と芸術的天分に恵まれる一方では、大審院判事をつとめるような実務的な才能ももっていたのである。そして、彼のユーリアに対する恋愛の二重構造に加えて、ホフマンのすべての伝記作者が「従順さ」をたたえる妻ミカリーナとの暖かい結婚生活を考え合わすと、その二重構造は、ますます多層的なものとなってくるのである。

ここで、映像を失った男シュピークヘルの物語の構造を少し分析してみよう。この作品が日常と非日常という二つの空間によってできあがっていることは非常に明瞭である。これを簡単に図式化すると表1に示すようになる。つまり、シュピークヘルと妻子のいるドイツの町、それに対してシュピークヘルの鏡像がとどまっているジュリエッタのいるイタリアの町である。ここで興味深いことは、シュピークヘルの妻とジュリエッタという二人の女性であらわされる世界への仲介者として、フリードリヒとダペルチュトウという二人の男性が存在していることである。フリードリヒはシュピークヘルがジュリエッタの誘惑を逃れて妻子のもとに帰れるように、ひたすら努力を傾けるし、ダペルチュトウはあらゆる手段を用いて、シュピークヘルをジュリエッタに結びつけようとする。その手段の狡猾さはだんだんと人間ばなれをしてきて、われわれに悪魔のイメージに近いものを想起せしめる。

表1

	日常	非日常
自我像	シュピークヘル	鏡像
男性像	フリードリヒ	ダペルチュトウ
女性像	妻	ジュリエッタ
場所	ドイツ	イタリア

ホフマンが二重身の体験をもったらしいことは、彼の日記からうかがわれるが、ユーリアとの恋愛にいたる少し前に次のような書込みがある。(16)「法外な淫蕩! 六日の舞踏会での奇妙な思いつき、——おれの自我《イヒ》を拡大鏡

のむこうに見る——おれの周りに動くあらゆる姿はみなおれ《イヒ》だ。そしておれはそいつらの振舞いを忌々しく思う。」自分の周りに動く姿をすべて自分の分身と考えることは、それらを自分の内界の反映として見ることにもなろう。このような考え方に立つと、同じく分身現象を主題とした彼の長編小説『悪魔の美酒』の巻頭にかかげられた主人公メダルドゥスの系譜は真に興味深い。それはさながら人間の心の構造を図示しているものとさえ見ることができる。『悪魔の美酒』の場合はあまりにも複雑なので暫くおくとして、シュピークヘルの物語について、図式化を試みると図4のようになる。

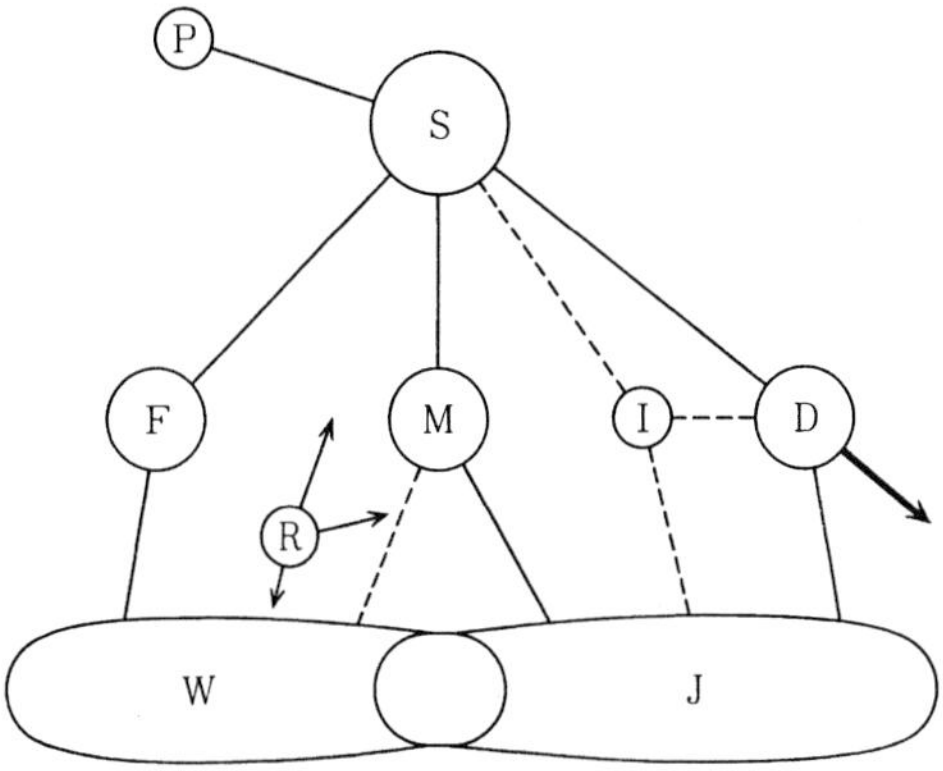

S：シュピークヘル　P：警察　F：フリードリヒ　M：鏡像　I：イタリア人　D：ダペルチュトウ　R：ラスムス　W：妻　J：ジュリエッタ

図4

ここに主人公シュピークヘルは明らかに、本人の自我をあらわす。ある個人の影は無限のひろがりをもつが、その中でのある側面が自我によって把握されるとき、それは影のイメージとなって顕現する。ここでは、何よりも彼の鏡像（まさにかげそのもの）のほかに、フリードリヒ、ダペルチュトウ、彼によって殺されたイタリア人があげられる。ここでフリードリヒを影の中に数えるのを不思議に思う人があるかもしれない。しかし、考えてみるとシュピークヘルは深く日常性と結びついたアニマ像としての妻とのつながりだけでは満足できないのである。ホフマンにとってのユーリア・マルクのごとく、ジュリエッタはシュピークヘルにとって魂の像としての意味ももっている。ただそれはあまりに影におおわれたものであり、破壊の道につながることも明らかであるが。しかし、フリードリヒの態度はそのような非日常性の全否定に立とうとしており、この点は、ダペルチュトウが日常世界の全否定を強要するのと好一対をなしている。シュピークヘルの自我はその両者を欲している。両者の中で避けがたい分裂の結果、影と言っても自我に非常に近い鏡像が、自我と遊離する現象を引き起こしてしまったのだ。

この図式で日常の世界を善、非日常の世界を悪と簡単に類別する人は、シュピークヘルがジュリエッタの色香に迷ったとのみ感じるかもしれない。確かにそういう面ももっていることは事実であるが、そのような意味でのつながりを示すものはむしろ、イタリア人の姿で表わされ、彼を殺すことによって、シュピークヘルはそれに対する否定を示したとも受け取られる。イタリア人を殺して急いでそこを立ち去ろうとする彼に対してダペルチュトウは意味深いことをささやく。早く帰って妻子のところへ行くように。たとえ映像がなくとも奥さんなら問題にされないだろうと言った後で「奥さんはあなたを肉体的に所有されるんですからな。ところが、ジュリエッタのほうは、いつもあなたの朦朧たる夢のような分身しかもたないんですよ」と言う。これは取りようによっては、奥さんはシュピークヘルの肉体とつながっているが、ジュリエッタは魂とつながっているのだと受け取れないことはない。つまり非日常の世界から見れば、日常の世界は魂を失った堕落の世界であり、日常の世界から見ると非日常の世界は破滅への道と見えるのである。われわれは善悪をにわかに定めがたい。とすると一方の世界の全否定を望むフリードリヒもダペルチュトウと同じく影のひとりと考えていいのではないだろうか。

ふたつの世界の相克のなかで、安易な解決の道は、シュピークヘルがしばらく平和に暮らしたように、身体は妻子のもとに、映像はジュリエッタのもとにという妥協であろう。しかしそれを許さぬものがある。ホフマンがカリカチュアライズして示したように「酷似せる映像を帯同して出頭せよ」と迫る警察がそれである。警察はわれわれの日常倫理の顕現である。それはひとりぐらい映像のない男がいてもよいではないか、などという妥協を許さない。それはすべての人が同じように行為することを圧倒的な力で押しつけてくる。

シュピークヘルの平和な家庭生活を破ったのは、子どものラスムスである。ダペルチュトウの予言どおり、彼の妻は映像のない夫と平和に過ごしていたのだが、その彼女に夫の映像のないことを教えたのはラスムスである。子どもは真実を見抜く力をもつが、それを語ることが及ぼす結果の恐ろしさを予見する力はもたない。子どもは自由にあらゆる世界に通じている。彼のひとことによって家庭の平和は破れるが、これは起こるべくして起こったものである。

子どもの自由度にさそわれ、非日常の世界は突如として日常の世界に侵入してくる。ここでダペルチュトウのイメージは大きく広がり普遍的な影にまで及ぶ姿となる。ここでの彼とジュリエッタの連繫は、影もアニマも未分化なままで悪の姿に近くなりつつある。

非日常の世界と日常の世界の交錯のなかで、シュピークヘルはひとつの倫理的決定を行う。すなわちダペルチュトウからもらった毒薬を棄ててしまう。そして、ついにジュリエッタが日常性の中心であるシュピークヘルの家庭に顕現する。危機一髪のところで、彼の妻が現われ、それによってシュピークヘルは決然として、ジュリエッタを拒否する。この両者の直接の触れあいによって、彼の妻は心から優しい女に変わる。それ以前の彼女の極端な夫の否定といい、彼女自身が相当な非日常性を所有していることを、シュピークヘルは知らされたのである。あるいは、彼の妻がある程度のジュリエッタ性を獲得したと言うべきであろうか。

彼と彼女の仲はもとにもどったが、映像はまだもどらなかった。シュピークヘルが自分の映像を取りもどすためには、ジュリエッタと妻という二人のアニマ像がひとつに統合される過程が必要なのであろう。あるいは、シユピークヘルが映像を探し出そうとしたが無駄であったという結末は、このような統合が不可能であることを暗示するものであろうか。

影が非常に未分化な場合は、たとえば未開人の場合などは、影がすなわち魂に同定されると述べた。しかし、このホフマンの物語のように無意識の世界が分化されてくると、むしろ男性にとってその魂のイメージは女性像であらわされることが解る。そして、それにいたる仲介者的な存在となったり、それを阻むものであったりするような男性像がその間に存在する(女性の場合はその魂は男性像で表わされ、その間に女性像が存在する)。このような分化されたイメージのなかで、ユングは自分と同性の像を影、異性の像のほうをアニマ(アニムス)のイメージと呼んだのである。そのように分化されるまでのいろいろな像の一部、あるいは全部を含むものとしての二重身は、したがって単純には包括的に説明しがたいものであるが、次に述べる二重人格の場合は、影の問題として理解しやすいものである。

二　二重人格

影との同一化

二重身は、もう一人の自分の姿が見えたり、その存在が感じられたりする現象であったが、これに対して、自分の心の内に存在するもう一人の自分が本来の自分と入れ代わって行動するような現象がある。それのもっとも極端な場合が二重人格で、このときは同一個人に異なった二つの人格が交互に現われ、両者の間に自我意識の連続がないのである。たとえばウィリアム・ジェームズの発表した有名な例では、アンセル・ブアンという牧師が突然に家を出奔し、その後消息を絶ったが、実はまったく異なる人格となり自らブラウンと名のって商店主になっていた。約二か月後にブラウンはまた突然にもとの人格にもどった。彼は自分が商売をしていることに大いに驚いたが、もとの牧師の地位に帰っていった。このような例では、ブアンとブラウンという二つの人格が同一個人に交代して出現し、しかもその二人の間には記憶の連続性が存在しないのであるから、まったく不思議な現象である。ジャネーはこのように、二重人格の両者共に記憶の連続がないのはむしろ珍しく、だいたいはどちらか一つの人格が他の人格の存在を知っており、記憶の連続があることを指摘している。(17)

二重人格の現象はおそらく古来から存在したであろうが、心理学の対象として研究され始めたのは十九世紀の後半になってからであり、報告された事例は百例を越える程度であろうとジャネーは述べている。(18) 二重人格の例については次節に取りあげて詳しく論じるが、その前に二重人格の心理機制を理解するために必要と思われる類似の心理現象について考えてみよう。たとえば、いわゆる正常な人の場合でも、まるで人が変わったような言動をするときがある。あるいは、自分で何かをしておきながら、自分がしたこととは思えないなどと言うときもある。もちろん、これらは二重人格の現象ではないが、そこに働いている心理的な機制としては根本的に共通の部分が認められないだろうか。すなわち、ある行為に対して、その本人が自分のしたこととは思えないと感じ、他人も別人のような行為と判断するようなとき、その行為はもはや自我を主体とするものではなく、影の支配を強く受けたものと考えられる。

このような現象が正常な域を超えると、ヒステリー性の健忘、朦朧状態、あるいは夢中遊行などになる。たとえば、夢中遊行を例にとると、その人は睡眠中に起きあがっていろいろな行動をし、他人から見ると覚醒しているとしか思えないのだが、翌日になってめざめたときは、本人は自分の行動をぜんぜん覚えていない行為である。筆者が相談を受けた、ある思春期の女の子は、夜おそく両親が居間でお茶を飲んでいると、眠っていたはずのその子がやってきて、両親の周りをぐるぐると歩き回り、気味悪く思っているとそのまま寝室に帰ってパタンと眠りこんでしまうという。このようなことがあまりによく生じるので両親が心配になって相談にこられたのであった。話を聞いてみると、この両親は子どもを自立的に育てるという点に極端にこだわりすぎて、子どもの成長に必要なスキンシップによる接触を欠いた育て方をしてきたことが明らかになった。この子どもはそのような育て方にも耐え、両親から見て申し分のない自立的なよい子として成長してきたのだが、それはその年齢の子どもには当然と思われる親に対する依存や接触の願望を犠牲としてなし遂げられたことであった。思春期という人格の大きい変換期になって、今まで抑圧されていたものが夢中遊行という形で顕在化され、彼女は寝室を脱け出して両親のもとへ押しかけて来ることになった。このことはもちろん、彼女が思春期になって、両親の関係がどのようなものであるか、あるいは性に関しても無意識的な関心をもつようになったことも関連しているであろう。ともかく、彼女の夢中遊行は、昼間には両親の期待どおり「よい子」として行動している彼女の影の部分が、大いに関係しているものと考えられる。この場合は両親が非常に理解力のある人であったので、以上の点を説明したところよく納得され、その後の親子関係の在り方を改善されたので、夢中遊行はすぐに解消したのであった。

このような例は、むしろ異常などと言えるものではなく、「正常な」人間でも思春期においてはこの程度の現象があっても当然であり、このようなことを通じてこそ、親子関係も改善され、したがって彼女の人格もより望ましいものに変化するわけである。ユングは夢中遊行の現象が思春期に多く現われることを指摘し、それが単に異常などということではなく、むしろ「目的をもった意味」を有していることを、早くから主張している。(19)

ヒステリー性の朦朧状態とは、ある期間のあいだ外見的にはある程度普通に行動しておきながら、そのことを本人は後でまったく記憶していない状態である。たとえば、ある兵隊が兵営を脱け出し、電車を乗りついで避暑地の海岸へ行き、そこをうろついていたが、警官の不審尋問を受けて、はっと我に返ったもののいったい自分がなぜ、どのようにしてこんなところにきているのか解らず、その間の記憶もまったく失われているといった状態である。[20] 彼が兵営から脱け出して目的地まで行く間、切符を買ったり乗りかえたりすることは誤りなく行っており、外見からは異常を感じられないことが特徴的である。この場合もその後で専門医との話合いにより、その海岸は彼が新婚旅行のときに訪れた場所であり、苦しい兵役の間に安楽の地として心に描いていた所であることが明らかにされた。

このような意識の分離現象を数多く研究したピエール・ジャネーの症例に次のような興味深いものがある。それは三十三歳の男性でアシルと名づけられている事例である。[21] アシルは二、三日の旅行より帰宅後しばらくして変調をきたし、二時間にもわたって笑いつづけ、地獄やサタン、デーモンを見たのだと言った。その後は典型的な悪魔つきの状態になり、まったく手がつけられなかった。催眠をかけて治療をしようとしても催眠にかからないのである。そこでジャネーはひとつのたくらみを考えついた。患者に対して、あなたは誰かと尋ねると、「悪魔だ」と答える。そこで悪魔であることの証拠を見せてもらうために、アシルは今手をあげたくないと思っているが、悪魔の力でアシルの手をあげて見せてほしいというと彼は手をあげた。そこでジャネーはもう一歩すすめて、悪魔の力によって、アシルに催眠をかけてほしいと頼みこんだ。これもうまく成功して、彼は催眠状態になった。こうなると、ジャネーの質問に対して悪魔ではなくアシル自身が応答するようになり、彼に旅行中の出来事について聞くことが可能となった。そこで明らかになったことは、彼が旅行中に浮気をして、そのことを妻に対して申しわけなく思いながら如何ともすることができずにいるということであった。彼の心は浮気をよしとする悪魔、すなわち彼の影と、それを後悔する普通の人格とに分裂し、しばらくの間、彼は影に乗っとられていたのである。ジャネーはこれらのことを明らかにした後に、アシルの妻に事情を説明して詫びを入れ、それによってアシルの症状は解消した。ただ非常に興味深いことに、その症状は彼の夢の中で繰り返されるが、それも後には消え去っていったのである。

今まで述べてきたような例は、影がその人の自我をおおってしまうと言うべきか、あるいは、自我が一時的に影と同一化した現象と言うべきであろう。それまで自我の力によって極端に抑えられていた影の部分が、自我の弱くなったときに一挙に行動化されると言うこともできる。この際の特徴は、自我はその構造を破壊されることがなく、その強さを回復したときにはまったく正常な状態にもどれるということである。アシルの例の場合であれば、その症状は劇的でひどいものであるが、ジャネーの巧妙なトリックによって、もとの自我と影とが分離され、自我のほうを強めてゆくことによって案外簡単に治癒がもたらされるのである。もっとも、前述した健忘や朦朧状態などの症状は、いろいろな病気によっても生じるものであり、すべてのこれらの症状が、ここに述べた方法で説明されたり、治癒されたりするものではないことをつけ加えておかねばならない。てんかんや脳に器質的障害のあるときも生じる現象であるから、単に症状のみから素人判断をすることは危険である。

影が一時的に自我をおおうような現象がもっと拡大され、影のほうもひとつの人格として存在を主張し、自我と影とがときに入れ代わるようなことになってくると、これは二重人格の現象と考えねばならない。二重人格の現象は前述したように今まで百例を越えるほどの報告があるが、最近には数がずいぶん減少している。おそらく現代人の心の葛藤の在り方が、二重人格という症状によって切り抜けるのにはふさわしくなくなっているのか、あるいは、現代人はもっと他の症状を見つけてきたのかのいずれかであろう。わが国における二重人格の症例の発表は非常に少ない。古く大正六年に中村古峡《こきょう》によって発表された興味深い例があるが、すでに他で論じたので、[22]ここでは取りあげない。今回は、比較的最近に発表されたイヴ・ホワイトとイヴ・ブラックの例について述べようと思う。

イヴ・ホワイトとイヴ・ブラック

この例はセグペンとクレックレーによって一九五七年に『イヴの三つの顔』[23]という題で発表されたものである。イヴ・ホワイトという第一人格に対してイヴ・ブラックという第二人格が出現、つづいてジェーンと名のる第三人格が出現し、イヴ・ホワイトとイヴ・ブラックが消え失せた後に、ジェーンも第四人格のエヴェリンに変わるという多重人格の症例である。この症例を基にしてアメリカで映画が製作され、これをモデルにしてわが国でも「私という他人」と題するテレビの物語も放映されたので、多くの人に知られるようになった。最後に出現した第四人格のエヴェリン・ランカスターが治療者のすすめによって手記を発表しているが、[24]これも興味深いものである。ここに前述したセグペンとクレックレーによる報告、および本人自身の手記を参考にして症例の概要を紹介しながら、筆者の見解もつけ加えてゆくことにする。

イヴ・ホワイトが最初に精神科医クレックレーを訪れたのは、一九五一年の七月、彼女が二十五歳のときであった。彼女が来診するようになった理由は原因不明の頭痛であった。彼女はそれを「それは鋼鉄の手で脳を絞られるような痛みです。絞って絞って、液状の火の滴りが体のなかへ浸みてとおり、体じゅうに焼き焦がすような激痛を送っていきます」と説明している。この頭痛はヒステリー性のものと思われるが、一般に頭痛が心理的原因によって生じるというと、その頭痛そのものさえ嘘のように思う人が多いが、実際は本人にとっていかに辛いものであるかを、彼女の言葉はよく表現している。実はこのときまでにすでに彼女の第二人格であるイヴ・ブラックはときどき出現していたのであるが、彼女はその存在にまだ気づいていなかった。ただ、彼女は自分に語りかけてくる「声」に悩まされていた。一九五〇年十月に彼女は第二子を流産するが、流産によって意識不明となりかかったとき「おまえは大バカだ。結婚するなんて。なぜもう少し分別がなかったんだろう……」という声を聞き愕然とする。その後も彼女は「声」に悩まされつづける。夫のラルフが彼女に少しでも文句を言うと、「やつの頭をはりたおしてしまえ！」という声が彼女の耳にガンガンとひびくのである。一度は彼女は「声」の力に抗しきれず、夫のラルフが開いている冷蔵庫のとびらの枠に手をかけているときドアをしめて夫の指をつめたりした。彼女はこの声によって狂人になるのではないかと恐れるあまり、クレックレー博士には頭痛のみを訴えて、声のことは秘密にしておいた。

最初に彼女に会ったときの印象を治療者は次のように記述している。「きまじめで、きちんとした身ごなしである。……彼女は極度に控えめで、気力がなさすぎ、その美しい顔立ちや、内にひそむ女性的魅力を生かそうとしない。」そして、「そのつつましさからうける感じでは、彼女の眼がかつて一度でも楽しい思いに輝いたことがあっただろうか、一度でも冗談を言ったことがあったろうか、いや幼い頃何かのはずみで、癇癪を起こして他の子をいじめたことが一度だってあったろうかとさえ疑われるほどであった」。このように「つつしみぶかく、控えめで、ある点では聖女に近い」イヴ・ホワイトの第二人格イヴ・ブラックは明らかに、彼女の影の人格化されたものである。イヴ・ブラックは後に治療者との面接中に突然出現してきて、彼を驚かすが、その性格は抜け目なく、見栄っぱりで、自己中心的である。遊びまわることが大好きで、まったく無責任な性格であった。

イヴ・ブラックがどのようにしてひとつの人格に形成されていったのかは本人にとっても、医者にとっても定かではない。ただ、そのきっかけとなった事件は明らかにされている。彼女が四歳のとき従妹のフローのもっている陶器の人形をほしくてたまらないと思った。しかし、フローはイヴが人形に手を触れることも許さない。泣いているイヴを慰めようと祖母がふちの欠けたコップを与えるが、これによってイヴはかえって心を傷つけられる。昼寝のときにフローが人形を抱いているのを羨望の気持ちで見ながら、イヴは眠ろうと目を閉じるが、彼女は奇妙な戦慄が走るのを感じ、目を開けたときには、フローの人形は壊されて散乱し、フローは泣きじゃくっていた。イヴは母親に烈しく打たれるが、自分はしていないと抗弁する。彼女は確かに何もした覚えがないのに、母親は彼女がフローの人形を踏みつぶしているのを見たという。

これ以後、イヴ・ブラックはときどき出現しては、ホワイトの知らぬ間にいたずらをし、ホワイトは自分では覚えのないことで叱責を受ける。ホワイトは十九歳のときに結婚した。しかし、彼女は不感症であった。結婚二年後に娘のボニーが生まれるが、彼女の結婚生活は幸福ではなかった。彼女の不感症による性生活の不満からの夫ラルフの浮気、夫がカソリックで彼女がプロテスタントであるための葛藤。しかし不思議なことに、結婚後四年のあいだは、イヴ・ブラックは出現しなかったのである。ブラックが再び出現するきっかけは、イヴ・ホワイトの流産であった。流産の衝撃の中で彼女が「声」を聞いたことは先に述べた。それこそブラックの声だったのである。この四年のあいだブラックが「出られなかった」ことについて、ブラック自身が語っていることは非常に興味深い。彼女はイヴ・ホワイトの悩みが深刻になると「出る」ことが容易になるのである。万事がスムースにいっているときはホワイトはブラックを内部へ抑えこんでおくことができるようなのだ。結婚は決して幸福なものではなかったが、それでもホワイトはそれなりに耐えていたのであろう。しかし、流産はブラックに出ることを可能にした。第四人格エヴェリンは手記の中で、「もしイヴ・ブラックが出なかったならば、結婚はこうしていつまでもダラダラと、その悲劇的で憂鬱な自然経過をたどっていったことでしょう」と述べている。そして、「イヴ・ホワイトについて知っている私は、彼女の精神障害の種子が何年か前に蒔かれていたことは了解していますが、しかしこの流産という出来事がなかったなら、彼女にはイヴ・ブラックの出現を十分抑止できたろうとつねづね思ってきました。そしてもし彼女がイヴ・ブラックを打ち負かし得ていたら、おそらくジェーンもそしてエヴェリン・ランカスターもこの世には存在しなかったでしょう。こうして胎児の死が、私の誕生へとつながってゆく、情況連鎖のなかの決定的な一環であった、というのはなんという皮肉でしょうか!」と述べている。イヴ・ホワイトのダラダラした結婚生活の改変のためには影の存在が必要であった。しかも、それはホワイトの消滅にまでつながるものであった。それにエヴェリン自身の述べている死と生の連関性の不思議さは、われわれの心を打つものがある。

ところで、イヴ・ホワイトは最初は頭痛の訴えで医者を訪れたのであった。ある日、自分が注文した覚えのない派手な服が三軒の洋品店から届けられ、どの店も彼女が昨日の午後に来店して買っていったのだと主張するのを聞いて驚いてしまい、このことを治療者に相談するとともに、彼女の「声」の秘密も打ち明けたのである。この秘密を明らかにしたことは重大な意味をもった。このときに、イヴ・ブラックが治療者の前に現われたのである。自分の目の前で行われた変身を見て、治療者は驚愕するが、ブラックと話し合って、それが二重人格の現象であることを確認する。以後、医者はブラックとホワイトに交互に会いながら、ブラックの存在をホワイトに教え、そのことをホワイトの夫のみならず両親にも教えるのである。医者の話を初めは信用しなかった家族たちも、目の前でホワイトからブラックへの変身を見せつけられ驚いてしまうと同時に、これまで彼等の感じていたイヴ・ホワイトの行動に対する不可解さについて納得を得るのである。

これ以後、子どもに与える影響なども考慮して、ホワイトは夫と別居して一人で暮らすことになる。イヴ・ブラックはこの間にナイトクラブに行ったり多くの遊び相手の男をつくったりしてホワイトを悩ます。ここで注目すべきことは、これほど男性との遊びを好みながら、ブラックも不感症であるという事実である。ホワイトもブラックも一応一人の人格として行動することができているが、どちらも心と体をつなぐ重要な機能としてのセックスということが、不全であったことは意味深いことである。

治療者はイヴ・ホワイトもイヴ・ブラックも公平に扱うことを決め、面接をつづけてゆくが、一九五二年十月十九日、ホワイトとの面接中に驚くべきことが起こる。つまり、第三人格が登場するのである。この第三人格のジェーンはそれまでの記憶をもたずに出現した。しかし、彼女は「まるで吸取紙のようで彼女の精神的姉妹の心へいったんはいった思考は何にかぎらず、彼女自身の思考として吸いとり保持」するので、治療者はジェーンに今までのことをいろいろと教えつつ彼女の成長を促進していった。ここで面白いのは三人の関係である。まず、イヴ・ホワイトとジェーンとは互いに入れ代わることができ、イヴ・ホワイトとブラックも入れ代わることができるが、ブラックとジェーンとはまったく入れ代わりができなかった。つまり、「二人の出現と退避は、すべてイヴ・ホワイトが蝶番《ちようつがい》の心棒になっていた」のである。次に、記憶の連続性という点では、最初、ブラックがそれをもっており、ホワイトには欠けていた。すなわち、ブラックはホワイトのことも知っているし、ホワイトの行為を記憶しているのに対して、ホワイトは最初はブラックの存在さえも知らず、ブラックの活動中のことはまったくの健忘状態であった。治療の進行にともない両者は相知るようになるが、ジェーンの出現は両者とも知らないのであった。ジェーンは完全に両者の存在を知り、その意識を共存できたが、その逆は成立しなかった。しばらくのあいだ、治療者は両者に知らせることなくジェーンを育ててゆくが、これは秘密裏に行われた後継者の養成の仕事のような感を受ける。治療者がホワイトに対してジェーンの存在を明らかにし、会話をつづけていると、ホワイトは突然ブラックに変わり、ジェーンとはいったい誰か、怪しげな取引きを止めてくれと医者に迫る。医者は仕方なくジェーンの存在を告げると、ブラックは興奮するが最後には、「わたしたちみんながキチガイ病院行きになるか、誰か一人が全部を牛耳るか、どちらかだわね。ということは、他の二人は死ぬってことと同じだわ。あたし、ジェーンが残るような予感がする。あたしの体じゅうの骨でそれが感じられるわ」という。彼女は自分の運命を予感している。

しばらく三人の奇妙な共存関係がつづくが、ひとつの決定的な事件が起こる。ホワイトは夫のラルフを嫌い別居し、別居中はラルフは妻を訪ねたり、セックスを要求したりしないという約束を取りつけていた。ところが、ラルフは彼女を訪問し、そのときにブラックが出現していたので好奇心を起こし、二人で遊びに出て性交渉をもったのである。ブラックは都合が悪くなると消えてゆき、ホワイトを出した。ホワイトは直感的に状況を察知した。彼女はこのとき「生涯で初めて、氷のように冷たい、人殺しすら辞さないほどの憤怒」に襲われる。そして、このことによって彼女の離婚の意志は決定的なものとなった。一九五三年七月に離婚がなされる。

この離婚は決定的な事柄であった。二人のイヴはそれ以後、だんだんと弱くなっていく。ブラックがジェーンの誕生を知ったとき死の予感をもったことはすでに述べたが、ホワイトのほうも死を予想するようになり、夜ごとに彼女は「わたしを浄めてください、主よ、そしてわたしを解き放ってくださいませ」という祈りをとなえるようになる。イヴ・ブラックはあるとき例のごとく意気投合して共に酒を飲んだ男性とドライブ中に、自分が有名な多重人格者である(彼女のことは新聞に発表され評判になっていた)ことを話しかけ、それに気をとられた男は運転を失敗して衝突事故を起こす。ブラックは肋骨を二本折っただけで命は助かるが、このような行為の背後に自殺の衝動が存在したのではないかと考えられる。

一九五三年十月十八日、ジェーンは娘とボール投げをしていて転げたボールを拾うため実家のポーチの床下にはいる。そこのかび臭い土の匂いをかいでいるうちに彼女は何か過去の致命的な一瞬を再体験しつつあるという感じにおちいり、トランス状態になってしまう。そのことを翌日、治療者に面接のときに報告するが、奇しくもその日は彼女の一年目の誕生日であった。まずイヴ・ホワイトを呼び出して催眠をかけ、彼女が小さな女の子で、ポーチの床下で遊んでいると暗示をかける。彼女は重大な記憶を思い出しかけるが、途中に突然イヴ・ブラックに変わってしまう。ブラックは真剣な表情で、自分に万一のことがあれば、自分の赤いドレスを形見にもらってほしいと言うなり嗚咽にむせんでしまう。彼女は今までは泣くことなど一度もなかったのに。すると彼女はホワイトにもどり、祖母が死んだときお棺の中の死人に対して無理にキスをさせられ、それがどれほど嫌であったかを悲鳴をあげつつ回想し、ジェーンにもどってしまう。この件について治療者はゆっくりとジェーンと話し合い、さてイヴ・ホワイトを呼び出そうとすると、イヴ・ホワイトもイヴ・ブラックも出てこない。ジェーンは彼女たちがもう存在せず死んでしまったことを告げ、悲しさと空虚さを感じることを語る。

このあたりから治療者の報告と本人の手記との間にかなりの差が生じてくるのは注目すべきことである。治療者の報告ではここに第四人格エヴェリンが出現したとし、その人格は相当美化されたものとして語られている。ところが、エヴェリンの手記によると、ここはジェーンのままであるとされる。ジェーンはこの事件の二か月後に以前からつき合っていたランカスターと結婚する。しかし、ジェーンは相変わらず不感症であり、その「見栄っぱりと息の詰まるような所有欲過剰」のため結婚生活はうまくゆかない。ジェーンはついに自殺をはかり、睡眠薬を飲むが、そのとたんに新しい第四人格エヴェリンが誕生する。ここにも死と生の不思議な組合せが生じる。エヴェリンにいたって初めて不感症は消失し、彼女の結婚生活も幸福なものになる。なお、エヴェリンはジェーンとは異なり、三人の人格のもっていた記憶をそのまま引きついで誕生したのであった。エヴェリンはこの自殺事件を治療者に隠していたので、治療者の報告にはこのことは語られていない。

以上でこの劇的な事例の話は終わるが、ここにイヴ・ブラックがイヴ・ホワイトの影の像であることは明らかである。セグペンとクレックレーの著書には両者の性格の対照性が列記して示してある。聖女に近いとまで評されるイヴ・ホワイトはあまりにも一面的にすぎ、影の存在がこのように劇的に人格化される原因のひとつとなったと思われる。この両者が統合されるには、ジェーン、エヴェリンと人格変化を必要としたが、それにいたるまでのいわば半人前であるイヴたちが共に感情的な面で欠陥があったことは注目に値する。そして、人格の統合が行われるきっかけとして、イヴ・ホワイトがラルフに強い怒りの感情に襲われたことを見逃すことができないし、最後にブラックが涙を流すところも印象的である。おそらく、それまでにホワイトのほうは何度も泣くことがあったろうし、ブラックが怒りの感情を体験していることも当然である。統合が行われる前のこのような交錯現象は重要な意味をもっている。なお、イヴ・ブラックはナイロンに対するアレルギーがあり、ナイロン靴下によって、じんましんができるが、ホワイトにはそのようなことがない点が報告されている。このような身体的なことにおいてまで差が生じることは、二重人格の現象の不思議さを強く感ぜしめると共に、心身相関の問題に対しても示唆を与えるものである。

三　夢の中の二重身

前節において、二重身や二重人格などの特異な現象について述べた。これらは非常に稀なことであり、読者のなかでこのような体験をもった人はおそらくおられないであろう。しかしながら、「普通人」でも夢の中ではこれに似た体験をしている。われわれは夢の中で、自分自身の姿を見ることがわりにある。自分は行為者であるはずなのだが、崖から落下する自分の姿や、誰かに追われて逃げて行く自分の姿などを見るものである。これは考えてみると「自己像幻視」であり、二重身体験のひとつと考えられる。あるいは、夢の中ではわれわれは覚醒時の自分には考えられもしない悪事をはたらいたり、思いがけないことをやってのけたりしているが、これこそまったく二重人格的行為と言わねばならない。昼間の自分とはまったく異なる人格が夢の中で行為しているのである。

このような点から考えると、夢の中の「私」の意味が問題となってくる。それは私であって私ではない。聖者、アウグスチヌスがいかに自分を高めるための努力を重ねても、その夢の内容は彼の意志を裏切るものがあり、結局、神も人間の夢の内容にまで責任を追及することはないであろうと考え、自ら安んじたことをユングはよく指摘している。確かに、われわれは夢の中の行為にまで責任をもつ必要はない。と言っても、それを自分とまったく無関係のものとは言いきれないのである。夢の中の私は、覚醒時に自らが意識している私とは異なるいろいろな面の私を開示する。それは潜在的自我、あるいは可能性としての自我像を表わしている。

夢の中の私はそのような多面性をそなえているものであるが、夢の中においても明白に二重身の現象が生じる。

これは先に述べたように単に夢の中で自分自身を見るということではなく、夢の中で自分が自分に出会ったとか、自分が二人いたとかの経験をする現象である。本節においてはその現象を取りあげ、例を示しながら考察してゆくのであるが、その前に、二重身と類縁性をもつ夢の中の鏡像について少し触れておきたい。

鏡像

鏡は映すものと映されるものの共存を可能ならしめ、分身体験のプロトタイプを提供する。ここで最近とみに賑やかとなった鏡論に仲間入りする気はなく、夢の中に現われた鏡像の例を二、三示すことにとどめておきたい。古来から魔法の鏡(Zauberspiegel)というものは、なんらかの意味で映されるものの真実の姿をそこに映し出すと言われている。夢の中の鏡は多分にそのような機能をもっている。次に示す短い夢は、ある四十歳代の男性の見た夢である。

夢　私は鏡を見ていた。鏡を見たときによくやるように、唇を上にあげて歯を見ようとした。すると、歯がすべて抜け落ちてなくなっているのが見えて驚いてしまった。

四十代でも「まだ若い」と思っていたこの人は、自分の歯の抜けた姿を見て驚いてしまう。このような夢はわりにあって、髪がすべて白くなってしまっているとか、女性が鏡を見るとひげが生えていたとか、ときには、鏡に向かうと母親の顔が映ったというのもある。二重身のところで述べたマイナスの自己像幻視というべき現象について、筆者は実際例を見聞したことがないと記したが、夢の体験としては、鏡の中に自分の顔が映っていない

（身体は映っているのに）という報告を受けたことはある。ところで、現実とは異なる映像を映し出した、これらの鏡はなんらかの意味で、何かの真実を夢を見た人に告げようとしていると思われる。例としてあげた夢であれば、本人が思うほど若くはないことを夢は示そうとしたのか、あるいは、もう人に「嚙みつく」ことはできないことを示すのか。ともかくこのようにして鏡は隠された真実を映し出すものであるが、次に自分自身の鏡像ではないが、鏡の世界の不思議を示す夢をあげる。四十歳代の女性の夢である。

夢　パーティがあって、カーペットをしきつめた立派な部屋にお客様が集まっている。私もお客の一人である。……その家の奥さんが若い女の人を連れて部屋から外へ出て行く。その若い女の人はおなかが大きい。その人は奥さんの娘であることが解る。

若い女の人に赤ちゃんが生まれた。その赤ちゃんを迎えて、みなクリスマスの歌をうたってお祝いをする。……その赤ちゃんがその日に殺された。そしていなくなってしまった。

夜、小さい女の子が部屋にはいって行く。自分のベッドルームである。部屋の右側に鏡が床から壁にはってある。高さ一メートル、幅一・五メートルくらいの鏡で、表面がダイヤモンドの表面のようにカットしてある。その女の子が鏡の前へ歩いて行くと、鏡の中にも女の子がいて近づいてくる。二人共お互いを見る。両方共小さくて話はまだできないが、心の中で話をしているみたい。女の子はベッドのほうに行く。鏡の中の女の子も向こうへ行って消えてしまう。

私は鏡の中の女の子が前に殺された女の子だとわかる。その場には私一人だけだった。それで私は若い女の人の母親にあたる奥さんを呼びに行く。奥さんと私とがその部屋にくる。小さい女の子は前のときと同じように部屋にはいってきて鏡のほうへ行く。鏡の中の女の子も同じである。奥さんは鏡を見るが平気で、外側の女の子が映っているのだと思っている。私は「死んだあの女の子は生きている」と言うと奥さんはびっくりする。騒ごうとするのを私がとめて外へ出る。そして、奥さんに静かに調べるように言う。……以下略

実はこの夢はまだ続いて、この奥さんが女中頭を呼んで調べると、一人の女中が殺されかかった女の子に同情して、鏡の中に隠し、黙って育てていたのがわかるという話になる。この夢で非常に印象的なのは、鏡像と思っていたものが実は生命をもっていたという事実である。ここには潜在的な形ではあるが死と再生の主題をみることができる。鏡の世界にいれこめられていた女の子のイメージは、次章に述べる離人症の症状を思わせる(一〇一頁以下参照)が、夢の中で、この子の祖母(奥さん)が真実を知るので、外界との接触が回復されることが約束されている。

この夢は、夢を見た人自身の鏡像ではないが、この人の心の中の少女で表わされる部分(未発達な女性性)が、ここに新たな生命力を得てくることを劇的に示したものであると考えられる。この夢において登場人物がすべて女性であることも印象的である。「奥さん」とその娘の「若い女の人」、そしてその子の少女と三代にわたる女性が登場するが、これは、人間の心の中の意識と個人的無意識、普遍的無意識の三層構造の反映とも考えられる。ここで夢を見た本人は、行為する人ではなく、すべてを観る人であり、知る人として登場している。少女を助けたのは一人の女中であるし、真相を究明したのは女中頭である。このように本人自身はむしろ観察者となり、すべてのことが劇のように進行する夢は、無意識の深層に関連する夢であることが多い。

夢の中の二重身

夢の中の二重身体験とは、夢の中で、明らかに、「もう一人の自分に出会った」とか、「もう一人の自分がいる」という明確な体験をした場合である。このような夢の中の二重身体験は西洋では非常に稀なことと言われている。[25] 筆者の場合は分析例のなかに相当数を経験し、あるいは、この事実は日本人の心性の特徴と関係しているのではないか、と思っているが、ともかく、そのうちのいくつかの典型的な例を示すことにする。

次に示すのは二十二歳の女性の見た夢である。すでに発表したものであるが、[26] 非常に典型的なのでここにも記載しておくことにした。

夢 母が棚の上の荷物を整理している。自分はそのそばにいる(自分の家だが、現実の自分の家とは異なっている)。母が突然に倒れて死ぬ。私はとりすがって泣くが、不思議なことに、隣の部屋で、もう一人の私が箒を持って掃除をしている。

この女性は母親との関係が悪く、その改善を目的として相談にきた人で、他にはなんの症状もない正常な人である。この女性は母親との争いの絶えない状態を苦にしていたが、実際は、そのような戦いも親子の間の無意識的な結合の強さを背景にして行われていることが、話合いを続けている過程でだんだんと明らかにされてきた。そこで、母親とのそのような結合を断ち切って自立することが認識されはじめたころに、この夢を見たのである。

ある個人が自立してゆこうとするとき、父親や母親の死(ときには父親殺しや母親殺し)の夢を見ることは多い。

それは、その人の内界における両親像の急激な変化を示すと共に、自立ということが、両親の死にともなう「別離の悲しみ」の強烈な感情体験と同等のものを必要とすることを示している。この夢の中で、この人は母親の突然の死を悲しむが、「もう一人の私」は、まるで何かが片づいたと言わんばかりに掃除をしている。この後者によって示される冷淡と呼びたいほどの態度も、人間が生きてゆくためには必要な要素なのである。この女性は、二人の私として、夢の中で両向的な感情を同時に体験したのである。

次に示すのは二十歳の男性で赤面恐怖症の人である。初めは全然外出もできない人であったが、長い分析をつづけた後に、少しずつ外出ができ、少しは仕事もできるようになったころに見た夢である。

夢　一人の、たぶんベレー帽をかぶった若者が、たぶん僕に話しかけているよう。いや、そうではなくて、彼は僕自身なのかな？　よくわからないけれど、彼と僕とは他人でないことだけはまちがいないよう。その彼が、それとも僕かが、ある若い娘さんをくどきおとすのに成功した。彼女は少し、潔癖な看護婦さんのような娘さんで、最初は拒んでいたけれど、気持ちがほぐれて、素直に口づけを受けた。

この夢の場合も、夢を見た人は「彼か僕か解らない」人物の出現に大いに驚かされる。そして、この夢の説明をするときには、「僕の分身」という言い方をしていた。この人は赤面恐怖症がひどく、女性との口づけどころか、話し合うことすらできない状態であった。ところが、夢の中のもう一人の自分は若い女性をくどきおとし、口づけまでするのである。この夢の中では、「もう一人の私」は現在の自分の感情や行動とはまったく異なることを示しているが、それはこの人の将来の可能性を先取りしているように思われる。事実、この人はそのような可能性に向かって治癒の足どりを進めていったのである。

この人の見た夢で、すでに述べた「鏡像」に関係する興味深い夢を次に示しておこう。ここには「分身」は出てこないが、似通った主題と関連する夢である。

夢　ある見知らない街に(たぶん一人で)引っ越してきた。その街の床屋に、この街に住む数人の男の人らがいる。その人らは椅子に座って世間話をしている。僕はなんとか早くこの街の人らに気に入られたい、うちとけたいという一念で、この人たちの気にいる?ような「顔の変装」をし、この男の人たちの前に(自分の姿を見せに)くる。ところが、そのとき、鏡に映った自分の顔を見て「アッ!」と声を出して驚き、あわてて家に帰る(自分が変装していることに気づいて驚いたのか?　それともみんなに気に入られる顔に変装したつもりだったけれども、いざその人らの前に立ち、自分の顔を見て、こんな顔ではとても気に入ってもらえないと思って、あわてて引き返したのか?　男の人らは変な顔をして僕を見ていた……)。もう一度、別の顔に変装しなおしてやってきたけれども、やはりさっきと同じ結果になった。そして、そういうことを何度も何度も繰り返す……(一度など、ピエロのような仮面をつけたりしていた)。何か困ったことになるたびに際限なく変装を繰り返していく。しかし、こんなに目まぐるしく「変装」していては、かえって変に思われるのに……(目が覚めかけたとき、僕は分析の中でも、先生に対してこんな事を繰り返していたのではないだろうか?　とふと思ったときは暗然とした!)。

これは二重身の夢ではないが、鏡に映っている自分のいろいろな姿を見るという点で、ここに取りあげているテーマと関連するものである。対人恐怖症の人たちは、「人に気に入られたい」という気持ちが非常に強いが、その傾向がこの夢にはうまく表わされている。この人は他人に気に入られたいと思いすぎて「顔の変装」をするが、鏡に映った真実は、それが馬鹿げたものであることを明らかにする。焦ってしまった彼は変装を繰り返すがうまくゆかない。このちぐはぐな状況の中で、彼が「赤面」することが多くなるのも当然のことである。夢も終わりになって、彼は治療者に対してもこんなことを繰り返していたのではないかという大切なことに思いいたる。ここで、床屋と治療者の結びつきが示されているのも興味深い。治療者が人格の変化を職業の課題としていることと、床屋さんが髪型の変容を職業としていることは象徴的に類似性が高い。このため、理容や美容ということが人格変化の問題として夢の中に生じることは多い。そして、実際に多くの散髪店は心理療法的役割を果たしてきている。そこで語られる会話はしばしばカウンセリングそのものである。第四章に道化と心理療法家の関連について論じるが、床屋＝道化＝心理療法家の結びつきは予想外に緊密なものがある。『セビリャの理髪師』のフィガロはそのようなイメージをみごとに顕現せしめている。

心理療法によって自らを改変してゆこうとする人は、治療者に対して自らの欠点を露呈してゆく勇気をもたねばならない。すなわち、自分の欠点に直面することを避けては、人格の改変はあり得ない。しかし、この赤面恐怖症の人は、治療者に気に入られようとして自分の真実の姿をいかに隠そうとしつづけたかを知り愕然としたのである。しかし、そのような行動パターンこそが対人恐怖症をつくりだす心理的要因のひとつであり、彼はここで重要なことを自覚したことになる。実際これらの人は床屋に行くのにどんな髪型をして行くかを思い悩んでいるような人たちなのである。そこまで考えだすと町など歩けたものではない。ともかく、そのままの髪をして床屋に行き、まかせること。これがずいぶんと難しいことなのである。

話が少し横にそれてしまったが、二重身の夢の例をつづけて示すことにしよう。これは二十歳代の若い女性の見た夢である。夢の前半では、彼女は古本屋で本を見ながらオナニーをしているところを同級生の数人の男性に見つけられる。後になって彼女の行為が噂話となって持ち切りとなる。彼女は他人が何と言ってもかまわないと思うが、気にもなってくる。そこへ「ある女の子が出て来る(彼女が私になっている)。そして、その噂をうまく冗談にしてしまう。私はずいぶんうまくやる人だなあと思う」という夢である。

ここに出てきた「ある女の子」は自分とは容姿も異なるのだが、それは「私」だと感じたという。二重身体験の場合でも、自分そのままの姿を見るというときと、自分と容姿は異なるのだが、その人物が「私」だと直覚されるときがあるが、この夢は後者のような例である。ところで、この夢を見た人は夢の前半の部分にも反映されているように日常的、常識的な生き方を嫌う傾向の強かった人である。いわゆる女らしい生き方や服装をすることに反発してきた。しかし、夢に出てきた「ある女の子」すなわち彼女は、髪の毛を長くし、まったく女らしい様子をしていたという。ここに現われてきた「もう一人の私」も明らかに可能性としての一面を描き出している。ここで面白いのは、まったく日常性に縛られて生きている人には、夢は非日常的なものを開示して驚かすのであるが、非日常的な生き方をしているこのような人に対しては、日常的な自分を描き出してみせるという事実である。ここでは特に容姿の違い、つまり普通の女の子らしい姿をしていることが大切なので、容姿は異なるが「私」である、という体験が必要だったのであろう。

次にもうひとつ二重身体験の夢を示すが、これは今までのものとは大分異なった感じを与えるものである。

夢　状況や場所、会話などは不明であったが、はっきりしているのは僕が二人いたということだった。学校だったか病院だったか、どちらだったか解らない。一人の若者が大きい声を出していた。この若者は僕に反抗し、争う者であった。もう一人若者がいて、これは僕には反抗したりはしない者であった。この二人とも僕であったが、この二人の僕に対して、僕が自分であると感じたのは、弱いほうの僕に対してだった。ここで目が覚めたが、ベッドの隣には、もう一人の僕が寝ていて、この強い男は僕と一体となろうとして、からみついてきた。そこで、僕は二人の統合をはかるために、会話をかわそうとした(ここで夢がはっきりしなくなる)。二人の僕が椅子に座っていて、一人の若い女性が一人のほうをさわり「あなたはたくましいわね」といい、他の一人をさわって「あなたはしっかりしているわね」という。そうするうちに、二人の男はだんだんと重なって一体となり、それに女の人もとけこんで一体となると見ているうちに、それを見ている僕の胸にとけこんできて、「バサッ」という音がして目が覚めた。

これはこの人自身が「非常に変わった夢を見ました」と前置きして語ったものであるが、確かに奇妙な夢である。この夢を見た人は二十歳代の精神分裂病の人である。これは単なる分身体験ではなく、自分は三つに分かれているし、女性までが加わっているのでずいぶん複雑である。ここで、強い者と弱い者という相反するものの統合ということがひとつの主題となっていると考えられるが、全体を通じて偏倚した感じが強く、この人の人格の統合の困難さのほうが強く感じられる。

これで四例の二重身の夢の例をあげたが、最初に述べたように、このような夢の報告は相当数あって、正常者、神経症者、分裂病者にわたって存在し、このような夢を見ることと疾病とは関係がないと思われる。また、二重身の体験の仕方やその記述もいろいろで、「もう一人の自分」、「彼は僕なのか」、「彼女は私になっている」、「僕が二人いたということは、はっきりしていた」などと少しずつニュアンスの異なるものである。ここには四例しかあげられなかったが、二重身としての自分は、自我の潜在的な面や可能性などを示し、あるいは自分の過去の姿であったり、自分の行為の観察者としての自分であったりもする。ライシュナーは、ある患者が二重身の夢を見て、それは自分の死の前兆であると考えた例をあげている[27]。二重身の現象それ自身を死の前兆と考えることは、わが国においてもヨーロッパにおいても見られることであるが、これは二重身の夢が自我像の急激な改変を予想するものであることに関係しているのであろう。死は急激な変化の象徴的表現である。

二重身の夢は日本人でも体験することは稀ではあるが、西洋人よりも相当頻度が高い事実は、日本人の自我の特性を反映しているのではないかと思われる。この点は簡単に統計的比較を行うことができないし、試論の域を出ないのであるが、少し結論を先取りして述べておきたい。本節の最初にあげた夢の例をとって考えると、母の死をいたむ感情と、母親の死によって一段落したと感じるような感情とは両立しがたいものである。そこで、前者の感情が自我によって受け容れられるとき、後者のようなのは影のものとなって、そこに両者の葛藤が生じるというのが一般のパターンである。そのときに、そのどちらも自分の感情として同時に体験しようとするならば、自我は分離されるより仕方がない。そのとき、たとえ自我は分離するとも相矛盾する感情を共存的に体験しようとするところが、この夢の特徴であるが、その在り方がいかにも日本的であると私には思われるのである。自分の単一性ということは自明の理であり、それを疑うものは意識障害があると考えられる。しかし、日本人の場合は潜在的には自我の多重性のようなものをもっているのではないだろうか。

このような思いきったことを言うためには、ここでユングの言う「自己」という概念を援用しなければならない(三二頁参照)。日本人の場合は西洋人よりも、自己の存在を重視している。とすると意識の中心としての自我の存在の統合性は西洋人より稀薄となり、ときにはその分離をも許すのであるが、ただ、その分離された自我が意識化しがたい自己という存在によって統合されていることを前提としている。先の例によれば、母親の死を悲しむことも、母親の死を一段落ついたと感じることも、同時に共存しそれは矛盾することのない中心――言語表現できないが――によって統合されていると直覚するということがあるのではないか。このようなことは、意識の中心としての自我の単一性を自明のこととする論理から言えば、意識障害の一種としか考えられないことであるが。

以上述べたことはまったく試論の域を出ないことである。今後多くの実例を積みあげてゆくと共に考察を深めてゆきたいと思っているが、ここに敢えて公表してみることにした。

注

(1) 栗原清一『日本古文献の精神病学的考察』精神衛生学会、一九三二年。
(2) 陳玄祐「魂のぬけ出た話」、前野直彬編訳『唐代伝奇集1』平凡社、一九六三年、所収。
(3) ケストラー、村上陽一郎訳『偶然の本質』蒼樹書房、一九七四年、次のファースの詩も同書による。
(4) テラー博士の「反物質」としての「反テラー」の意味。
(5) マカッサルというのは、マカッサル地方原産の髪油のことで、椅子の背がそうした髪油で汚れるのを防ぐ、という意味で、椅子の背覆いのことを、anti-macassars と呼ぶ。ここではそのアンティ・マカッサルという語に対して、さらにその「反世界」という意味で、椅子の背覆いにマカッサル髪油がおかれているという諧謔が使われている(『偶然の本質』訳註より)。
(6) Atomic Energy Commision.
(7) 高柳功「二重身について――Capgras 症状群、身体図式、自我障害および離人症についての一、二の検討」、『精神神経学雑誌73巻一号』一九七一年。
(8) パンコフ、三好暁光訳『身体像の回復』岩崎学術出版社、一九七〇年。

(9) 岩井寛『芥川竜之介』金剛出版新社、一九六九年。
(10) フロイト、高橋義孝訳「不気味なもの」、『フロイト選集第7巻』日本教文社、一九五三年、所収。
(11) 西丸四方『病める心の記録』中央公論社、一九六八年。
(12) 吉田六郎『ホフマン――浪漫派の芸術家』勁草書房、一九七一年。
(13) The Correspondence Between S. Freud and C. G. Jung, Princeton University Press, 1974.
(14) 吉田六郎、前掲注(12)書。
(15) 吉田六郎、前掲注(12)書。
(16) 吉田六郎、前掲注(12)書。
(17) ジャネー、関計夫訳『人格の心理的発達』慶応通信、一九五五年。
(18) ジャネー、前掲注(17)書。
(19) Jung, C. G., "On the Psychology and Pathology of So-called Occult Phenomena," in C. W. 1, Pantheon Books.
(20) Abse, D. W., "Hysteria," in Arieti, S. ed. American Handbook of Psychiatry, vol. 1, Basic Books, Inc., 1959.
(21) Elenberger, H., The Discovery of the Unconscious, Basic Books, Inc., 1970.
(22) 河合隼雄『コンプレックス』岩波書店、一九七一年、に紹介した。なお中村古峡の事例は、中村古峡『変態心理の研究』大同館書店、一九一九年、に所収されている。
(23) セグペン／クレックレー、川口正吉訳『私という他人』講談社、一九七三年(原題は『イヴの三つの顔』である)。
(24) ランカスター、川口正吉訳『私の中の不思議な他人』読売新聞社、一九七四年。
(25) Leischner, von A., "Die autoskopischen Halluzinationen (Héautoskopie)," Fortschritte der Neurologie Psychiatrie und ihrer Grenzgebiete, 29, 1961.
(26) 河合隼雄『コンプレックス』岩波書店、一九七一年。
(27) Leischner, *ibid*.

第三章　影の世界

この世界を天と地、昼と夜、光と闇などによって二分して考えるとき、影の世界はもちろん、これらの後者のほうによって表わされるものである。それは暗黒の世界であり、夜と闇の中で、人は何も見ることができない。あるいは、それは地面の下の世界として示されるときもある。原初の時代において、人間は夜の闇の中で恐怖におののいたのにちがいない。昼間の太陽の光の中に生きるのとちがって、それは測り知れぬ危険に満ちている。人間の文明は、夜にも光をもたらすことによって画期的な変化を生ぜしめたが、現代人といえども、夜の恐怖から完全に脱却したわけではない。事実、現代においても多くの悪は夜のうちに行われる。夜の闇はおそらくわれわれの内なる影の世界の働きを容易にさせるのであろう。影の世界は本来目に見えがたいものではあるが、その暗黒の中に探索を行ってみることにしよう。

一　暗　黒

夜と闇

闇討、闇市、闇取引き、などの言葉が示すように、闇の暗さは人間の影の部分と関連の深いものがある。暗黒は悪の温床としての意味と、悪による破壊の帰結としての「無」を意味することのため、常に人の恐怖をさそうものである。暗黒の中で、人はものを見ることができない。「不明のもの」と「何もないこと」ほど恐ろしく、不安なものはない。暗黒のもたらす「無」の中で、人は自分の全存在がおびやかされているのを感じる。

ある抑うつ症の患者の見た夢に次のようなのがあった。「何か恐ろしくて目が覚めたと思ったら、またそれも夢であった。恐ろしくて目を覚ましたが、またそれも夢であった。」この夢の恐ろしさは、目覚めぬ夢、朝のこない夜の恐ろしさである。夜が怖いと言っても、われわれはそれがいつか終わることを知っている。しばらくの辛抱によって、朝日を見ることができることを知っている。しかしながら、この抑うつ症の人の夢が示すように、朝を迎えぬというものがあるとすれば、それこそ暗黒の恐怖を絶対的に感じさせるものと言わねばならない。ナチスのユダヤ人収容所にとらえられていたエリ・ヴィーゼルの描く「夜」は、朝を迎えることのない永遠の闇をわれわれの顔前につきつけてくるように感じられる。(1) このような「夜」が人類の未開の時代においてではなく、今日の二十世紀に存在したという事実がわれわれを慄然とさせる。

エリ・ヴィーゼルはハンガリーに住むユダヤ人であった。彼は十二歳のときにすでにカバラの教えを知ろうとし、堂守りのモシュを師としてその道に励む。ところがナチスドイツの圧力によって、ユダヤ人に対する弾圧が徐々に高まってゆき、まず外国からきたユダヤ人を放逐するとのことで、堂守りのモシュは町を追われる。何か月か過ぎ去ったとき、堂守りのモシュが帰ってきた。彼は自分と共に連れて行かれたユダヤ人たちが、ゲシュタポによっていかに惨殺されたか、自分がどうして九死に一生を得て逃げてきたかをみなに語った。しかし、誰一人その話をほんとうにするものはなかった。彼は懇願した。「ユダヤ人のみなさん、私の言うことを聞いてください。お願いするのは、ただそれだけなのです。金もいらず、憐みもいりません。ただ、どうか話を聞いてください。」それでも人々は、ただ彼は気がちがったのだと思うだけであった。

ハンガリーにもドイツ軍が侵入してきた。ユダヤ人たちは不安を抱きながらもドイツ軍の規律正しさを見て、また楽天的に考えはじめた。彼等はついにドイツ軍に収容されてもまだ楽観を棄てなかった。戦争が終わるまでそこにささやかなユダヤ共和国をつくっていられるような幻想をさえ抱いた。ところがある日、彼等はすべてのものを棄て強制的に移動させられる。密閉した貨車に詰めこまれて移送されるとき、一人の婦人が幻覚に悩まされる。

「火だわ！　火が見える！」

「ユダヤ人のみなさん、私の言うことを聞いてください。火が見えるんです！　なんという焔でしょう！　なんと燃えさかっているんでしょう！」

闇夜に灯火という言葉がある。闇夜の中に見出すひとつの灯火は旅人の心を勇気づける。しかし、このユダヤ人の見た火はそのようなものではなかった。密閉された貨車という暗黒の世界で彼女が見た火は、暗黒を照らす灯火ではなく、暗黒の中の苦悩を増す劫火であった。火はこのように著しい二面性をもっている。事実、アウシュヴィッツに着いてエリ・ヴィーゼルの見た火は、暗黒をより黒くする火であった。冷酷なナチスの「選別」によって、彼は自分の母と妹が投げこまれる焼却炉の火を見なければならなかった。彼は収容所に着いた第一日目に、多くの人が焼却炉に投げこまれ、そこから黒煙が立ちのぼってゆくのを見たときの体験を次のような言葉で記している。

「この夜のことを、私の人生をば、七重に閂をかけた長い一夜にかえてしまった、収容所でのこの最初の夜のことを、決して私は忘れないであろう。この煙のことを、決して私は忘れないであろう。……私の〈信仰〉を永久に焼き尽くしてしまったこれらの焔のことを、決して私は忘れないであろう。この夜の静けさのことを、決して私は忘れないであろう。」

エリ・ヴィーゼルの体験した「夜」はあまりにも凄まじい。それは「七重に閂をかけた一夜」であり、そこには劫火が燃えさかっていた。このエリ・ヴィーゼルの『夜』の存在を私に教えてくれたのは、ある一人のクライエントであった。この人はこの書物を通じて、私に対して、人間の心の奥底に存在する暗黒の夜の存在を訴えたかったのであろう。このような夜の存在の前に、われわれはただ言葉もなく、たじろぐだけである。

この物語を読んで、われわれが感じるもう一つのことは、堂守りのモシュの警告を誰もが受け容れなかったという事実である。モシュは偽りを語っているのでも、想像したことを述べているのでもない。彼が実際に体験した真実をそのまま述べているのである。ユダヤ人の人々に彼は話を聞いてほしいと訴える。「金もいらず、憐みもいりません。ただ、どうか話を聞いてください」と叫ぶ彼の声は人々の耳にとどかなかった。それはなぜか。彼の語るような残虐さを人々は考えることができなかったからである。人々は自分の考え及ばないことはこの世に存在しないと確信する。しかし、モシュの語ったことは事実であった。人間の心の奥深く存在する普遍的な影は、人々がそれを考え及ばぬこととしていかに否定しようとも、突如として人間をとらえ暴威をふるうのである。普遍的な影が人間の心に存在することを、明確に認識することは難しいことである。しかも、それがほかならぬ自分の心の中にあることを知るのはなおさら難しいことである。

ヴィーゼルは常に父親と共にいた。密閉された貨車で移送されたとき、ナチスの冷酷な「選別」に遭ったとき、そして、その後の収容所の生活においても常に父子は共にいた。随所に語られる親子の愛情の深さは、われわれの心を打つものがある。しかし、父親はついに病いに倒れてしまう。少年エリは父親を救うためにできるだけの力を尽くすが、無駄であった。最期に水を求めて少年の名を呼ぶ父親に対して、親衛隊員は猛烈な棍棒の一撃を加える。少年は恐ろしさに身じろぎもできず、父親が自分の名を呼んでいるのに答えることができない。そして、父親は死んだ。

「私は涙が出なかった。そして涙を流すことができないのが、私にはつらかった。私はもう涙をもってはいなかったのである。そのうえ、もし私が自分のひ弱い良心の奥底を掘り返したならば、おそらく私自身の奥底に、何かこうも呼べるようなものが見出されたことであろう。――とうとう自由になった！……」

この少年は外界からの測り知れぬ影の暴威にさらされながら、なおかつ、自分の内面に存在する影を認める力をもっていた。それにしても、この最後のひとことは、胸元に突きつけられた刃物のように、影の自覚を促すものとして、われわれを慄然とせしめる。エリ・ヴィーゼルの述べる「夜」の体験は、絶対的とさえいいたいほどの重みをもって、われわれに迫ってくる。これに対して、われわれは自分の卑小な体験からは何事も述べることができないが、せめて、このような半歩たりとも踏みこみがたいような深淵が心の中に存在することを忘れないようにしたい。

黒の象徴

ヴィーゼルの夜が文字どおりの暗黒を示しているように、黒は古来から不吉を表わす色と考えられてきた。たとえば、黒は白としばしば対応して用いられ、白が善を、黒が悪を示す。犯罪者か否かを示す白、黒の用語は日常的にも用いられる。あるいは全世界に存在する無数の伝説、昔話においても、白と黒の対立は「白い竜と黒い竜」（中国の民話）や「白い嫁と黒い嫁」（グリム童話）などのように善と悪との対立を示すものとして語られている。「黒白を明らかにする」などという表現にも認められるように、黒と白との対比、およびその意味は明白なように思われる。しかしながら、象徴性の問題は実際はそのように単純明快ではない。たとえば、ユングが「お伽噺の精神の現象学」の中に示している夢は、黒と白との対比を含むものであるが、問題はそれほど簡単ではない。ユングの述べている夢は次のようなものである。(2)

私はけだかい僧形のひとつの前に立っている。このひとは「白の祭司」と呼ばれているのに黒い長い衣をまとっていた。ちょうど、この祭司の長い話の終わるところで、最後に「このためにわれわれは黒の祭司の助けを必要とする」と言った。すると突然扉が開き、もう一人の老人、白い衣をまとった「黒の祭司」がはいってきた。このひとも大変高貴なひとに見えた。黒の祭司は明らかに白の祭司と話がしたいようであったが、私のいるのを見てためらっていた。すると、白の祭司は私を指さして「お話しなさい。彼は罪のない人間だ」と言った。そこで黒の祭司は不思議な話、つまり、どうして彼が天国の失われた鍵を見つけたか、そして、その使い方がわからないでいるとの話を始めた。彼は、鍵の秘密を明らかにしてもらうために白の祭司のところへきたのだという。さて黒の祭司は次のような話をした。彼の住んでいる国の王様は自分にふさわしい墓石を探していた。彼の家来は偶然にも古い石棺を掘り出したが、その中には乙女の死骸がはいっていた。王様は棺を開いて死骸を投げすて、後の用のために石棺をまた埋めさせた。しかし、骨が日の光に当たるやいなや、乙女であったものが黒い馬に変わり、荒野のほうへ逃げていった。黒の祭司は荒野を越えてその馬を追い、多くの事件や困難にあったのちに、天国の失われた鍵を見出した。そこで黒の祭司の話が終わり、夢のほうも残念ながら終わりとなった。

この昔話の夢は真に興味深いものであるが、ここで黒と白という点にのみ注目すると、二人の祭司はそれぞれ名前と衣服の色が交錯していて、簡単にそれこそ「黒白を弁じる」ことができないことが特徴的である。それにこの二人の祭司を善悪のカテゴリーに分類することも難しそうである。この夢は単に黒白の区別のみならず、善悪そのものの微妙なからみ合いを示唆しているようである。ユングはこの夢が道徳的評価の不確実さや、善と悪とのまぎらわしい相互作用などを示すものだと述べている。

黒の象徴性が案外な複雑さを示すのは、黒色が象徴的には二面性を有しているためと思われる。サス＝スィーネマンはラテン語には黒を意味する語が āter と niger との二種類あることを指摘している。(3) 前者は光のない単なる黒であるのに対して、後者は輝かしい黒光りのしている黒であるという。āter は火の燃えた後の黒さであり、無に通じるものであるが、niger は燃えあがる黒であり、むしろそこに新しい存在の可能性を秘めている。このように考えると、白もこれに相応して二種類あり、輝きをもつものと、もたないものがあって、それらは黒の性質と相通じている。かくして、案外なことであるが、黒と白とが象徴的には同一の意味をもつことさえあり、前述のサス＝スィーネマンは、black（黒）およびそれから派生した bleak（荒涼たる）などの言葉が blank（空白）、bleach（漂白）と発音が類似していることを指摘している。彼はまた、火が燃えあがっていると、輝くときは白く見え、また煙や煤で黒く見えるときがある事実も、白と黒が同一視される理由のひとつではないかと指摘している。

このような白と黒の微妙な関係を、谷川俊太郎は詩人の目をもって的確に見ぬき、「灰についての私見」として記述している。[4] その全文を引用したい誘惑をさえ感じるが、その一部を示してみよう。

「どんなに白い白も、ほんとうの白であったためしはない。一点の翳りもない白の中に、目に見えぬ微少な黒がかくれていて、それは常に白の構造そのものである。白は黒を敵視せぬどころか、むしろ白は白ゆえに黒を生み、黒をはぐくむと理解される。存在の瞬間から白はすでに黒へと生き始めているのだ。」

白から黒への長い過程がある。そして、

「白の死ぬときは一瞬だ。その一瞬に白は跡形もなく霧消し、全い黒が立ち現われる。」「だが――」とこの詩人は続ける。「どんなに黒い黒も、ほんとうの黒であったためしはない。」そして、「存在のその瞬間から黒はすでに白へと生き始めている……」。

白へと生き始めている黒、それは無ではなく、可能性を秘めている。ユングはこのような黒を錬金術におけるニグレド(nigredo)の状態と対比せしめている。[5] 錬金術は、もともと他の物質から金をつくり出す術として発展したものであるが、錬金術の過程として記述されていることを、人間の人格の発達の過程の投影としてみると非常に示唆に富んでいることにユングは気づいたのである。その過程の最初の状態として記述されるニグレドは黒色であり、それが白、黄、赤へと順次に変化してゆくのである。ここにニグレドは発達過程の始まりであり、未だ精製されていない素材のままの状態で、可能性を含むものと考えられる。

黒がこのような意味をもつので、分析の初期の夢に黒色が高い象徴性をもって生じることが多いのも、当然のことである。次に示すのは二十歳代の独身の女性が見た夢である。彼女は抑うつ的な状態に陥って分析を受けにきたが、数回の面接の後に突然来談を中止した。しかし思い直して再来を決意したときに、この夢を見たものである。

夢　私は道を歩いていた。突然韓国の女性が後からやってきて、「もうこれ以上いたずらをする気はありません」と言って、新聞紙の包みをくれた。私はその包みを下に落とすと、五匹の黒蛇が包みのなかからとび出してきた。

突如として現われた五匹の黒蛇の姿に彼女はまったく驚いてしまうが、この黒蛇こそニグレド的な特性を帯びている。まず、この黒蛇をもって彼女の前に突然に姿を現わした女性について様子を聞いてみると、年齢は四十歳くらいだが少年のような顔をして眼鏡をかけていた、ということである。そして、眼鏡をかけている女性はインテリに多いと連想をつけ加えている。この女性が夢を見た人の影であることは明らかである。われわれは自分の影を他人に投影することが多いことを第一章において述べたが、日本人はその影を韓国人に投影することが多かった。そして、まったくいわれのない優越感を感じたり、韓国の人を劣等であるという確信をもったりした。このことは欧米人にとって、その影が黒人の姿で夢に現われることが多い事実と対応している。ところで、彼女の影は夢の語るところに従うと、四十歳の知恵と未成熟な情緒をもって、今までずっと五匹の蛇で人々を驚かせてきたようである。蛇を包み隠す新聞紙は、社会一般の意見を示すものである。このような他人を批判するのが好きな女性は、しばしば新聞紙から借りてきた意見を武器として用いるものである。実際は、この人は他人に対して痛烈な知的批判を加え、そのことによってしばしば対人関係を悪化させていたのである。

ところで、ここに姿を現わした五匹の蛇は何を意味しているのだろう。蛇の意味するところはあまりにも広く多義的である。まず、われわれの念頭に浮かぶ『旧約聖書』の中の蛇は、地を這うものとして、天なる神の影とでも言いたいほどの役割を演じている。大地と結ばれた知恵を蛇は人間にもたらすが、これは人間にとって必要なものであったのだろう、たとえ、そのために楽園を追われることになったとしても。彼女の場合も、新聞紙で表わされる一般的意見の底から、土と結びついた知恵の出現をどうしても経験しなくてはならなかったのであろう。蛇は土と結びついたものとして、母性と関連深いものであると同時に、そのファリックな形態から男性性を象徴することもある。新聞紙の包みからとび出してくる蛇は、まさにファリックなイメージを提供するものであり、これは彼女のアニムスの非常に原初的な形象であるとも考えられる。蛇の象徴性として、ユングがしばしば

悪夢　スイスの画家ハインリヒ・フュスリによる画．眠っている女性を怪物がおびやかしている．眠りの間にわれわれの影の世界が開かれ，それは夢となって顕現する．時にそれは実態的な感覚として，人をおびやかすことさえある．

ハインリヒ・フュスリ　悪夢　18世紀　ゲーテ・ハウス蔵　フランクフルト

強調しているところは、(6)その変容性、もっと端的には再生の力である。蛇が脱皮をする習性から、おそらくこのような観念が生じたのであろうが、蛇が再生や若返りを象徴する傾向は全世界にひろく存在している。

第一章においては、影は最初は無意識の全体として体験されると述べた。しかし、それが分化してゆくと、われわれはそこに種々の元型のイメージを識別し得るようになる。この夢の場合、韓国人の女性として影の像が明確に示されると同時に、それまで未分化であったアニムスが、プリミティブな形としての蛇として顕現してきたと思われる。そして、それが黒色であることは、このようなアニムス像の始まりとしての意味をもち、今後、死と再生の変容過程を経て、そのアニムス像も発展してゆくべきことを予示している。そのような意味で、分析の初めに生じるニグレドの特徴をよく反映した夢であると考えられる。事実、この女性はこの夢に予示された道をその後歩んでゆくことになったのである。

黒色はまた汚れ、しみなどと結びつき、白が清潔を意味するのに対して、否定的な意味合いをもっている。(7)汚れ、しみなどと同様の意味をもつ糞が、昔話などではしばしば黄金に変化して「最低のものから最高のものが生じる」逆説をはらんでいるように、黒もまた発展のために必要なけがれを示す場合もあると思われる。このような例として、次にTAT図版に対するひとつの反応を取りあげてみよう。TATは人格テストの一種であり、漠然とした絵を見せてお話をつくらせ、そのお話のなかから本人の人格特性を見出そうとするものである。多くの図版のなかで、第16図は真白であり、何も描いてない白紙を見ながら勝手にシーンを思い浮かべてお話をつくることになっている。

次に示す話は、ある男子大学生のつくったものである。この学生は正常でなんら問題のない人である。

「あっ、これ何ですか。裏でしょう。話つくるんですか、これ見て。……一人の若い天才的な画家がいて、ある着想を得た。新しいカンバスをひろげたところへ呼出しの電話がかかってきて、家を出たところで車にはねられ、かくて素晴らしい名画がその上に描かれたかもしれぬところの真新しいカンバスが残された。それが、この白い紙。」

この大学生が白紙の上に勝手なシーンを思い浮かべるのではなく、白紙それ自身を物語の中に入れこんでいるのが印象的である。彼にとって白紙のインパクトが大きかったので、それを無視することができなかったのであろう。物語をつくる前に、「裏でしょう」とコメントしている事実は、彼の驚きをよく反映している。彼は白紙を裏であると感じ、表には何か絵があると期待したのだったが、その何も描かれていない白紙こそが表であった。彼はそれを真新しい白いカンバスと感じた。

白いカンバスはけがされることに意味をもつ。ましてや若い天才的画家がその前に立ち向かうのであれば、なおさらのことである。白の清浄さを敢えてけがすことによって創造がなされる。天才画家が創造の仕事に向かおうとしたとき「呼出し」があった。そして、その呼出しは文字どおりの召命となり、カンバスは清浄さを保つことになった。ここで、カンバスの白さを守るために天才画家の命を奪う電話をかけたものは誰であろう。だいたいの推察はつくものの、それにしても姿の見えない相手は恐ろしいものである。姿の見えない相手の問題については次節に論じるが、ここでわれわれとしては、このけがれを知らぬ若者の心の中に、何年か後には、白いカンバスをけがし得る新しいヒーローの誕生することを、せめて期待することにしたい。

二　不可視の影

姿の見えない相手は恐ろしい、と述べた。影がなんらかの形で形象化され、われわれがそれを見ることができると、それがいかに恐ろしいものであれ、われわれとしてはそれに対処する方法を考え出すことができる。しかし、姿が見えないとき、われわれは不安におののくばかりである。

見えぬもの

目に見えぬ影に襲われて苦しむことの辛さは、常人の想像を絶するものである。このような苦しさのなかで自殺する人が多いのは、その苦しみ自体の強さもさることながら、その敵が不可視のものであるため、周囲の人々に苦しさを了解されることがなく、絶望に陥りやすいためであると思われる。

次に示すのは、ある離人症の人の見た夢である。

夢　父と兄がインヴェーダーになっている。そしてテレビの「インヴェーダー」を見ている。テレビの中でインヴェーダーがやられると兄の顔色が変わったので解った。

この夢に出てくる「インヴェーダー」というのは地球外からやってくる侵入者であり、当時そのような物語が実際にテレビに放映されていたのである。ここで、確かにインヴェーダーは「見る」ことができる。しかし、本物とまったく同じで見分けをつけることができないのである。つまり、インヴェーダーが自分の父親と同じ姿で現われたとき、われわれはそれを本物と見分けられないのだから、言うなれば、われわれはその姿を見ることはできるにしろ、その本質を見分けられないのであり、結局、敵を見ることは難しいのである。たとえば、私のまわりの人がすべてインヴェーダーになっていたとしても、私は気がつくことはないはずである。おそらく、なんらかの漠とした違和感か不安のようなものを感じるであろうけれど。

離人症というのは恐ろしい症状である。これは「自分が存在すると感じられない」、「自分はもとの自分ではなくなってしまった」と訴えるような自我意識の障害、「外が絵のように見える」、「外界と自分との間にヴェールでもあるようで、ピンとこない」というような対象意識の障害、「自分の手や足が自分のものと思えない」、「自分の体が生きていると感じられない」などの身体意識の障害を体験する。これは本人のまったく主観的な体験であり、われわれは本人の報告に頼るよりほかに診断を下す手がかりがないのであるが、その本人も自分の体験をうまく言語化することができずに困ってしまうときがある。このような症状はいろいろな精神病や神経症に「部分症状」としてみられ、正常人でも疲労困憊時に体験することがある。しかし、ときにこの離人症症状のみを中核症状とし、他に精神病的症状を示さず、外部から見ると普通人となんら変わりのない生活をしている人がある。このような人を特に「離人神経症」と呼んで、その他の病気の部分症状や一過性のものとして体験している人と区別することがある。「離人神経症」の人は、他人からみるとまったく普通の生活をしているように思われるが、本人は実に苦しみに満ちた人生を過ごしているのである。

「あらゆる精神症状のなかで、自己とか自分とかいわれるものの異常がもっとも明白に患者自身によって体験されるのは「離人症」と呼ばれる症状においてである」と、精神医学者の木村敏はその著書の冒頭に記している。(8)

木村はこの症状を手がかりとして、「自分ということ」の本質を明らかにしようとし、その『自覚の精神病理』を構築してゆくのである。筆者はそれに対して、「自分ということ」を影のほうから見てゆこうとしているとでも言うべきであろうか。あるいは、木村が問題としている「自我」ということを、筆者はあくまで影との関連で見てゆこうとすると言ってもよいだろう。木村は「離人症という状態は生と死とのいわば中間にあるもの、しかも生よりはむしろ死のほうへの傾斜をもったものだと言えると思う。それはいわば、肉体の死をもともなわず、精神の死をもともなわない、純粋な自我の死である」と述べ、「それは、人間が自らの置かれた耐えがたい現実に対して試みる、消極的ではあるがある意味ではきわめて純粋で誇り高い抵抗であると見ることができよう」と言っている。

それでは、離人症の人が自我を殺してまで抵抗を試みようとする「耐えがたい現実」とはいったい何であろうか。ここで最初にあげた離人症の人の夢を取りあげてみよう。この人にとって外界はインヴェーダーに満ちている。この恐ろしい地球外からの侵入者《インヴェーダー》に対して、われわれはいったいどう戦っていいのか解らない。インヴェーダーの存在をわれわれは感じる。しかし、それは自分の家族とそっくりそのままの姿で現われるのだから、いったい誰が敵なのかを識別できないのである。そこで、われわれは家族の顔を見るたびに、心の中で問いかけねばならない。「これはほんとうの父なのか?」、「これはほんとうの母なのか?」と。

ところで、このような表現をするならば、自分だって自分の両親がほんとうの両親であろうか、とか、自分はひょっとするとこの家にもらわれてきた子ではないだろうか、とか思ったことがあるという人が多いのではないだろうか。実際、筆者はこのようなことを一度は考えてみたことがある人のほうが普通ではないかと思っている。ほとんどの子どもは、その自我が以前に増して強化され確立されようとするとき、このような疑問を胸に抱くものである。自立するためには孤独感に耐えねばならない。自分の存在を、それ自身において独立したものとして認めるならば、それは何ものにも依存する必要はなく、家族への依存も不必要であろう。これを換言すると、自分はこの家族とは別の成員であるとしても存在を脅かされることはない、ということになる。ところが実際問題としては、そのような自立感をもつにはわれわれは弱すぎるし、少しのあいだ家族に対する疑問を抱くものの、それは消失してしまって、両親との関係を回復し、そのなかで育ってゆくのである。このようなことを適当に繰り返しつつ、普通の人は成長してゆくが、その間における家族との依存・非依存の関係は非常に微妙なバランスを保ってゆくものなのである。

外界の人間に対する自我の依存・非依存のバランス関係は、そのまま内界においても生じていることである。自我は、いわばそれを支えているともいうべき無意識とのあいだに、微妙なバランスを保たねばならない。われわれの自我は無意識とあまりにも切れた存在となるとき、生命力を失ったものとなるであろうし、逆に無意識の力があまりにも強く自我に作用するときは、自我はその統合性を失うことになろう。ところで、無意識をユングは個人的無意識と普遍的無意識の層に分けて考えていることを、すでに第一章に述べたが、普遍的無意識内の内容が直接に自我領域に侵入してくるとき、自我は強い危険を感じるであろう。そこで、自我はその統合性を守ろうとするかぎり、相当強力な防衛を行わねばならない。ところで、そのような強い防衛は自我の統合性をある程度保つにしろ、無意識との適切な接触によって得る生命感を失うことになると考えられる。このようなことを筆者は離人症の心的なメカニズムとして考えている。

離人症の人の夢に現われた、地球外からのインヴェーダーのイメージは、普遍的な影の侵入を示すのにまったくぴったりのものであると思われる。それが地球外からきたということは、本人の個人的体験をはるかに越えた存在であることを生き生きと描き出している。個人的体験を超えた普遍的な影の侵入を受けながら、その本質をみることができない。あるいはその侵入を避けようとして、自我の周囲にガラスの防壁をつくりあげる。このガラスの破られることの恐ろしさは、二七頁に示した詩が如実にそれを示している。このガラスによってその人は守られるが、直接に存在感を確かめることはできなくなるのである。そうなると、むしろ、その人の敵はガラスの防壁そのものであるかのように思われ、その人は「見えない敵」を相手に苦しまねばならないのである。このため、離人症の人が治癒に向かう過程において、この目に見えぬガラスがだんだんと薄くなってゆくとき、普遍的な影に直面する恐ろしさを体験しなくてはならないときがある。木村が報告している一例では、ある離人神経症の少女が十一歳のとき、「死ぬよりも怖ろしい、言い表わしようのない苦痛」を瞬間的に体験し、そのなかで自然に治癒されたという。ところで、彼女は六年後に離人症状を再発させるが、「もし今の病気がなおるとしたら、私はもう一回、十一歳のときに経験したあの怖ろしい瞬間を経験しなくてはならないのにちがいない。それぐらいなら死んだほうがよっぽどましです」と述べ、治療に対して消極的な抵抗を示したという。彼女がどうしても言葉で表現できない体験であった「死ぬよりも怖ろしい」こととは、普遍的な影の瞬間的な自覚の体験ではなかったろうか、と筆者は考える。

それでは、このような人がどうして普遍的な影の侵入を受けることになったのか。普通人も、実はそのような影を無意識内に有しながら、それとの直接的な対決をほとんど避けて生きているのである。この点について、われわれは明確には答えられない。確かに、個人の自我の成長の母胎となる母子関係が、このような人の場合は稀薄であることが多いようであるが、それも決定的な要因であるとは言いがたい。あるとき、ある人の無意識内に強力に布置された普遍的な影が、その人の自我の存在を危うくするのである、としか言いようがないのである。

離人症の人が、家族がインヴェーダーになっている夢を見たことについて考察してきたが、家族がインヴェーダーであると実際に「確信」する人があれば、どうなるであろうか。モスコーウィッツというアメリカの心理療法家が、そのような例を紹介している。[9]

デーヴィッドは十二歳の少年であるが、彼の両親がインヴェーダーに変わってしまったと確信する。それがほんとうの親かインヴェーダーか見分けることは彼だけしかできない。そこで、彼は自分の親族をインヴェーダーから守ろうとして必死になる。両親や弟の少しの表情や行動の変化に対して、デーヴィッドは鋭敏に反応する。父親が平素は嫌いだと言っている人を訪問したとか、弟のシャツに見慣れないしみがついていることなどで、彼

思春期　ムンクによるこの有名な絵は，思春期の影をみごとに描いてみせている．何かにおびえて目を見開いているかのような少女の背後に存在する，まったく未分化な大きい影は少女を照らす光によって生じたものというよりは，少女の内面に存在する影そのものであり，前面に向かっておどり出してきそうな感じを与える．

エドヴァール・ムンク　思春期　1894年　オスロ国立美術館蔵

はインヴェーダーであると判定し騒ぎたてる。そのころアメリカのテレビで放映されていた「インヴェーダー」の主人公の名前が、デーヴィッドと同じだという偶然も作用して、彼はますますインヴェーダーとの戦いに情熱を燃やすが、ときには本物とインヴェーダーとの相異が解らなくなったと思い、混乱して赤ちゃんのように泣き叫んだりする。

心理治療者はデーヴィッドとの治療面接を重ねてゆくうちに、デーヴィッドが家族に対して怒りの感情を抱くと症状がひどくなることが明らかになった。彼の家族はすべて感情を抑圧して生きており、母親は特に強かった。彼女は不感症であり、知的には高い人であったが、すべてのことを知的な理解で割り切ろうとする傾向があった。治療者はデーヴィッドの抵抗にもかかわらず、だんだんと彼が感情の表現、特に怒りや敵意の感情を表現することを助けてゆく。治療者とデーヴィッドがこうして親密な関係をつくりあげていったとき、デーヴィッドは「僕はお父さんやお母さんが僕をやっつけようとしていると思っていた。お父さんもお母さんも弟のほうが好きなんだ。僕のほんとうのお父さんやお母さんがそんなことするなんて信じられなかった」と治療者に語る。

「ほんとうのお父さんお母さんならそんなことをするはずがない」という思いは、しかし、すでに述べたように、すべての子どもたちが少なくとも一度は感じることである。「僕はほんとうの子でないかもしれない」とも思う。このような点から考えると、離人症の心性にしても、このデーヴィッドの心性にしても、普通人の延長上に存在していることが解る。だからといって、誰でも簡単にこのような症状をもつわけではないので、すべてを同一と見なすことはできないが、このような「異常」と思える症状を示す人に対しても、普通人の心と変わりのない心のメカニズムの働きの延長として了解できることを示したのである。これを裏がえして言えば、普通人とは自分の心の深層に存在する普遍的無意識に気づくことなく生きている人たちである、と言うこともできる。

モスコーウィッツはデーヴィッドの症例に、「近代的なドレスをまとったカプグラ症状」という題名を付している。これは、デーヴィッドのような症状を「瓜二つの錯覚」(L'illusion des sosies)と名づけて、一九二三年にカプグラが最初に発表したので、それ以後このような症状をカプグラ症状群と呼ぶようになったからである。この症状は既知の人物に対して、何らかの変な感じ(strangeness)を抱き、それを替玉であって本物ではないと確信するのである。ただ、ここにインヴェーダーという当世風の物語をデーヴィッドが借用してきたので、「近代的なドレスをまとった」という表現をモスコーウィッツが用いたのである。実際、ある症状が昔から存在していたとしても、そのドレスは時代や文化の差によって相当変化するものである。

カプグラ症状群を、「既知のものを未知のものと確信する」という表現によって示してみると、これはわれわれに根源的な問題を提示するものとなってくる。つまり、われわれにとって「既知のもの」は有り得るのかという問題である。モスコーウィッツはカプグラ症状に対して、自分自身についての変な感じ《ストレンジネス》が外界の重要な人間におきかえられることによって生じるという考えを紹介しているが、われわれは自分自身についてストレンジネスを感じないものだろうか、私はいったい私を知っているだろうか。私はいったいどこからきて、どこに行こうとするのか。もし、私は母親の胎内からきたものと考えるならば、母親を未知の人と感じるカプグラ症状は、木村が指摘するように「自己の来歴の否認」というのが真に適切であろう。もちろん、われわれ普通人は母親からの「来歴」を否認したり、疑ったりはしない。しかし、その来歴は「私はどこからきたのか」という根源的な問いに対する答とはなりがたいことは明らかである。自己の本来の来歴を問うためには、肉体としての来歴を一度否認することが必要であるとさえ思われる。このように考えるとき、離人症やカプグラ症状は、われわれの存在の根源についての問いを投げかけてくるものとして感じられるのである。

見えない影の恐ろしさについて述べてきたが、われわれは影の存在を目には見ることができないときでも、それを視覚以外の感覚によって感じることがある。すなわち、聴覚、嗅覚、触覚による場合であり、それは、その存在に対する「確信」というかたちを取るときもある。つまり、何も感覚的には把握できないが、そこに何かが存在するという確信がもたれるのである。

このような目に見えぬ影の侵入をこうむるとき、人はいろいろな幻覚にとらわれる。他人には聴こえぬ声が聴こえたり、あるいは、変な臭いがしているように感じられたりする。あるいは、何かの存在が自分に触れたり、あるいはそれが背後にいることを確信したりする。人間は「目の動物《アウゲン・テール》」と呼ばれたりするように、視覚に頼ることが大であるので、このような目に見えない影を相手とするとき、その姿を見るようにすることが重要である。姿を見ることができると、われわれはそれに対処する方法が考え出せる。といっても、これはもちろん比喩的な表現であり、実際にわれわれの行っていることは、このような目に見えぬ影の侵入を受けて、幻聴や幻嗅などの症状に悩んでいる人を助けて、なんとかその無意識内の内容を目に見える形象として把握できるようにし、その特性を明らかにしてゆくことである。ここで、目に見える形象として把握するために、夢を用いることはすでに述べてきたとおりである。すなわち、そのような人が夢に「見た」ものを共に分析してゆくことによって、幻覚の正体を明らかにしようとするのである。この際、幻覚をもつすべての人に対してこのような方法が有効とはかぎらないことを指摘しておかねばならない。このようなことは、見えない影を形象化し、しかもそれに直面してゆくだけの強さをもった人でなければ、なかなかできないことであったり、大きい危険にさらされることになったりする。治療者の援助がこれに加わるにしろ、本人の自我がある程度の強さをもっているときのみ、このようなことが可能なのである。

先に紹介した、イヴ・ホワイトの症例においても、彼女は自分の心の内から語りかけてくる「声」に悩まされている。夫のラルフが彼女に文句を言ったりすると、彼女自身はそれに対して従順に応答しているのだが、「やつの頭をはりたおしてしまえ!」という声が彼女の耳にガンガンとひびくのである。彼女はこの症状は自分が精神病である証拠であると思いこみ、治療者に対しても秘密にしておくのである。彼女がとうとう隠しきれなくなって、「声」の秘密を治療者に打ち明けたとき、医者はそれは精神病の徴候ではないと慰める。すなわち、彼は精神病者の場合はそのような「声」を現実に実在するものと思っているが、彼女の場合はそれが幻聴であり、おかしいと自分で解っているから大丈夫だというのである。確かに「声」が聞こえるという場合、それを実在するものとして確信するのか、幻聴だからおかしいと本人自身が気づくのか、は大きい相異を示している。ところで、この後に「声」の主であるイヴ・ブラックが出現し、それがどのように統合されていったかについてはすでに述べたところである。

「声」が聞こえるとき、それを本人が実在のものと確信するかしないかの差は重要なことであるが、実際に体験する者にとっては、その差は非常に微妙であって判然としないことも多い。それを尋ねる医者や心理学者の態度によっても、彼等の応答は少し変化するようである。つまり、どうせ言っても理解されないだろうと彼等が思うとき、「実際に聞こえた」と断定した言い方をしてしまって、彼等の体験の微妙なニュアンスを伝えることを断念してしまうこともある。あるいは、こちらの質問に対して、いろいろ説明するのが面倒なために、ただ「はい」と答える人もある。確かにこれらの影の体験は白日のもとでなされるわけではないから、本人が明確に答えられないのも当然のことと思われる。このような人と話し合うとき、こちらが事態を無理に明確にしようとはせず、むしろ本人の話すままの線に沿って聞いていると、その体験がほんとうにあったことなのか、幻聴なのか、こちらも判断がつかなくなってくることさえある。このような共感的な関係の中にあって、なおかつ、治療者が自分の足場を失うことなく対話をつづけてゆくと、「声」としてしか把握できなかった無意識の内容が、より明確に形象化されて認識されるようになる。

ある女子学生が幻聴の症状のために相談にきた。近所の人たちが「いろきちがい」とか、「気がおかしいから入院せよ」などというのが聞こえてくる。本人も初めはそれを現実のことと思っていたが、銭湯にいったときも、男湯のほうから女の人の声がしてくるのでおかしいと思った。そこで、声がしたと思ったときに家族に確かめてみると、そんなことはないと否定されるので不思議に思ったという。治療の経過については述べないが、この人の夢分析をつづけていると何回目かに次のような夢が現われた。

夢　一人のお姫さま(自由奔放な人)が主人公であった。おつきの人が制止するのに短いスカートをはいたりする。シーンが変わって、私が自慰をしたことがとってもいけない、ということ。Aさん(男性)に私が追いかけられるなどということがあった。またシーンが変わって、最後にお姫さまは恥ずかしがって自殺をした。

この夢の中で、お姫さまは結局自分自身であるような気がしたという。Aさんというのは近所の若い男性で、自分に対して関心をもっているのではないかと思う人。ところで、この夢を見た女子学生は相当厳格な家庭に育った人で、性に対するタブーの非常に強い人であった。ところで、この夢の中に厳格なしつけに反抗する短いスカートをはいた王女さまが出現してくる。これが彼女の影であることは明白である。自由奔放な生き方をする王女の話の間にエピソードのように、本人が男性に追いかけられたり、自慰に対する罪悪感を感じたりするシーンが存在していることも興味深い。実際、彼女はふとしたことから自慰を覚えるが、それを大いに悔んでいた。この夢の中の中間のシーンは明らかに彼女の生活の影の部分を示している。それだからこそ王女は最後に自分の行為を恥じて自殺してしまうのだろう。ここで、彼女が王女は自分だったかも解らないと言っているように、彼女の自我と影のあいだの壁はきわめて薄く、そのゆえにこそ内的な声と外界の声との弁別さえつけがたい状態に追いこまれていたと考えられる。ここで、影が王女という姿をとって顕現してきていることは、このような影の生き方が彼女の歩むべき王道につながっていることを示唆しているのであろう。それにしても、王女の死によってこの夢が終わりとなるが、これは何を意味するのであろうか。象徴の世界においては、死は劇的な急変——危険性をともなう——を表わす。彼女の影は急変し、自我の中に統合されねばならない。この後、彼女は分析治療の過程のなかで、自分の影の自由奔放さを認識し、性に対する強すぎる抑圧を少しずつ和らげてゆくのである。しかしながら、そのような変化も彼女にとっては「急激な」変化であったのであろう。「声」は急速に消え失せてしまう。

影の自我への統合がすすみ、声も消え去ってしまった時点で、彼女は非常に印象的な夢を見た。それは次のようなものであった。

夢　桐の箱が二つあり、各々に朱色と白色の色紙がはいっている。それには歌が毛筆で書いてある。各々四枚ずつはいっていて、それぞれ四季の歌が書いてある。「春なれや……」、「夏なれや……」、「秋なれや……」、この夢から覚めながら彼女は、「恋愛ということが認められる」と感じたという。つまり、この世の中に恋愛ということはあっていいのだ、その存在を認めていいのだと感じたというのである。それは、「この世の中に春夏秋冬が存在するように、恋愛ということも存在するのだ」という感じであったと彼女は述べた。桐の箱にはいっていた色紙の色についての彼女の連想は、朱色は情熱を、白色は清らかさを思いつくということであった。

確かに、性はわれわれ人間の影の世界にうごめいているものである。フロイトがこの点を指摘して以来、性に対する関心が高まり、現代ではそれは影の世界を出て白日のもとにさらされているようにさえ思われる。しかしながら、現代でもこの女子学生のように、恋愛を罪悪視したりはしないまでも、それに対して一種の抵抗を感じるような人も案外に存在しているのである。これに対して、夢は朱色と白色の共存、春夏秋冬の存在などによって、全体としての統合の可能性を示唆している。性を忌避する潔癖さと、性を情熱の源泉とする考えと、これらを統合した全体性のイメージとして、四季の存在が生じてきた事実は、筆者には非常に日本的であると感じられた。われわれ日本人にとって四季の移り変わり、自然の変化のありようは思いのほかに大きい意味をもっているようである。それらは常に変遷しながらも、互いに相補いあって全き完全性を成している。心の完全性の象徴として、たとえばキリストなどのように人格化されたものを選ばずに、自然の四季を選んだ点が筆者には非常に日本的に感じられ、印象深かったのである。

このような症状を示す人で、夢分析を通じて問題の焦点を探索してゆける人は、むしろ少ないかもしれない。自分は変な臭いがするので他人に嫌われると信じていたある高校生は、筆者との面接の中で、自分の無意識の探索などをするのではなく、むしろ現実生活にどのように対処してゆくかということについて話合いをつづけているうちに、臭いがしなくなった。このような場合は、見えざる影を見えるものへと変化せしめるようなことをせず、その人の自我を強めてゆくことによって影の侵入を防衛するようになったというべきであろう。心理治療の実際としては、このような場合も多いのである。

「見えない相手」というと、有名なアモールとプシケーの話が想起される。プシケーは三人姉妹の一番末の子であったが、アポローンの神託によって、恐ろしい怪物のような男に嫁入りさせられることになる。そのような結婚はすなわち死を意味するものであり、彼女は死の装束で泣く泣く親と別れて、指定された山の巌の上におもむく。ところが彼女は西風にのせられて、美しい宮殿に着く。そこでは、姿の見えない「声」が彼女に優しく話しかけ、いろいろと世話をやき、御馳走の給仕までしてくれるのである。そのうえ、彼女の夫も姿を見せず、夜のあいだだけ彼女をやさしくいたわるのだが、夜も明けないうちに出かけて行く。このような生活が繰り返されるが、ここで彼女は姿の見えない相手の、声や触覚や、それに匂いもあったであろう、それらすべてを経験し、幸福な気持ちにひたっていた。今まで述べた、幻覚をもった人たちの例では、彼等は不幸をなげかねばならなかったのに対して、プシケーは見えないことの幸福を楽しんでいたのである。

古来から悪夢の典型は、何か恐ろしい怪物が睡眠中に訪ねてくるというものである[10]。それらはときに魔女であったり吸血鬼であったり狼男であったりする。それはときに人間か動物かさえ定かでないときもあるが、これらは普遍的な影の属性をどこかにもっている。ところで、夢ともうつつともつかず、何者かが睡眠中に自分の寝床にはいってくるとするならばどうであろうか。それは現実ではないとわかっているのだが、現実以上に実在感をもって迫ってくる。そのような経験をもった人が、このことのもっとも恐ろしい点は、「相手が誰だか解らないこと」にあると述べたことがある。この人は「相手が誰だか解らない」ことをもっとも恐ろしいこととしているのに、同様の体験をしているプシケーは、それをもっとも幸福なことと感じているのはどうしてだろうか。

プシケーは神託によって、怪物と結婚しなければならないことが解ると、嘆き悲しむが、その運命に完全に受動的に従おうとする。このような受動性は、彼女の心を元型的な世界に対して開かれたものとし、それとの無意識的な一体感を導き出してくる。そこにおける幸福感は「見ず知らず」の状態を前提としている。彼女は自分の夫が何なのか見ようとも知ろうともしない。感じられ聞こえるだけのことで満足している。つまり、対象を未分化なままにしておき、その中に自分を埋没させきっているのである。しかし、ここで彼女が少しでも「知る」ことに関心をもち始めると、彼女は幸福ではあり得ない。そのことは、「アモールとプシケー」のお話では、プシケーの姉たちのそそのかしという形で表わされる。この姉たちは「楽園」における蛇に似た行為をする。姉たちのそそのかしに乗って、プシケーは夫の厳重な忠告を破って、その姿を見てしまうのである。そこで、アモールは怒って飛び出して行き、一人残されたプシケーはまさに「楽園追放」の苦難の中に突き落とされる。しかし、このような苦しみを体験してこそ、プシケーのその後の発展の道が開けるのであるが、そのような女性の自己実現についての考察はノイマンの詳細な解説があるので[11]、それにまかせるとして、われわれとしては、われわれのテーマに関連する点にのみ注目して考察することにしよう。

楽園に住むプシケーに対して、夫の禁止を破ってその姿を見るように煽動した姉たちは、プシケーの影である。夫であるとはいえ、怪物であるかもしれず、姿も見えない相手は、いわば普遍的無意識の未分化な全体を表わすものとも言うことができる。ここに、影の介入によってその姿を見たことは、プシケーが今までより高い意識性の確立へと一歩を踏み出したことであり、彼女はその相手アモールの姿を確認する。この段階において、彼女の相手は「見えざるもの」ではなくなり、ユングの言うアニムスであることが明確となるのである。プシケーの姉という人格化された形で影の存在が明確にされるとき、今まで怪物という普遍的な影のヴェールをまとっていた相手はそれを脱ぎすてて、アニムスとしての姿を明らかにする。このように未分化なものが分化される過程が人格の発展のためには必要であるが、その際における影の役割の意味を、この話は如実に示している。

プシケーは「見ず知らず」の楽園に住んでいたという。しかし、これは言ってみればまったく自閉的な世界そのものである。普遍的な影とアニムスの融合した存在のインパクトを直接に受けた人は、至高の状態を経験するか、あるいはきわめて自閉的な世界に閉ざされた表現し得ない苦しみを経験することになろう。神話の時代はともかくとして、現代人はなんらかの意識性をもっているため、前者のような恍惚感よりは、すでに述べた女性の言ったとおり「相手が解らない」恐怖と戦慄を体験することが多いであろう。このような人たちの苦しみと二重人格の症状とを比較するとき、後者は外見的には劇的ではあるが、個人的な影の問題が前面に出ているという意味において前者よりは軽く、治りやすいのではないかと思われる。実際、今まで述べてきたような困難な症状をもつ人には、一般に言って個人的な影の像が明確でない、いわゆる「よい人」であることが多いように思われる。個人的な影は、われわれが元型的なものを直接体験することから、われわれを守っている面を有しているようである。元型的なものの直接体験は、われわれを至高の状態に導くこともあるが、完全な破滅へと導く危険性ももっている。かくて、個人的影の強い人は、至高の存在に気づくこともないかわりに、「世にはばかって」生き抜いてゆくことが可能なのであろう。

三　地下の世界

地　獄

われわれの生活しているこの土の下に地下の世界が存在するという考えは、古来から全世界にひろく認められる。それは神話、伝説、昔話などに好んで取りあげられるテーマであり、意図的に、あるいは偶然に地下の世界を訪ねることになった人の話は枚挙にいとまがない。地上の世界に対して、地下の世界はやはり影に満ちている。それは多く死者や悪魔などと結びつけて考えられる。もっとも、「地底の宝」というテーマの存在が示すように、それは影の中に光を見出す逆説を包含しているので、地下の世界もいろいろな多様性をもっている。ただ、そのなかでも、もっとも影の問題について考えさせるのは、地獄の世界であろう。

最初は死者の国として考えられていた黄泉《よみ》が、キリスト教や仏教などの宗教による善悪の設定と共に、地獄、極楽として分化してくる。死後悪人が責苦を受ける場としての地獄は、絵画的になまなましく表現され、世人の恐怖心をかきたてた。われわれも子どものころに祖母に聞かされた地獄の話の恐ろしさを未だに記憶している。しかしながら、このような地獄の存在は近代科学の発達と共に急激に衰えを見せ、最近では迷信という有難くもない名前を着せられて、地下の世界にすら居場所を発見するのが難しい状態になっている。

ところで、この忘れ去られた地獄について考察をすすめるのであるが、その前に極楽とはどんなところか一見してみることにしよう。次に示すのは、岩本裕の著書『極楽と地獄』に『無量寿経《むりょうじゅきょう》』からの抄訳として紹介されている極楽のありさまである。[12]

「かの極楽世界にはかんばしい種々の芳香が充満しており、種々の花や果実がゆたかで、宝石の樹木で飾られ、妙な鳴声の種々の鳥の群が棲んでいる。

しかも、それら宝石の樹木は種々の色をしていて、ひといろでなく、無数の色をしているのだ。黄金色をした、黄金でできた樹もあれば、銀色をした、銀でできた樹もある。瑠璃色をした、瑠璃づくりの樹もあれば、水晶色の、水晶づくりの樹もある。琥珀色をした、琥珀づくりの樹もあれば、珊瑚色をした珊瑚づくりの樹もある。また、瑪瑙色をした、瑪瑙でできた樹もあるのだ。……

ある樹木は黄金の根・銀の幹・瑠璃の大枝・水晶の小枝・琥珀の葉・珊瑚の花・瑪瑙の果実があり、……ある樹木は瑪瑙の根・黄金の幹・銀の大枝・瑠璃の小枝・水晶の葉・琥珀の花・珊瑚の果実がある。また、根も幹も大枝も小枝も葉も花も果実も七宝でできているものもある。」

これに対して、紹介者岩本裕の「まことに華麗をきわめる叙景ではあるが、その記述はいささかうんざりする」という言葉にはまったく同感である。「しかし、そのようなことはおかまいなしに賛美の言葉はつづく」のであるが、われわれはこの辺で切りあげて、地獄のほうを見てみることにしよう。極楽の記述がうんざりするような単調な美しさを感じさせるのに対して、地獄のほうがはるかに生き生きとした感じを与える点が特徴的である。

地獄の様相は、わが国においては、源信の『往生要集』(九八五年)によって確固とした輪郭を与えられたという。これも前記の岩本の著書によって一見してみよう。源信によると地獄は八大地獄にわけられ、その第一は等活地獄と呼ばれる。ここは殺生をした者の堕ちるところであるが、「われわれの住む世界の下方、一千由旬《ゆじゅん》(ヨージャナ「長さの単位」の音写、実数不明）のところにあり、縦も横も広さが一万由旬あるという。ここに堕ちた罪人はいつもたがいに危害を加えようとし、たまたま出会えば鉄の爪で傷つけあい、血や肉がなくなって骸骨になるまでたたかう。あるいは、獄卒が鉄の棒や杖で罪人の全身をうちくだいたり、鋭い刀で肉を切りさいたりする。ところが涼しい風が吹いてくると、すぐもとの姿に等しく活きかえって、再び同じ責苦に遭い、これを繰り返すという」。

あるいは第三の衆合《しゅごう》地獄にある刀葉林は、次のように描写されている。「ここでは樹木の葉は鋭い刃である。樹上には、美しく着飾った美人がいる。それを見て、罪人は樹に登っていくが、葉は刀のように全身を裂く。」こうして上までゆくと美人はたちまち樹下に姿をうつすので、罪人は欲情に燃えて樹を下りようとし、またもや全身を切りさかれる。このようなことが百千億年ものあいだ繰り返されるという。このような凄まじい八大地獄がそれぞれ十六の副地獄をもつのであるから、その規模の大きさは測り知れぬものがある。

このような記述に接すると、当時の人々がこれほど広大な地下の世界をなぜ必要としたのかという疑問がまず湧いてくる。人々は地上において一階建ての単純な構造の家に住み、地下において複雑多岐にわたる広大な世界をもっていたのである。これに対して、梅原猛は「釈迦の思想がきわめて地獄の思想と結びつきやすい性格をもっている」ことを指摘している。(13)「釈迦の説いた思想は、人生は苦であり、その苦は欲望を原因とするという思想であった。」ここで、「因果概念を、現世という限界をこえて来世へと拡大すれば、釈迦の思想はすぐに地獄の思想となる」。つまり、善者が栄え悪者は罰せられるという因果応報の倫理は、現世だけでは実際に完結されておらず、これに極楽・地獄を加えてこそ、それが成立するのである。このためには、人間の死後の生命という純粋に宗教的な問題（すなわち、魂の存在の問題）と、善悪の判断およびそれにともなう賞罰という倫理的な問題、および因果論という論理構成、これらの三点をすべて肯定するとき、極楽・地獄という世界をもたぬかぎり、その思想は完結しないのである。言ってみれば、地下一千由旬に存在する地獄は文字どおり地上の世界の存在を支える役割を果たしているのである。ところが、近代になると、第三番目の因果論はだんだんと強さを増すと同時に仏教的な倫理的因果論としてよりも、自然科学的因果論として急成長を遂げ、第一の命題である死後の生命の存在を否定すると共に、極楽・地獄の存在をもあっさり迷信として打ち消してしまったのである。かくて、支えを失った地上の世界に混乱が生じてきたのも当然のことである。

　この新しい事態に対処するためには、第二にあげた善悪の判断および、その賞罰の問題が大きく取りあげられねばならぬことは当然であろう。しかし、この点についての改変を行わず、単純に第二の問題を古来からのままの形で継承するときは、どうなるであろう。結局、人々は因果論を信奉しつつ、この世に極楽を建設しようと試みるだろう。この有難い仕事に熱中する人々は、これに反対する悪人はもはや地獄において罰せられぬことを知るゆえに、この世において罰せられねばならないと考えはじめる。かくて、極楽をこの世に建設しようと志す人々によって、この世に地獄が出現せしめられることになる。ロレンス・ヴァン・デル・ポストは、この絶望的な時代のもっとも著しい特徴は、人々が「悪事をするための良い理由」を見つけることだと述べている。(14)「良い理由」に従って、アメリカがベトナムに、ソ連がチェコスロバキアに何をしただろう。人々に快適な生活を約束する良い《いい》科学の進歩は公害を生み出すことになった。

　われわれがこのようなパターンにあきたらなく思うとき、いったいどうすればいいのだろうか。さりとて、われわれは地下に地獄の存在を認めることはもうなし得ない。ここで、われわれはかつての人類が思想の完結のために、世界を死後の世界や地界にまで拡張したように、ひとつの世界の拡張を行うべきではないだろうか。それは、われわれの心の世界の拡張であり、われわれの知っている心の世界の下に――あるいは上に――より広い領域の存在することを認めるべきであり、それは取りもなおさず、おのれの心の中に地獄を見出すことになるであろう。おのれの心に地獄を見出し得ぬ人は、自ら善人であることを確信し、悪人たちを罰するための地獄をこの世につくることになる。心の世界を拡張するということは、近代科学によって否定された魂の存在について、もう一度見直すことにもなるであろう。

先に述べた刀葉林について、梅原猛は「私は、これを読むたびごとに、これがはたして地獄のことかと疑う。われわれの生きているこの世界に、これと同じような苦しみがありはしないか。このような愛欲の苦しみに、たいていの人は一度や二度は落ちこむのではないだろうか」と述べている。確かに地獄の描写はわれわれに多くの現世のことを告げる。ところで、この刀葉林のイメージを次のように考えることもできないであろうか。すでに述べたように、男性にとって女性像はその魂《アニマ》の像である。魂を見失ってしまった現代の人間は、束の間その幻像を樹上に見、それを追い求めるあいだに己の体に傷を受け、血を流すことによってのみ生きていることの証を得る。そのことを無限に繰り返しているのではないだろうか。私がこのような連想をする背後には、魂との接触を失ったかに見える離人症の人たちが、きわめて血なまぐさい夢を見、その夢の中でのみ現実感を感じること、あるいは実際に自分の生きている存在感を確かめるため自傷行為をなす人がいるという事実が想起されている。そして、すでに述べたように離人症の症状は存在そのものに対する疑問につながるものとして、現代人すべてにとっての問題点を拡大して示してくれていると思われる。

魂との接触を回復するため、自分の存在をより根づいたものとするため、われわれは地下の世界を探らねばならない。心の中の地下の世界、無意識へといたる道としての夢に、しばしば地下の世界のイメージが出現するのも、このように考えてみると当然のことである。そこで、次に現代人の夢にでてくる地界のありさまについて調べてみることにしよう。

地界への下降

夢の中で人々はよく地底の世界に行く。次に示すのは四十歳の抑うつ症の女性が分析の初期に見たものである。

夢　地下道を分析家と一緒に歩いている。天井が低くふたりのいる所だけがぼんやり明るくて向こうのほうは真暗で行き止まりかつづいているのかわからない。わたしは心細くて「先生あんなに暗いのに行くのですか、わたしたち助かるんでしょうか」と言うと「さあ、わかりませんね。でもここでじっとしていても仕方がないし、元気をだして行きましょう。いくら暗くても探せばきっと出口は見つかりますよ」とおっしゃったので気を取り直して歩き出した。足下に何かいるようなので、見ると茶色のダックスフントがわたしを見ている。わたしは「お前もここにいたの、さあいっしょに行きましょう、心配しないでついておいで」と言うとしっぽを振ってついて歩きだしたが、すぐ見えなくなった。どうしたのかなと案じていると、すぐ戻ってきたが、白い日本犬とシェパードの仔犬を一緒に連れてきた。「お前は偉いね」と言い、うれしくなってさっさと歩きだした。

地底の世界といっても「地下道」というのは、まだだいぶ現代的な様相を残している。それにしても、この抑うつ症の人は「向こうのほうは真暗で行き止まりかつづいているのかわからない」闇の中で不安におののかねばならない。治療者が共にいてくれることによってずいぶんと元気になるが、ここで何よりも嬉しいことは、犬に出会うことであり、その犬が他に二匹も連れてくるのである。影の世界には動物がよく現われる。人間の暗い側面には動物的で本能的なものが存在しているからであろう。彼女が犬たちと親しくするのは、彼女がこうして無意識内に忘れさられていた彼女の本能的な部分との接触を回復することによって、抑うつ症が治癒されてゆくことを示すものであろう。無意識の世界における動物の援助は常に意義深いものである。[15]

この夢は通常の世界に近い地下の領域に関するものであるが、ユング派の分析家ホイットモントが示す次の例は、もっと深い次元のものである。[16] 彼のもとに訪れた患者は、自分の五歳の息子をナイフで刺し殺せという声が聞こえてきて耐えられないと訴えた。――またしても「声」の問題であるが――夢分析による治療を始めたところ、彼女は次のような夢をもってきた。

夢　私は博物館の中にいた。そこで石像の猫が息を吹きかえし、私に何を探し求めるのかを聞いた。私は人生の秘密を知りたいのだと答えた。そこで、猫は私を地下へと導き、そこで私は古代の人々がたいまつをかかげているのに会った。彼等は私がほんとうに仲間に加わりたいのかとたずねた。私は、はいと答えた。私はそれにつづくイニシエーションに対して自分を捧げることを誓った。

この夢を見て彼女は深い「畏れ」の感情を体験する。彼女の訪れた地下の世界は太古的な趣きと宗教性を感じさせる。ここで最初に出会った石像の猫が息を吹きかえす点は、先の夢の中で地下道にいた犬と触れ合うのと相応している。ここで猫は人間の言葉を話すので、より人間的な存在に近いと思われるが、古代の人々の行うイニシエーションに誘うことなどを考えると、猫が古代エジプトの女神イシスの動物であることが想起されるのである。ここで、夢を見た女性は地下の世界へのイニシエーションを受けることを決意するが、その内容については未だ定かには解っていない。ただ、明白なことは、現代の地上における合理的な生活を支えるためには、彼女にとってこのような地下の世界に参入する決意が必要であるということである。彼女がこのような決意をしないときは、彼女はもっと不合理な命令、すなわちナイフを持って我が子の胸を刺すということと戦わねばならないのである。実際、この女性はホイットモントとの分析をつづけてゆくことにより、彼女にふさわしい宗教性を獲得してゆくことになるのである。彼女の夢では地下の世界の主が誰なのか判然としていない。しかし、ユングが三歳と四歳の間に見た夢は、凄まじい地下の住人を描き出している。

ユングが思い出せるかぎりでの最初の夢として、自伝に記しているのは次のようなものである。[17]

牧師館は、ラウフェン城の近くにまったくぽつんと立っていて、寺男の農家の背後には大きな牧場が拡がっていた。夢で私はこの牧場にいた。突然私は地面に、暗い長方形の石を並べた穴を見つけた。かつて見たことのないものだった。私はもの珍しそうに走り出て、穴の中を見つめた。そのとき、石の階段が下に通じているのを見たのである。ためらいながら、そしてこわごわ、私は下りて行った。底には丸いアーチ形の出入口があって、緑のカーテンで閉ざされていた。ブロケードのような織物でつくられた、大きい重いカーテンで、とてもぜいたくに見えた。うしろに何が隠されているのかを見たくて、私はカーテンを脇へ押しやった。私は自分の前のうす明りの中に長さ約十メートルの長方形の部屋があるのを見た。天井はアーチ形に刻んだ布でつくられていた。床は敷石でおおわれ、中央には赤いじゅうたんが入口から低い台にまで及んでいた。台の上にはすばらしくみごとな黄金の玉座があった。確かではないのだが、多分赤いクッションが座の上にあった。すばらしい玉座で、おとぎ話のほんとうの王様の玉座だった。何かがその上に立っていて、はじめ、私は約四、五メートルの高さで約五、六〇センチメートルの太さの木の幹かと思った。とてつもなく大きくて、天井に届かんばかりだった。けれどもそれは奇妙な構造をしていた。それは、皮と裸の肉でできていて、てっぺんには顔も髪もないまんまるの頭に似た何かがあり、頭のてっぺんには目がひとつあって、じっと動かずにまっすぐ上を見つめていた。

窓もなく、はっきりした光源もなかったが、頭上には明るい光の放散があった。微動だにしないにもかかわらず、私はいつそれが虫のように、玉座から這い出して、私のほうへやってくるかもしれないと感じていた。私はこわくて動けなかった。そのとき、外から私の上に母の声が聞こえた。母は「そう、よく見てごらん、あれが人喰いですよ」と叫んだ。それが私の怖れをさらにいちだんと強めた。目が覚めると、私は汗びっしょりでもう少しで死なんばかりだった。その後いく晩かにわたって、それに似た夢をまた見るのではないかとそれがこわくて眠れなかった。

地底の世界に下降して、四歳に満たぬユングが見た光景はユングの生涯を決定づけたと言っていいほどのものであった。それは植物的な生命を表わす緑と、血の色を示す赤いじゅうたんによって飾られた地下の寺院であり、玉座についていたのは巨大なファルロスであった。ヨーロッパの天上には、精神を肉体よりも上位におく天なる父が存在していたが、ユングは天なる父の影ともいうべき肉体性をそなえた地底の王に出会わねばならなかったのである。そして、幼少にしてすでにこのような世界を知った彼は、その生涯をかけて、この両者に架ける橋を見出す努力を払いつづけねばならなかったのである。

秘密

ユングにとって前述の夢は大きい意味をもつものであったが、彼はこの夢をずっと他人に語らずにもちつづけた。彼がこの夢を他人に伝えたのは晩年のことであるし、これについて述べている『自伝』は彼の意志によって、彼の死後に発表されたものである。彼はその『自伝』の中で、「人間にとって大切な「個」としての感情を強めるには、その人が守ることを誓った秘密をもつことが一番いい方法である」と述べている(18)。地底の世界が地上の世界を支えるように、秘密は個人の意識の底のほうに存在して、個の存在を強固にするための支えとなっている。しかし、事柄はそう単純ではない。われわれはこれとは逆に秘密を心にもったばっかりに、自分を破滅に導いてしまったようなケースもすぐに示すことができる。地底の世界は地上の世界を抗しがたい陥没にさそいこむこともあるのだ。

「秘密」ということについて一般に人々はどのような連想をするものであろうか。梅本堯夫《たかお》『連想規準表』を見ると次のような興味深い数値が示されている(19)。これは千人の被験者に対していろいろな言葉に対する連想を聞き、それを表にしたものであるが、「秘密」に対する連想語として頻度の高いものとして、まず、「守る」77、「隠す」56、というのがめだつ。また、「心」「個人」「自分だけ」などという個人の心と結びつけるものが合計44。「スパイ」「探偵」が合計24。「内証ごと」「内証の話」が合計33あるが、これは男女差が大で、女25に対して男8である。「楽しいもの(こと)」19、「悪い」13、となっている。これを見ると、秘密ということが一般にどのように受けとられているかをだいたいにおいて知ることができる。それは何よりも守り隠さねばならぬものであり、個人の心ということと深い関係をもっている。ところが、そのように価値あるものだけにそれを探り出そうとする探偵、スパイなどという職業が出現する。女性が男性よりも多く反応した「内証の話」というのはどういうことであろうか。「内証の話」というのは秘密を誰かに——しかし特定の人のみに——伝えるということである。秘密は本来守るべきものでありながら、案外拡がってゆくものである。秘密について「悪い」と反応した人は、秘密をもつことは悪いことだと考える人であろう。家族あるいは友人の間に秘密がないことは、むしろ望ましいことと考えられている。このような点についてはどう考えるべきであろうか。

秘密が守られがたい理由についてまず考えてみよう。それは女性の反応に「内証の話」というのが多数あったように、秘密を内証の話として誰かと共有し合うことによって、相互の間の堅固なきずなとして利用し得るからである。秘密をどの程度打ち明けるかによって相互の親密性が測られる。しかし、この親密性はうっかりすると無意識的な結合による近親相姦的な親密性へと退行しやすい。秘密の共有によって結ばれた集団は堅固ではあるが、その集団の成員の個性の伸展を妨げることがある。しかしながら個性化への道は遠く厳しいので、それにいたる中間地点として、このような秘密の共有による集団的同一性に自分の存在の基盤をもつときがあっても不思議でないどころか、むしろ当然のことである。ただ、このような人間関係にのみ頼りたがる人は、他人の秘密を知りたがる傾向をもつ。特に、その人が自分の存在に対して不安を感じる度合が強いほど、他人が秘密をもつことに耐えられないものである。彼はできるだけ早く秘密の共有による安定感を得て、自分の不安をカバーしようとする。

秘密が守りにくいもうひとつの理由は、有名な『王さまの耳はロバの耳』の話に明白に示されている。王さまの耳がロバの耳であることを知った床屋は、それを誰にも言えないために病気になってしまう。ここで床屋がこの秘密をもらすと命を失うことになるので、それを守ろうとするのだが、そのために病気になってしまったのは何を意味するのだろうか。われわれの自我はそれなりの統合性をもち、その中の知識なり記憶なりがある程度の体系をもっているので安定しているのである。ここに、王さまの耳がロバの耳であるという事実は、この床屋の自我にとってはその体系に組み込むことのできぬことである。その秘密を守り抜くことは、まるで体内に異物を入れたままにしておくのと同様で、病気を引き起こすことになるのである。秘密とはそもそもそれを明らかにすることがなんらかの意味で、個人なり集団なりの存在を脅かすような類のものであることが多い。そのために秘密を守ろうとする反面、それをもっている個人はその重みに耐えかねて、誰か他人に打ち明けたくなるのである。秘密は他人に話すことによってその重みが減少する。もちろん、それを聞いた人はそれなりの重みを引き受けることになるが。

秘密は自我の存在を脅かすと言った。しかし、そのような脅かしに耐え、自我がその秘密を自我の中に取り入れようと努力しつづけるとき、その個人はむしろ個性実現の道を歩みつづけることになろう。ユングは幼少のときに見た地底の世界の夢を秘密にしつづけたという。しかし、それは彼の生涯にわたる課題として存在し、そのためにこそ彼の個性は十分に実現されていったのである。このように考えると秘密をもつかもたぬかが問題ではなく、それをいかにしてもつかが問題であることが解る。単に隠し守ろうとするのか、あるいは安手の連帯を得るためのトークンとして活用するのか、それとも自我が正面から対決し、自我の中に組み込むべく努力しているのか。このような区別の中間段階としていろいろな状態が存在し、自我の在り方と対応しているのである。そして、自我の確立ということと秘密の存在とは大きい関係をもつのである。たとえば、小学三、四年の年齢においては、子どもたちが秘密のグループをつくったり、あるいは、グループ内で共通の暗号をつくったり、宝物を隠したりする傾向がよく見られる。思春期を迎える前に彼等の自我はそれなりに強化されつつあるが、一人で秘密をもつほどの強さはなく集団で共有することが多いのである。そして、このような年代を卒業すると、みごとにそのようなグループは解消され、また新しい発達段階に応じた秘密が彼等の心に生じてくるのである。

発達に応じて秘密であったことが秘密でなくなり、また新しい秘密が生じたりする様相は興味のあることだが、ある個人にとって劇的な変化を生じねばならぬときに、今まで抱きかかえていた秘密を明らかにしなければならぬときがある。そのようなカイロスの到達は個人の意図を越えて生じ、その人の生涯に思いがけない衝撃を与える。もう何年か前のことであるが、ある学校の教師から突然の相談を受けたことがある。この人は幼少期からア行の音が先行する言葉に吃音があるのだが、それを巧みに隠してきたので誰も知らないという。たとえば、「アサ」というべきときは「ヨアケ」と言ってみたり適当に言いかえたり、間を取るようなポーズをしてみたりしていつもごまかしてきた。ところが、卒業式のときに卒業生の名簿を読まねばならなくなって困っている。名簿はア行から始まっているし、それは言いかえを許されない。とすると卒業式の晴れの場所で言葉をつまらせて赤恥をかくにちがいない。卒業式は一か月足らずの近くに迫っているしどうすればよいだろうか、ということであった。その他いろいろと話を聞いてみると、この人は行動的で非常に能力の高い人であることが解った。すでに中年に達しており信頼性の高い、優秀な教師として活躍して将来を嘱目されている人なのである。

これを聞いて私はこの人に次のようなことを申しあげた。あなたは今まで強くて欠点のない人として生きてきたが、とうとうみなの前で自分の弱さと欠点を明らかにしなければならぬときがきたのである。人間はどんなに強い人でも弱点があり、素晴らしい人にも欠点がある。しかし、あなたはあまりにも自分の欠点を隠そうとしすぎてきた。もちろんそのような頑張りによって、今日の他人からの評価があり、誰からも良い教師であると認められるようになったのではあるが、おそらくそれがやりすぎであったのだろう。そのために、今度は卒業式という晴れの場所で自分の欠点を公開するめぐり合せになったと思われる。秘密は公開しなければならぬときがきたのであり、これからのあなたの秘密は、いかにして弱点や欠点をもった人間が良き教師で有り得るかということになるのだろう。中年にさしかかったとき、人生の前半と後半では生き方の意味が大きく変化することが多いが、あなたもそのような大切な時に今ぶつかっているのであろう。

この先生は私の話を聞き納得し、それでは思いきって自分の吃音であることを全校の人にさらすことにしましょうと言って帰られた。ところで、卒業式の日、この人は何もどもることなく名簿を読みきったということであった。大切なことは秘密の改変の意味と生き方の変更にある。この人が内的に秘密を明らかにする意味を知り、人生の後半に向かって生き方を改変する決意をした後では、むしろ外的な破局めいた体験は不必要なのであったろう。これとは逆に、外的な破局を中年のときに体験し、その内的な意味を知らぬままに転落する人も存在する。

この例が示すように、秘密を明らかにしようとするとき、あるいは明らかにせざるを得ないとき、その個人が新しい生き方を見出そうとしないときは大きい危険に陥ることになる。それだけの強さをもっていないときに、誰彼なく秘密を打ち明けることは危険である。このような観点からすると、秘密を明らかにするタイミングが非常に微妙なものであることが解る。われわれ心理療法家はむしろ秘密を聞く側になるが、それにしても聞くタイミングが難しいということになろう。ユングが報告しているひとつの例はこの点についての示唆を与えてくれる。(20)ユングのところへ外国から二、三週間の休暇をとって相談にきた人があった。ユングはその人の真の問題が何であるかを悟ったが、それに触れることは二人の関係が破壊される恐れがあると思い、そのことに触れなかった。この人は翌年も休暇を取ってくるが、問題の核心には触れない。このようなことが九年間もつづきユングも自分の態度がまちがっていたのではないかと反省し始めたとき、十年目になってこの人は神経症が治ったことを告げた。驚いたユングに対して、この人はユングの忍耐に感謝し、このような長い迂回を助けてもらったおかげで治ることができたのだと述べた。もし最初のころにその秘密を打ち明けでもしていたら、その重圧に耐えかねて破滅してしまっただろうというのである。長い十年間の信頼と忍耐によって、彼は強くなり、「私を破壊してしまうようなその問題に関して、今、私は話し合うだけの十分な力をもっています」と言って、すべてのことを率直にユングに告白したのであった。この例は、秘密を明らかにする恐ろしさと、そのタイミングの重要性についてわれわれに十分に解らせてくれるものである。

　第二章に紹介したイヴの多重人格の事例においても、第三人格のジェーンが出現して、二人のイヴが消滅してしまったところから、彼女が治療者に対して秘密をもつようになった事実も興味深いことである。ジェーンはそろそろ治療者のセグペン博士から自立してゆくべきことを自覚し始めていたのであろう。この点も心理療法家にとってはまことに難しい問題を提供する。セグペン博士はこれらのことがすべて自分に報告されるべきであったと考えているが、そうとばかりは言えないのではなかろうか。われわれは、ある人が自立してゆくとき、われわれに対して秘密をもつことを許容すべきときがあるのではなかろうか。両者の間に秘密が存在することは、両者の関係を悪くするものとは限らず、それ以後の関係を良くしてゆくためには、長い目でみるとき、秘密の存在はむしろ良い結果をもたらすことになろう。心理療法家の私としては、必要なときにはクライエントの秘密を尊重する態度が望ましいと思っている。

注

（1）ヴィーゼル、村上光彦訳『夜』みすず書房、一九六七年。

(2) ユング、西丸四方訳「お伽噺の精神の現象学」、『ユング著作集5』日本教文社、一九五六年。

(3) Thass-Thienemann, T., Symbolic Behavior, Washington Square Press, Inc., 1968.

(4) 谷川俊太郎『定義』思潮社、一九七五年。

(5) Jung, C. G., Psychology and Alchemy, C. W. 12, Pantheon Books, 1953.

(6) Jung, C. G., *ibid.*

(7) Thass-Thienemann, *ibid.*

(8) 木村敏『自覚の精神病理』紀伊國屋書店、一九七〇年。

(9) Moskowitz, J. A., "Capgras' Symptom in Modern Dress," International Journal of Child Psychotherapy, vol. 1, 1972.

(10) ハドフィールド、伊形洋／度会好一訳『夢と悪夢』太陽社、一九七一年。

(11) ノイマン、玉谷直美／井上博嗣訳『アモールとプシケ』紀伊國屋書店、一九七三年。

(12) 岩本裕『極楽と地獄』三一書房、一九六五年。

(13) 梅原猛『地獄の思想』中央公論社、一九六七年。

(14) Van der Post, L., Man and Shadow, South Place Ethical Society, 1971.

(15) フォン・フランツは多くの昔話を分析して、どの昔話にも共通する一義的なルールを見出すことがほとんど不可能であると述べ、ただ、動物の援助を受けることが意味あることだということだけが一般的ルールとして指摘できると述べている。von Franz, M.L., "The Problem of Evil in Fairy Tales," in Hillman, J. ed. Evil, Northwestern University Press, 1967.

(16) Whitmont, E. C., "Jungian Analysis Today," Psychology Today, Dec. 1972.

(17) ヤッフェ編、河合／藤縄／出井訳『ユング自伝』1、みすず書房、一九七二年。

(18) 前掲注(17)書。

(19) 梅本堯夫『連想規準表——大学生一〇〇〇人の自由連想による——』東京大学出版会、一九六九年。

(20) ユング編、河合隼雄監訳『人間と象徴』上、河出書房新社、一九七五年。

第四章　影の逆説

今まで述べてきたところにおいても、影のもつ逆説性にはしばしば触れてきた。それはたとえば、影のない世界としての極楽の描写の平板さと、影の世界としての地獄の多彩な生き生きとした描写の対比としても見ることができた。「生きた形態は、塑像として見えるためには深い影を必要とする。影がなくては、それは平板な幻影にすぎない」とユングは言っている。[1] さりとて、影のもつ破壊力の強さはヴィーゼルの『夜』などに測り知れぬ恐ろしさをもって描き出されている。このような影のもつ逆説性について、もっとも端的に表現するものは道化であろう。道化のもつ深い意味と機能については、山口昌男のみごとな論議の展開によってすでに述べつくされた感があるが、ここでは影の問題ということに視点を絞って、道化について考察することにしよう。

一　道　化

王と道化

道化の機能を考えるには、それを王と対比させてみることが非常に効果的である。道化はいわば影の王としての意味を強くもっている。それがどうして影の王であるかを説明するためには、まず、王とは何であるかを明らかにしなければならない。

アルカイックな時代における王は、言葉のすべての意味において世界の支配者でなければならなかった。王は人間界の支配者であると共に自然界の支配者と考えられた。王は政治、軍事、立法などの領域における絶対的な権力者であるのみならず、自然の中にも秩序をもたらす絶対者でなければならなかった。それは農耕民族であれば、豊かな農作物を得るための天候に対しても責任をもつべきであり、狩猟民族であれば、獲物の多寡に対しても責任をもつべきであった。そして、これらが満足すべき状態にあるときは、すべて王の力によるものとして、王の功績に帰せられ、民の感謝の対象となった。しかしながら、現実の王は、このような絶対的な象徴的存在と、人間的存在とのあいだの相克の中に投げこまれることになった。すなわち、王は人間的な存在としてなんらかの欠点を有するであろうし、たとえそのような点が少ないにしろ、自然の力はまったく人力をこえた暴威をふるうこともあろうし、何よりも王は人間として老いと死とを迎えざるを得ないということがある。

いわば神の体現者として受けとられている王が老いと死を迎えるという事実は、その民族にとっての重大事件である。そこで考えられたことは人間としての王と、王権の分離ということである。つまり、絶対的な王権は守られてゆくが、その保持者としての王は、それにふさわしくなくなったときには王権を剥奪され、それを後継者に譲らねばならない。これが最も劇的に行われるのは、フレイザーが記述しているような、王の殺害による王位継承の儀式である(2)。たとえば、シルック族の習慣によると、王がその数多くの妻を満足させる力がなくなったことが解ったとき、その妻は長老に報告する。長老たちは王に運命を告げ、刑の執行のため一つの小屋を建てる。王は小屋の中で妙齢の娘の膝を枕に横臥する。小屋の出入口は完全に塗り固められ、一切の飲食物が与えられぬので、二人は飢餓と窒息によって死にいたるのである。このように王が未だ肉体的に衰えてしまわないときにその王を殺し、健全な王の魂を継承せしめようとするわけである。フレイザーの『金枝篇』は、このような王殺しの話に満ちているが、これはいかに神聖なる王権を守り抜くかという点において、未開人たちの働かせた「知恵」を反映しているのである。

かくて、古代の王は比類のない絶対性と、またそれゆえに文字どおり「命をかけた」危険性とを有するのであるが、ここで前者の特権を守りつつ後者の危険性をまぬがれようとするとき、スケープゴートの役割をになう存在が必要となってくる。それはもっとも単純な場合は王の身代わりとなるものであり、王が死と再生の儀式の体現者として自ら死にいたる身代わりとして死ぬものである。あるいは、絶対的存在としての王は何らの過ちも犯すはずはないし、罰せられることもないはずである。しかし、現実には天変地異などによって、国が被害をこうむることもあるし、これも王をすべての事物の統治者としてみるならば、王の失敗としか考えられない。この矛盾を解くためには、そこに王に代わって罰せられたり、失敗役をつとめたりするものが王の周囲に存在しなくてはならない。このような点から、王の限りない絶対性の影の存在としての道化の必要性が生まれてきたと考えられる。つまり、王は自らを完全に光り輝く存在とするために、その影の部分を切りはなして道化という人格をつくり出したのである。

ところで、王の影の部分を引き受けるスケープゴートとしての道化は、実は測り知れぬ大きい意味を内在していた。ここに影の逆説が生きてくるのである。王国が王国として存在するためには、それは判然とした境界をもち、その内部が「王土」であるならば、その外部は「悪」の住家と考えられる。王の絶対性に従わぬものは、すなわち悪である。ところが、実際的にはその王国は隣国との交易なくして繁栄することができない場合が多い。

王は人民に対して、すべての隣国が悪の住家であるとのタテマエをとおしつつ、なおかつそれとの接触を図らねばならない。ここに道化の働くべき道がひらけてくる。彼等は「愚か者」ゆえに悪とつき合うことが容認されるのだ。この愚か者は善悪の区別がつかないままに隣国の人と交際し、その実は、そこによって得た利益を王にもたらすのである。ロシアでは道化の役目に選ばれた人間はしばしば外国人であったという。[3] つまり彼等は王国の秩序を超えた世界と通じているのである。

道化が「二つの世界」に通じる存在であることは、後年になって芝居の舞台に現われた道化たちが白・黒、白・赤などの斑の服装を着こんでいることに如実に示されている。道化は二つの世界をつなぐ存在である。それは白・黒いずれとも簡単に判別しがたい存在である。

道化がひとつの王国とその周辺部、あるいは隣国とをつなぐものであるという事実は、道化の存在意義を非常に明白に述べたものと考えられる。このことはまた、その王国の規範、思想などに対しても適用することができる。つまり、ひとつの王国の統一性は、それと矛盾する存在の切りはなしを前提として保たれている。それはしばしば事実を犠牲とした規範性の維持によって成し遂げられる。人民はたとえいかなる事実であれ、それが王国の規範に触れるかぎりそれを無視しなくてはならない。このようなことがあまりにもつづくと、無視された真実はだんだんと力をもち、ついには王国を倒すほどのエネルギーを貯えてくる危険性をもっている。このようなとき、いちはやく真実に気づき真実を告げる役割を道化はになっている。しかし、それは危険きわまりないことである。王国の規範を破る真実をそのまま真実として語るとき、彼は命を失うかもしれない。そこで、彼はそれを愚かなまちがいとして語ることが許される。あるいは、それを真実として語るにしろ、それは道化の真実として許容されるのである。

わたしに斑の着物を着させてください
心のうちを語る自由を与えてください
そうすれば徹底的に病にかかったこの世の汚れた体を清めてやります

と厭世家の貴族は言ったという(4)。けだし「斑の着物」は、自由に真実を語る身を守ってくれる唯一の制服なのである。このような真実を語るものとしての道化の役割は測り知れぬ大きさをもっている。ゆるぎのない規範によって統合されている王国に、規範を超える真実の存在を知らしめ、価値の顚倒をもたらす。本来、すべての事物は多様であり多価値的である。しかし、われわれ人間はそれらに「統一」を与えるために多くの事物のもつ多様性を切りすててしまっている。しかも、その世界に安住する人は、その事物の多様性を疑ってみることもなく、単層な世界構造を唯一のことと信じて生きている。道化がしばしば行うトンボ返りなどのアクロバットは、このような空間の顚倒や破壊を象徴的に示すものである。道化の一言は、王を愚者につきおとし、愚者を王に仕立てあげるほどの威力をもっている。これによって人々は、固定した世界の「開け」を直覚し、新しい価値観の導入によって、そこに創造的な生命の流れを体験する。ここで、王の地位をさえ危うくするほどの、既存の安定感をつきくずす危険性は、道化のもたらす笑いによってカウンターバランスされる。笑いは道化のもつ唯一の武器であり、もっとも強力なものである。笑いを失ったとき道化は命を失う。

第一章において少し触れた「愚者の祭り」のもつ意義は、今まで述べてきた道化の役割と重ね合わすときまったく明らかである。ヨーロッパの中世において盛んとなったこの途方もない祝祭は、単なるカタルシスという消極的な意味を超えた存在意義をもっていたと思われる。この祭では、下級僧侶が一人選ばれて「愚人の大僧正」となり、奇妙な説教を行い、ふざけきったミサを行うのである。この愚行はとどまるところを知らず、「一一九八年のある報告によると、パリのノートルダム寺院における割礼の祭りでは、「あまりにも多くの醜行と恥ずべき行為がなされ、野卑な冗談だけでなく、流血の不祥事によって」その聖なる場所を汚したのであった」(5)。このような下級僧侶たちの馬鹿騒ぎを市民たちは大喜びで見物し、ついには見物料まで払うようになったし、市民たちも最後にはこの祭典に加わるようになった。

ここに見られる極端なまでの地位の顚倒は、キリスト教によって「統一」されていた中世の空間に、まったく非日常的な空間を出現せしめるものであった。人々はおそらくこの馬鹿げた熱狂さにひたりきっているのみであったろう。しかし、その中に示される瀆神性のなかでこそ、彼等は無意識のうちにヌミノーゼの体験をし得るという逆説が含まれていたのである。それは徹底的な影の世界の演出によって、宇宙的な全体性を回復しようとする死と再生の秘儀を行うことであった。このような大きい愚者の祭りが法王の権力をもってしても簡単に消滅せしめることができなかったのは、むしろ当然のことであろう。ヨーロッパにおいて、このような祭典がついに消え失せたときには、「愚者」は演劇界における道化として再生し活躍をつづけることになる(6)。まさに、道化は不死身である。

王が規範と秩序を表わすとき、道化はその規範で律しきれぬ新たな真実をそこにもたらすものである。そのとき、王がその新しい真実を取り入れる力もなく、古い殻に固執するならば道化の命は危くなってくる。ここで、新しい真実をふりかざして王に迫り、王を倒して改革を行うならば、それは道化というよりは英雄というべきであろう。古い制度が魅力を失い、発展を妨害する枷として感じられ始めると、必ず英雄が出現して旧制度に反逆する。英雄は王との戦いに初めのうちは苦労するが、もしも古い王を倒すことに成功すると彼は「新しい王」になる。ところで困ったことに往々にして、「戴冠の瞬間から、王は自己の英雄的力を失いはじめる」(7)。つまり、彼は王となると自分の築きあげた体制を守ることに力を尽くし、結局そのパターンは旧王と同様のことになってしまうのである。

わが国においては太閤記ほど一般的人気を博する読物はまずないといわれている。これは考えてみると、秀吉という一人の人物が一生の間に、道化、英雄、新王、旧王などとここに述べたすべての役割を演じていったという面白みが大きいのではないかと思われる。日吉丸の時代の彼はまったく道化性に富んでいる。それがだんだん成長してくると、新しい時代を築く英雄となり、ついには天下を従える王となる。そのときには、彼も曾呂利新《そろりしん》左衛門《ざえもん》などという道化を周囲にもつようになる。そして、年老いたときにはまさに老王の悲劇そのままに、英雄性を失った姿で死期を迎え、彼こそは新しい英雄に殺されはしなかったものの、彼の子どもは徳川に亡ぼされることになる。一人の人間がこのようなサイクルを、しかもきわめて劇的に生きているので、多くの人気を集めることになるのであろう。

英雄は王となることによって、老王の悲劇を味わう可能性をもっているのに対して、道化は道化として留まるかぎり不死身である。もちろん、道化は何度も死にそうな目に会わされる。なぐられたり、けられたりして、ぶっ倒れながら、道化はまた立ち上がってくるのである。ウィルフォードはヨーロッパにおいて、おきあがり小法師の玩具が道化の形をしていることに注目している(8)。確かにおきあがり小法師はなぐられてもなぐられても起きあがってくる。ウィルフォードはおきあがり小法師が道化人形である事実を、それが愚かな犠牲者である点と「客観性」(objectivity)という点から説明している。おきあがり小法師は誰になぐられても避けることなく、ぶっ倒れているばかりだから、確かにこれは愚かな犠牲者である。実際多くの道化は常になぐられたりけられたりしても避けることがない。ところで、ウィルフォードのいう客観性とはどういうことであろうか。それは、なぐられたらなぐられたなりに倒れるということ、大きくなぐると大きく倒れ、小さく小突くとその分だけ傾く、そこになんらの歪みがないという客観性である。そして、もう一つは、倒れたらその分だけカウンターバランスの力が働き、結局はどちらに傾くこともなくまっすぐに立っているという客観性である。道化は王になる気も英雄になる気もない。自然のままに行動して結局は平衡をとりもどすのである。おきあがり小法師と道化の結びつきは興味深いが、ここで、日本ではダルマさんがおきあがり小法師になっていることを考え合わせてみるのも一興であろう。これはおそらく達磨大師の不動性が大きい要因であろう。面壁九年、何事があってもひたすら座りつづけた達磨大師は、ウィルフォードのいう意味において、犠牲者、と客観性というおきあがり小法師の二つの属性を満足させているともいうことができる。おきあがり小法師の像を媒介として、トンボ返りを得意とするアクロバットの道化と、ひたすら座りつづけた達磨大師とが結びつく事実もまた道化のもつ逆説性を示しているものであろう。

道化と女性

ウィルフォードは道化と女性についての興味深い考察を行っている。(9) 西洋におけるコメディの結末は多くの場合、主人公の結婚という場面で幕が下りることになる。若い男女のカップルはいろいろな妨害を乗りこえて、彼等の夢を実現し、二人はめでたく結ばれるのであるが、その間にあって主人公を意図的、無意図的に助け、多くの笑いをまきちらした道化は結婚しないままで劇の終わりを迎えることが多い。どうして道化の結婚は起こり得ないのか。これについてまず考えられることは、道化の両性具有性である。道化は単純に男性的でもなければ女性的でもない。それはどちらでもあるし、どちらでもない存在である。道化はまったく荒々しく行動するかと思うと、まったくしとやかに振る舞うこともある。もっとも弱い者にも倒されるほどの弱さと、もっとも強い者に向かってゆくほどの勇気をもち合わせている。道化は実際に芝居の中で男・女の両役をこなすときもある。イタリアのコメディの道化役アルレキーノの芝居で、彼は二つの店の持ち主となり、呉服屋のほうでは女主人としておさまり、その隣のレモネード店では男性の店主として振る舞っている。そこに現われた客のパスカリエロが女性のアルレキーノにほれこんでしまうので、おきまりのドタバタが始まるのであるが、ここで道化の両性具有性はみごとに示されていると思われる。道化は多くの芝居の中で、しばしば女装したり、道化の服装そのものが両性具有的であったりすることも多い。このような道化の性格のため、彼は別に女性を相手として必要としないのである。あるいは男女のペアとして道化が現われるときも、むしろ彼等は同一存在的であり、それぞれ対立する二つのものが組を組んでいることにならないことが多い。

モーツァルトの歌劇『魔笛』は、道化の結婚が生じるので非常に特徴的である。ヒーローのタミーノは老賢者ザラストロの課したイニシエーションの試練に耐えて、パミーナと結婚することになるが、タミーノの従者である道化のパパゲーノも、パパゲーナという配偶者を得ることになる。しかし、道化の結婚がヒーローの結婚といかに異なるかは、劇の中に示されている。パパゲーノとパパゲーナは自分たちの結婚の将来を語り合うが、生まれてくる子どもたちの名前は、パパゲーノ、パパゲーナ、パパゲーノ、パパゲーナ……と無限につづくのである。つまり、彼等の子どもたちは、彼等がすでにそうであるようにすべて彼等の分身なのである。ヒーローの結婚から生じる子どもは両親の跡をつぐものではあっても、それはそれなりの個性をそなえて生まれてくる。それはひょっとすると父親に反逆するほどの凄まじさをもっているかもしれない。これに対して、パパゲーノとパパゲーナから生まれてくる子どもたちは、すべて彼等の両親と同じくパパゲーノとパパゲーナなのである。道化は常に道化である。

道化はしょせん道化であることを、ひとつの悲しい事実としてみるとき、成就することのない道化の恋というテーマが生じてくる。道化も恋をする。相手は多くの場合彼のまったく手のとどきそうにない乙女である。それはときに王女であったりさえする。そして、その恋は成就されることがない。このような主題はチャップリンの映画によく現われる。道化のチャップリンは清らかな女性に献身的な愛を捧げるが、その恋は報われることがないのである。

ボマルシェの喜劇『セビリャの理髪師』では道化役のフィガロの活躍によってヒーローのアルマヴィーヴァ伯爵が結婚に成功する。ところで、この続編の『フィガロの結婚』では、フィガロが結婚するので、彼は前編の道化的性格を継承しつつも、なおヒーローでなければならない。ここで、ケルビーノという少年が登場して、フィガロのもっていた道化的役割は相当彼のほうに移されることになる。この少年ケルビーノが成就されない恋心を伯爵夫人に向かって歌うところは、前述の主題そのままである。なお、歌劇の中のケルビーノ少年は女性歌手によって演じられることになっているのも興味深い。これは道化の両性具有的な特性と関連するものである。

道化が女性と結婚しないという事実を、道化がそれ自身自己充足的で、その対極を必要としないからである、……と考えてみるとどうであろうか。そのような完全な存在は、むしろユングの概念で言えば、すでに述べた「自己」に値すると考えられる。実際、道化という存在は低次元から高次元にわたってひろく分布しており、その高次のものは自己の像に近接しているということができる。コメディの中で、若い主人公が苦労をしたり、困難と戦ったりしながら成長を遂げ、女性を獲得するという仕事をやりとげてゆくのに、道化は初めから終わりまで変わることがなく、そのままである。しかし、これこそは真の救済者の姿に近いのではなかろうか。自分の変化はまったく問題外なのである。それはそれでいいのであり、救われるべき若者たちの幸福こそが中心とされるのである。

考えてみれば、キリストも道化としてみることが可能である。[10] キリストが出現したとき、それは多くの意味で道化性をそなえていた。当時の慣習で固められた世界を旅芸人のごとく遊行して、非日常の世界を突如として顕現せしめ、最後はいばらの冠を頭に乗せられ嘲笑を浴びた彼は道化としての特性を多くそなえている。しかし、

アルルカンの家族　今世紀の初頭，ピカソは好んでサーカスや道化を画材として取りあげた．これもそのころの作品のひとつである．ここでは道化はアクロバットを演じる人としてではなく，静かな家族生活を営む人として描かれている．キリストと道化のひそかな結びつきを思うとき，これは現代の聖家族の絵画とさえ感じさせられる．

パブロ・ピカソ　アルルカンの家族　1905年　J. C. エイゼンスタイン蔵

キリスト教が制度として確立し、キリストが「王」となったとき、それはどのような類の救済者となったのであろうか。王はしばしば規制することに忙しすぎて救済を忘れるものである。それは上に君臨しても、下から人を支えはしない。

ピカソが今世紀の初頭に多く描いたアルルカンの家族の絵を、エルガーが「聖なる家族」の絵」と呼んでいるのは、なるほどとうなずかせるものがある。[11]ここで、アルルカンは女性をともなっている。彼はアクロバットどころか、子どもを抱いて静かに立っているし、夫人は夫を信頼しきって化粧に余念がない。まったく平和な普通の家族である。舞台に出れば彼等は烈しく動かねばならぬだろうし、旅から旅への移動も大変であろう。しかし、今彼等はまったく平和である。かつて、人々はラファエロの描くマリアとキリストの母子像に心のやすらぎを見出すことができた。今日のわれわれはその代わりにピカソの描くアルルカンの家族の画をもっている。ピカソがこの他に描いているアクロバットや道化たちの帽子は、ときに王冠を意図したのかと思わせるものがある。道化は道化であってそれ以外のものではあり得ない。しかし、見る人の心の状態によって、それが王に見えたり救済者に見えたりするのも、道化という存在の逆説性を示すものであろう。

道化と悪

道化の像は救済者に近接すると述べた。しかし、道化はまた悪そのものにも近接している。道化は王に、人々に隠された痛い真実をつきつけるが、それは笑いという緩和剤によって常に破壊性を弱められる。しかしながら、その王国の構造があまりにも単層化するとき、笑いのはいりこむ余地はなくなり、道化の破壊性のみがめだつことになる。『オセロウ』の悪役イアーゴウは、いわばオセロウと組になって「出来ている」のだということはすでに第一章に述べた(三七頁参照)。オセロウの疑いを知らぬ立派さは単層的にすぎて、そこに道化の活躍を許す余地をもっていない。このようにあまりにも白く、影の存在を知らぬ人物オセロウが黒人であるとしたのは、シェークスピアが劇的効果を狙って考えついたことであろうか。ここで、イアーゴウはもはや道化であることはできず、悪人になってしまうのである。

ある男子高校生は抜群の記憶力をもっていた。彼はいわゆる雑念によって心が動かされるということが理解できなかった。彼は一年浪人したが一流大学の××大学合格はまちがいなしと言われていた。彼は抜群の記憶力によって、どたんばの勉強でも十分であると、秋ごろまで受験勉強をしなかった。その間小遣いかせぎにパチンコをするようになったが、行きつけの店の一五〇台のクギの状態を全部記憶しており、日によってクギの状態が変わるのを見分けることができたので、プロ級になったというのだから、その記憶力のよさがよく解る。ところが、彼は受験に失敗する。それはテストを受けているとき、受験場の窓の傍を一人の女性が通るのを見て、突然その女性を裸にしたら……と考えているうちに時間が過ぎて、その時に半分も答えを書けなかったからという。

彼の極端な記憶力のよさは、彼の心の単層構造によるところが大きいと思われる。彼は知的にはすぐれていたが感情面は彼の心の中でまったく無視されていた。彼はパチンコだけでなく、その他の賭けごとも強かったが、これは彼が感情を切り捨てることがうまかったことを反映している。彼の自我はいわば、感情抜きの彼の単層世界の王であり、完全な規律によってそれを制御していたのである。ところが、もっとも大切なテストの最中に——往々にしてこのようなことになるのだが——彼の制御している世界に住んでいない別人、つまりひとりの女性が彼の目にはいる。それに心を惹かれたとき、王はたちまちにして、道化へと変身する。しかも、それは今までの王国の単層性を反映して、まったく低次元の道化とならざるを得ない。すなわち、その道化の考え得ることは、女性の衣服をはぎすてることであった。きまりきった、自明の記憶によって埋まっている王国に、非日常の世界を突然にその覆いを取ってつきつけることを道化は考える。ここで、彼の自我はこの道化の侵入に耐えられず混乱してしまったのだ。

単層の世界にはいりこんだ道化による混乱はその後もつづけられる。この高校生はその後浪人を重ねた後に志望校に入学し、ぶじ卒業するが、その後ジャーナリズムをにぎわすような殺人事件を起こしてしまう。彼は殺人を犯した後で、自分はもともと悪いことなどする人間ではなく、殺人などということから縁遠い人間であると述べ、「山道を歩いていて崖から足を踏みはずしたような感じだ」とさえ言っている。人を殺してしまってから何を無責任なとも言えようが、これは彼の実感をそのまま伝えるものであろう。山道を歩いている彼の足を踏みはずさせるイタズラをしたのが、道化であるとすれば、道化の恐ろしさもここに極まるものと言わねばならない。もちろん、これをもって道化はすなわち悪であるということはできない。道化それ自身は「客観的存在」として善でも悪でもあり得ない。要はその働きをいかに受けとめるかにある。あまりにも単層化され弾力性を失った構造は、道化の働きをまったく破壊的なものとせしめ、悪に接近せしめるのである。

道化についての先駆的な評論『道化の宿命』の中で、中橋一夫はシェークスピアの演劇を通じて、道化と悪の問題について考察している。彼はシェークスピアの演劇に出てくる道化を三つの種類に分類している。すなわち、愚鈍なる道化(dry fool)、悪賢き道化(sly fool)、および辛辣なる道化(bitter fool)である。ドライ・フールというのは観客や他の登場人物の笑いの的となるもので、自らは少しも諷刺的意図をもたない。スライ・フールはこれに対して諷刺的精神の強い道化である。愚かなように見えながら実は他の人たちを諷刺している。これをいちだんと強くすると、ビター・フールとなり、これは諷刺がききすぎて苦くなり、笑いがある程度失われさえする。

ところで、中橋の説によれば、シェークスピアの初期の作品にはドライ・フールがよく登場したが、だんだんと諷刺がきつくなり、ビター・フールの域を越えて、笑いを失った苦いものとなってくる。こうなるとシェークスピアの道化的主題の流れは終わりをつげ、つぎに悲劇が登場することになるのである。

このような中橋の分析はすでに述べた道化と悪の関係の考察とも大いに関連してくるし、後に触れることになるマーク・トウェインの作品も、このような観点から見てみると面白いのではないかと思われる。

二　トリックスター

トリックスター(trickster)とは、いたずら者、ぺてん師、詐欺師などとも訳されているが、これは神話・伝説の世界に活躍する道化であると考えればよいであろう。この道化的存在を主人公とする神話・伝説は世界中に広く分布している。それは「文明のそもそものはじめから、特別に、また永遠に訴える力と、人類にとっては珍しい魅力とをもった人物[12]」なのである。ここで、いろいろなトリックスターの例をあげながら考察してみよう。

トリックスター

トリックスターは多くの神話や伝説のなかで活躍する。われわれになじみの深い名前をあげると、第一章ですでに少し触れた北欧神話のロキ、ギリシャ神話におけるヘルメス、エジプト神話のセト、それに日本の神話では、高天原に侵入してきたスサノオなどをあげることができる。伝説の世界ではドイツのティル・オイレンシュピーゲルが有名であるし、わが国の彦市や吉《きっ》ちょむさんなどもあげることができる。あるいは、アフリカや北米のインディアンのあいだでは、トリックスター神話が実に重要な地位を占めていることが、人類学者の調査によって明らかにされている。

トリックスターの物語としてどのようなものがあるか、まず例をあげてみることにしよう。ポール・ラディンの採集したウィネバゴ・インディアンのトリックスター神話には次のようなのがある。

トリックスターである酋長が戦いに出る準備をする。まず宴会をひらくというので集まってきた連中に「大きなシカを四頭持ってこい」という。酋長はそのシカを火にかけて、たらふく食べると一同のもとを離れて自分のテント小屋のほうへ行ってしまう。客たちが見に行くと、酋長は女を抱いて寝ているのだった。これはあまり変わりばえのせぬお話のようだが、ウィネバゴ・インディアンの人たちにとっては、まったく途方もない話なのである。まず、ウィネバゴ族の酋長はどんなことがあっても戦いに出ることはできないので、この話の始めから規律破りの行為が語られているのである。それに客がいるあいだに主人が中座することも、戦いに出る前に男性が女性と交わることもすべて禁止されていることである。それにトリックスターはもともと戦いに行く気などさらさらなくて、このようにしてシカの御馳走にありついたという話なのである。つまり、ここで語られるトリックスターは、まったくのぺてん師であり、規則破りなのである。ただ、それをあまりにも平然とやり抜くところが笑いをさそうことになる。

トリックスターは旅に出て、野牛を捕えるが、それを右手で料理していると、突然、彼の左手が野牛をつかみ、それは自分のものだから返せという。つまり、彼の右手と左手は別個の人格として互いに争うのである。右手と左手は獲物を争ってつかみ合いをし、左手は血をだらだら流すほど傷つけられてしまう。自分の心の内部に存在する対立を如実に示すものとして二重人格という現象をすでに説明したが、左手と右手が互いに独立して戦うというのはそれのもっと凄まじい状態であるとも考えられる。トリックスターの肉体の一部はときに独立した人格のように振る舞うが、特に尻とペニスはその独立性が顕著なものとして描かれている。

トリックスターはうまくだましこんで——これは彼の得意のことだが——カモをたくさん捕獲する。それを火に埋めこんで焼けるのを待つあいだ彼はひと眠りするが、そのあいだの番を彼の尻にいいつける。さて、彼が眠っている間に何匹かの子ギツネがカモの焼ける臭いにひかれてやってくる。子ギツネがカモに近づいて行くと、どこからかガスが放たれ「ブー！」という音がするので、キツネたちはあわてて逃げてしまう。しばらくして、子ギツネはまた様子を見にくると、トリックスターは眠っているので安心して火に近づいて行く。ところがまたもやガスが放たれキツネは逃げ出してしまう。こんなことが三度繰り返されるが、四度目には子ギツネたちは「ブー！　ブー！」という音におびえずにカモを食べてしまう。尻は一所懸命にわめくが功を奏さない。その後で目を覚ましたトリックスターは肉が全部盗まれているのに気づき、尻の番が悪かったのだと憤慨し、尻に罰を与える。彼は燃えているたきぎを取って尻の口を焼くのだが、これで火傷をして叫ぶのも、もちろん彼自身である。「あちち！　あちち！　あちち！　これはたまらん！　皮膚がひりひりしてきたわい。みんながおれをトリックスターと呼ぶのは、こういうことからなのかな？」と彼は言っている。このことはなかなか面白いことである。トリックスターは他人(尻)を傷つけようとして、実は自分が傷つき、その痛みを感じることによって、自分がトリックスターであるという自覚をもち始めている。痛みを感じるということは、自分を自分として意識することの始まりであると言えるかもしれない。

トリックスターは一般に変幻自在である。よく変装したりするが、ウィネバゴ族のトリックスターはついには女になるのだから、相当な変身ぶりである。その話によると、トリックスターはオオジカの腎臓を取って女陰をつくり、オオジカの腎臓を取って乳房をつくった。そして女装をして女になりすまし、ある村の酋長の息子と結婚する。彼は結婚しただけではなく、三人も男の子を産んだというのだから、まったく女になりきっていたことが解る。しかし、その後に彼は男にもどって、自分の妻のところへ帰って行く。前節において、道化は両性具有的であると述べ、アルレキーノの芝居では、彼が女装して女になりすますところがあることを紹介したが、神話の世界においては、トリックスターがほんとうに女性になってしまうのだから、それがいかに日常の世界の秩序を超える存在であるかが了解されるであろう。トリックスターの女性への変身の物語をメトマンは次のように解釈している。(13)女性への変身はトリックスターの弱い自我がアニマにまったく取りつかれてしまったことを意味し、男の子を産むことは、そこに新しい自我の萌芽がみられると考えるのである。

トリックスターはこの後で自分の故郷に帰るが、そこでは動物とのあいだにいろいろと関係が生じる。彼はミンクやコヨーテなどに「弟よ」と話しかけるほどの親近性をもつが、これらの動物にさんざんだまされて、愚か者ぶりを発揮している。このような愚かさに加えて、彼の欲望をおさえることのない、まったく奔放な生き方は、われわれに底抜けの明るい笑いをもたらすものである。これらのトリックスターの粗野で原始的な行動は、ユングも言うように、人間の「より初期の未発達な意識の段階の反映」(14)とみることもできる。しかし、彼もついには、コヨーテやミンクに仕返しをし、だんだんと人間らしくなるのである。

ウィネバゴ・インディアンのトリックスター神話は、トリックスターの破壊性、反道徳性、それにともなう意外性、そしてそこに顕現されるイメージのもつ強力な生命力などをわれわれに伝えてくれるものであった。ここで、わが国の民話のなかのトリックスター、吉ちょむ、彦市などの話を取りあげて、(15)トリックスターについての考察をもう少しつけ加えることにしよう。

村の旦那が鴨を一羽うったので、鴨汁をつくって吉ちょむを招待した。吉ちょむは大いに期待して行ったが、いざ鴨汁が出てみると、鴨の肉は二切れ三切れで、あとは大根ばかりであった。吉ちょむは帰るときに旦那に向かって、自分の家の近くにたくさんの青首《あおくび》(鴨)がいるので取りに行こうという。旦那は喜んで翌日たくさんの御馳走をもって吉ちょむのところへやってくる。ところで、吉ちょむが旦那にたくさんの青首がいると指し示したのは大根畑であった。ここで、旦那と吉ちょむの関係が、王と道化の関係であることはもちろんである。吉ちょむはみごとに旦那を出しぬいて、地位の顚倒に成功するのである。ここで、吉ちょむと鴨の結びつきにも注目すべきかもしれない。

吉ちょむが鴨をだまして取る話がある。ひょうたんを池に浮かしておいて、その下に隠れていて、ひょうたんにとまりに来る鴨をつかみ取りしたり、釣針にたにしをつけておいて鴨をとったりする。これは、ウィネバゴ・インディアンのトリックスターも、鴨をだまして取るところがあるのに符合するので興味深い。次節に述べるように、トリックスターは無意識の中から弱い自我の萌芽が生じてくる状態に相応するとも考えられ、自我が確立してゆくとき、母性と敵対的な関係になる点を考慮するならば、メトマンが、鴨に母性の象徴としての意味づけを与えているのも、(16)うなずける感じがするのである。

吉ちょむは村人と一緒に山へ木を伐りに行った。村人たちが一所懸命に椎の木を伐っているあいだ、吉ちょむは煙草を吸って怠けていた。帰るときになって、吉ちょむは「椎の木は悲しい(椎)と言って縁起が悪い」と言ったので、村人は木を捨てて帰ってしまった。吉ちょむはそれを全部拾い集めて持って帰ったので、村人たちがそれを見とがめて、縁起が悪いのではないかと言った。それに対して、吉ちょむ、この椎は少しちがうので、嬉しい(椎)といって縁起のいいものなのだと言った。

これはトリックスターの自在性、両義性を非常にうまく示している話である。村人たちは吉ちょむによって、「椎は悲しい」と言われると、すぐにそれのみに限定され他の可能性を考えようとはしない単層性によって縛られている。トリックスターにとって現実は多様であり、「椎」は「悲しい」と「嬉しい」という相反する属性を共存せしめるものなのである。彼は自らのそのような自在性を駆使して村人たちを出し抜いてしまう。次にもう一つ、わが国の民話を紹介しよう。

あるとき、大作さん(高知県の民話のトリックスター)が山で仏法僧《ぶっぽうそう》の鳴くのが聞こえるといいふらした。殿さまが仏法僧の声を聞きたいというので、山まで立派な道をつくり、やってきたが、クククという声ばかりで仏法僧の声がしない。大作を呼びだして尋ねると、仏法僧がククククと鳴いていると言った。そこで、それは山鳩だとえらく叱られたが、おかげで立派な山道ができたということである。

この物語はトリックスターのドリックによって、殿さまが利用されるという典型的な主題を示している。そして、道化のところで述べたように、中心と周辺をつなぐものとしての機能も示されている。つまり、殿さまのいるところから山という周辺部に対して立派な道をつけられるのである。ここで、仏法僧という殿さまをも動かす切札を大作がもち出しているところが興味深い。殿さま、すなわち王というものは人間界の中心であり最高権威である。それを他の人間が動かすことはできない。しかし、仏法僧は王を動かすことができる。象徴としての王は人間界のみならず自然界にも君臨するものとして絶対性をもつが、現実の王はもちろん絶対ではあり得ない。その秘密をもっともよく知りながら、王の絶対性を表面上はあくまで尊重し、その力を利用し得るのが道化である。うまく成功するトリックスターは、その背後において王をも動かし得る存在——この場合は仏法僧——を見出すものである。

ところで、この場合、大作は殿さまにひどく叱られている。そして、大作がトリックを用いて殿さまを動かしたと私は言ったが、これもトリックではなく、ひょっとすると大作はほんとうに山鳩の声を仏法僧の声と信じている場合もあるであろう。そのあたりの都合によってトリックスターの在り方もずいぶん異なってくる。最低の場合は、大作が仏法僧が鳴いているといいふらしたとき、殿さまが先に真実を調べさせ、大作が罰せられるというときで、これはトリックスターが少し人騒がせをしたということ以外なんらの結果も生じない。最悪のときは、トリックスターは罰によって命を失うこともあろう。次の段階は、大作がほんとうに山鳩の声を仏法僧の声と信じていた場合で、このときはトリックスターはまったく無意識のうちに創造活動をしたことになる。ここで、大作が先に述べたように王の弱点を知り、仏法僧をもち出す意義を知り、そして、山道を建設する意図をもってこれを行ったとすると、大作はトリックスターというよりは英雄《ヒーロー》の像に近づいていると言わねばならない。このようにトリックスターは単なる人騒がせの段階から英雄的行為の段階までひろく分布しているのである。

現代のトリックスター

前節において神話・伝説の世界に活躍するトリックスターのことを述べたが、トリックスターは古い昔において存在していただけではなく、現代においても結構その生命力を失っていないのである。われわれ心理療法に従事しているものは、相談室の中で現代のトリックスターたちに会うことがときどきある。しかしながら、トリックスターそのものが単純に把握することのできぬ性格をもっているように、現代のトリックスターという場合もその意味するところは非常に広く、その点で注意深い分析が必要であると思われる。

まず、ある個人がトリックスター的な機能をあるときに働かせているということと、ある個人がトリックスターの元型に同一化されているときとを区別しなければならない。すでに述べてきたように、道化あるいはトリックスターが創造的活動のなかに占める役割の重さから考えても、ある人が人生を創造的に生きようとするかぎり自分の心の内部のトリックスターと常に接触を失わないことが必要であることは事実である。王や英雄への同一化を急ぐあまり道化性を失ってしまった個人は、いかに弾力性に欠け、危険性に満ちたものとなるかはすでに見てきたとおりである。さりとて、われわれはトリックスターと同一化するものでもない。その時に応じて、あるいは状況に応じて、われわれはトリックスターとして機能することになろうが、それは、われわれがトリックスターになりきってしまうことを意味しないのである。トリックスターとの同一化が進めば進むほど、その人は自分の行為について意識することが少なくなり、左手と右手を争わせたトリックスターのように、その行動の病理的な面が強調される。トリックスターの働きに対決する王の存在が、その個人の心の内部に、あるいはその周囲の人間の中に見出されるときは、トリックスターの働きは破壊が新しい秩序の発見へとつながる創造的なものとなる。これらの点について、例をあげながら論じてゆきたい。

ユング派の分析家プラウトは、ウィネバゴ・インディアンのトリックスターにきわめて類似した境界例(borderline schizophrenia)の患者のケースを発表している[17]。この患者は三十代の男性で結婚してすでに子ども二人いる(後には別居するが)。彼は汚い服を着て、無精ひげをのばしていることが多い。これは人々が彼を乞食や愚か者であると軽蔑し、後で彼が実は富豪の息子であり、相当な高等教育を受けていることを知って驚くのを期待してのことなのである。実際、彼は秀才であったが大学をなかなか卒業せず十年も学生のまま留まっていた。大学の試験でも彼はよくできるのだが、他人の答を盗み見して、その答が誤りであることを知ると、自分は他人の誤答を見たために正答を思いついたのであり、それは不正であると考えて試験を放棄してしまうようなこともあった。彼は精神病院に入院しインシュリンによる治療を受けたこともあったが、これは彼によると「徴兵を逃れるため精神異常者の真似をしたので入院させられた」ということである。彼は「父親を困らせるため」に「変な女」と結婚したとも言っている。就職をしても失敗が多くて長つづきせず、よい職があっても面接のときに遅刻したりしてうまくゆかない。

彼の夢は幻覚のような刺激の強さをもち、目覚めてからも夢中の感覚が持続するときがあった。彼は夢の中で自分の右腕と戦い、右腕の動きを封じるためにその上に座ったままで目が覚めたことがある。これはまったく、ウィネバゴ・インディアンのトリックスターの右手と左手が戦っていたのと同じテーマである。彼はあるとき自分が子どものときから嘔吐したことがないことに気づき、一度やってみようと思う。嘔吐をしだすと止まることなく、鍋に一杯吐いてしまった。彼は大いに満足し、その後で妻と性交した。このことを報告するとき彼はまったく満足そうであった。彼はまたなかなか泣くことができず、泣くために治療者になぐってもらうか、あるいは玉ねぎでも使ってはどうだろうなどと、真剣に相談をもちかけたりする。

彼は結婚していたが性的な倒錯傾向を多くもっている。尻に対する関心が異常に高く、彼が「理想的」と考える尻のプラスチックのモデルをつくったり、彼のいう「尻ハント」を行ったりする。つまり、通勤の混雑時に地下鉄に乗り、これはと思う女性に近づいてその尻に触れるのである。彼はついには自分の肛門に鉛筆をいれて自慰にふけったりするようになるが、そのときは自分が女性であるという空想をもつようになる。これもトリックスターが一時女性になったことと一致している。

プラウトの記述はもっと詳細にわたっているが、一応このくらいできりあげるとして、それにしても、この現代のトリックスターの凄まじさには読者も驚かれたことと思う。この患者の家族関係として、プラウトは、彼の母親が子どもに対して愛情をもたず、特に身体接触に欠けたことを指摘している。彼の母親は、父親の証言によると不感症であったという。彼の父親は彼を愛したが、彼が青年期に達するまで、ベッドに一緒に寝たり、彼とダンスをするのを好んだりする異常な関係であった。父親はまた彼が他の誰とでも親しくすることに烈しい嫉妬の感情を示したという。もちろん、このような親子関係がすぐに患者のトリックスター的症状形成の原因ということはできないし、この治療が非常に困難を極めるものであることは想像に難くない。トリックスター神話を読むことは面白いが、実際にこの程度のトリックスターが現われると、まったくこちらも参ってしまうのである。このようなトリックスターから創造的なことを引き出すのは至難のことであろう。

ここに述べたような病的な状態ではなく、「正常」な範囲内にあるが、結構人々を悩ませているようなトリックスターは、相談室に現われることがほとんどない。つまり、彼ら自身としては、自分が悪いとか、自分を変える必要性などぜんぜん考えてもみないからである。むしろ、彼らは自分がいかに他人のために働いているかを誇らしくさえ思っているであろう。彼はチラッと聞いた情報を種にして、親切にも誰かに忠告を与えに行く。言われたほうはそれがまんざら嘘でもないので、喜んで従うのだが、後になってその情報が不完全だったことが判明してきて、彼の忠告は意味を失うし、一方ではたとえ不完全なことにしろ秘密をもらされたほうの人も怒っているし、というわけで、彼の行為は人騒がせなことにすぎないのだが、本人は相当な親切をしてやったつもりで満足しているのである。彼の言うことがいつも嘘であれば問題ないのであるが、案外誰も知らない秘密を彼がどこかで聞いてくる――このような才能は十分にもっている――のでまったく困ってしまう。ここで、トリックスターと共時性の結びつきについて一言しておかねばならない。

共時性(synchronicity)とはユングが因果性に対して、自然現象や心の現象の間に意味のある偶然の一致が生じることに注目し、それを説明するために提唱した概念である。つまり、因果律によっては説明しがたい事象がこの世に存在することをはっきりと認めようとするのである。[18] これを、トリックスターの例で言えば、ある二人の人が密談をして絶対人に聞かれるはずがないと思っているときに、偶然にトリックスターが隣室にいて聞いている。あるいは、人に知られたくない二人がいろいろと考えて、知人がきそうにない喫茶店を選んで会っていると、そこへひょっこりとトリックスターが現われるという具合である。もちろん、こういうことは誰しも偶然に経験するであろう。しかし、トリックスターが他の人間よりこういう機会をよくもっているという点で、それを単なる偶然とは考えられないのである。こんなわけで、トリックスターは他の人よりも「隣人の悪」について知ることが多い。しかし、それをうまく利用して成功するには、彼はまた偶然に途方もない失敗をやらかすことも多いので、結局のところ、単なる人騒がせくらいのところでとどまっているのである。トリックスターはあまりにも無意識に近い生き方をしているので、無意識のアレンジメントとしての共時的現象のなかに巻きこまれることが多いのであろう。

　現実にある個人がトリックスターと同一化することは危険なことであるが、われわれが生きてゆくうえで、なんらかのトリックスター性をもつことは望ましいことだ。そのような意味で、トリックスターは現代人の夢の中でよく活躍するものである。次に示すのは、ある四十歳代の女性の見た夢である。

　夢　（夢の前半はどこかで講義を聞いているところ、帰るときにその先生がいたずらっぽい顔をして「狼が出るぞ！」という）私は一人で別のほうへ帰る。ガラス障子でとり囲んだ縁側が座敷のまわりにあって、私はそこへ出てくる。そこから外へ出るつもり。お寺の座敷のような感じ。何だか寝ている。見ると白い狼の子、やあいるな！ と思う。もう一匹先のとがった耳をした灰色と白のまじった狼の子がいる。耳が灰色で目がするどく、その狼のほうが活発そう。もう二匹共ちゃんと座ってこっちを見ている。私はその二匹に何やかや言って煙にまいて、ぽかんとしている二匹の頭をなで、そのあとで頭をぽんとたたいて「ちゃんと番をしてたら、たんと桃の実ができるからね」と言う。二匹は神妙にしている。私は急いで外に出て、外からガラス戸をきちっと閉める。嚙まれると怖いから。そして山を下りて行く。

山道の途中で下から上って来る旅人に化けた親狼に出会う。旅人は挨拶して「途中で狼にお会いになりませんでしたか？」ときく。もし私が弱い者だったらすぐ食べてしまうつもり。私は「会ったとも！ 二匹きたから一匹ずつ団子にしてペローリ、団子にしてペローリと食べてしもうたわ、うまかったな！」と言って手の平で団子を丸める真似をする。それからまた私は「あんまりうまかったので、もし途中で親狼に出会ったら、団子にしてペローリとやりたいと思ってる」という。旅人は私の手を嗅いでみて、ほんとうに狼の臭いがするのですっかりほんとうにして、びっくり仰天する。そして食べられたら大変だと思って大急ぎで「さようなら」と行ってしまう。

私は親狼に気づかれないようにまた引き返して、さっきの家まで行ってしのびこむ。そして馬鹿な狼どもをいいかげんなぶってから、雨が降って夜になって、真暗になって、しかも家中に水がついたとき、長い棒で遠くから一匹ずつ狼の頭をなぐる。狼は「おやお前たたいたな」、「お前こそだ」と言い合って、お互いにけんかを始める。そのあいだに私はみかんを山ほど、私の前掛けに包み込んで、その家をゆうゆうとぬけ出て帰る。

これは日本の民話の主人公さながらに、狼をさんざんにからかう愉快な夢である。この人は夢から目覚めたときに快適な気分であったと言うが、真にさもありなんと思われる。この夢を見た女性は非常に真面目で、冗談やいたずらなどとはほど遠い生き方をしてきた人である。夢の最初のところが「講義を聞く」場面で始まるのは、そのような堅さを反映しているのであろう。ところが講師の先生がいたずらっぽく「狼が出るぞ」というあたりから、話が一変してくる。講師の言葉はイソップの物語のように、嘘から出たまことになり、彼女は俄然トリックスター的存在となるのである。親狼が旅人に化けてだまそうとしても、そんな小細工をたちまち見抜いて出しぬいてしまうのだから、まったく大したものである。最後に、「夜になって、水がついてき」無意識の水準が高まってくると、この大人しい女性のいたずらは、身体的なレベルにまで拡張されるのである。この夢は、この人にとって、まったく新しい世界の開けを示す意味深いものであったと思われる。

トリックスターとしてのセラピスト

先に示した夢では、きまじめな生き方をしてきた女性が、自ら愉快なトリックスターとなる体験をそのなかでもったものであるが、このような開示を可能とする心理療法における、治療者とクライエントの関係、あるいはセラピールームという空間は、そこになんらかのトリックスターの介入を必要とするものである。そのような意味で心理療法が行われるセラピールームは、トリックスターの自由な動きを可能にする開放性をもたねばならない。

中世におけるトリックスターの最高の活躍の場、カーニバルの祝祭空間のあり方を、山口昌男がみごとに解明しているが、それが現代のセラピールームの特性とあまりにも類似しているのに驚かされるのである。中世における「市場」というまったく開かれた空間と、現代におけるセラピールームという「密室」が同様の機能をもつことは興味深い事実である。山口昌男によると、(19) 中世のカーニバルの「生の形式は、公的な固定した、いかめしい、高圧的な世界とまったく異なった、真に自由で流動的な世界を触知することを可能にするものだった」が、ではどうして、市場という空間がそれを可能にしたのであろうか。そこで、彼は市場のもつ経済的機能に加わる象徴性を分析して、次のような特性を抽出する。すなわち、それは「開かれた世界」であり、人々の「自由な接触」を可能として、そこでは誰も「平等、または対等」であり、人や物が常に移動する「流動性」が存在する。そこで人々は所有物を手放したり、獲得したりする「変貌」を経験し、そこに生じる増幅された声、音、笑いなどは「非日常」のイメージを喚起する。そして、「これらのイメージが分かちがたく融合されて、市場の「象徴性」が成り立つはずであり、それは日常生活を支配する〈分けられた〉〈距離感を主軸とする〉〈固定的な〉〈変わることのない〉生の形式と対立するはずである」ということになる。

ところで、このような特性はわれわれ心理療法家からみれば、セラピールームのそれとまさにぴったりであると感じられるのだが、それについては少し説明を要するであろう。まずセラピールームが「開かれた世界」であるとは、治療者もクライエントも共に、その無意識の世界に対して開かれていることを意味する。特に治療者はそのような開放性を身につけていなければならぬ。その開かれた世界で、われわれは無意識界に住む人々と「自由に接触」し「平等」に話し合う。もちろん、このためには治療者がクライエントに対して自由にして平等な立場をとって接しなければならない(これは大変難しいことではあるが)。その空間において、クライエントは日常の規範にとらわれず、誰のことも、どんなことも自由に感情のおもむくままに話すことが許される。そのような「非日常」の世界の中で、クライエントは自分の心の中に流動するものを感じ、「変貌」を体験する。そして、このようななかにこそ、トリックスターが意識的・無意識的に介入してくるのである。次にそのような例をいろいろとあげて、考察することにしよう。

患者の堅い頑強な人格構造を変えるために、治療者が意図的にトリックスター的役割をとるときがある。たとえば六五頁に示したジャネーのアシルに対する治療法などは、その典型であろう。つまり、自分を悪魔であるといい張るアシルの頑強さに対抗して、ジャネーはトリックを仕掛けるのである。「悪魔であることの証拠を見せてもらうために」、アシルに催眠をかけてくれというジャネーのやり方は、民話に出てくるトリックスターのやり口そのままである。吉ちょむさんが天狗に出会って、天狗にうんと大きくなってみろ、小さくなってみろ、ともちかけて、小さくなったときに足で踏みつぶしてしまったという類のお話を思わせるものがある。

ジャネーの場合は意図的であるが、治療者が無意識のうちにトリックスターの役割をとらされてしまうこともある。それも、治療者のその後の自覚と態度によってずいぶんと異なる展開をみせるものである。ある人がカウンセリングの講習会に出たり、カウンセリングの本を読んだりしているうちに、自分も他人のための相談をしたいと思うようになった。そこへ近所の家のお嫁さんがやってきて、姑のことを悪く言って嘆きはじめた。これはまったくよい機会であると、習ってきたとおり一所懸命に話を聞いてあげた。ところで、その話を聞いているうちに、ますます親切心が出てきて、こんなことであるなら自分がその姑に忠告をしてあげようと思った。実のところカウンセリングでは軽々しくそのようなことをすることは禁じられているのだが、そこは素人の悲しさで、親切心に負けてしまって、わざわざその家まで出向き、姑に対して嫁の不満を話し態度をあらためるように忠告した。ところが、姑は嫁の言っていることはそのほとんどが嘘の話で問題にならない。まったく余計なお世話だとその素人カウンセラーに怒りを向け、話はもの別れになってしまった。姑は早速嫁を呼び出して、真意をただすと、このような場合によくあることだが、それは近所のあの人の誤解であって、自分のほんとうの気持ちはどうだこうだと説明する。ここで、はじめて嫁と姑が正面から本音で話し合えて二人の関係は好転するのだが、それにしてもあの近所の人はいらぬおせっかいを焼いてくれたものだ、われわれは二人でこのようにうまくやってゆけるのにということになった。ところで、この素人カウンセラーの感想は、自分のおかげであの二人も仲よくなれたはずなのに、かえって私をおせっかい焼きだといって悪者扱いをする。まったく馬鹿な目をみたというのである。

こんな話をわれわれはよく聞かされるが、これはあまり訓練も受けずにセラピー空間という特異な領域に足を踏みいれ、無意識のうちに低級なトリックスター、中橋一夫の表現によるドライ・フール、にならされてしまった例と考えることができる。これは中世のカーニバルの祝祭にのこのこと出かけて行って、知らぬ間にモック・キングにでもされたのと同様のことと考えるとよい。確かに「死と再生のパトス」が中核となるセラピーの場合において、われわれ心理療法家はしばしばモック・キングに似た行為をやらされるが、問題はわれわれがそれをどれほどまで意識しているかにあるのであろう。

訓練されたセラピストでも無意識的にトリックスターにならされる。しかしその展開の様相は異なったものとなる。私のところへ相談に来る高校生のクライエントは、実に正確に時間を厳守する人であった。それも真にみごとというほかはなく、約束の時間になったまさにそのときに呼び鈴が鳴るのである。あまりのことに感心して、彼が時間をよく守ることを指摘すると、彼は喜んで時間厳守がどれほど人間にとって大切なことであるかを力説し、自分はそのためにどれほどの努力をはらっているかを説明した。感心した私は「それじゃ、貴方《あなた》は今まで遅刻欠席全然なしという生き方をしてこられたのですね」というと、彼も釣られて、「ええ、私は遅刻欠席ぜんぜん……」と言いかけて絶句してしまい、われわれは顔を見合わせて噴き出してしまった。というのはこのクライエントは実は学校恐怖症で、学校をよく休み、そのときは三年もおくれていたからである。私は無意識のうちに彼の一番痛いことに言及していたのである。

この高校生が学校恐怖症になった原因はほかにあるが、それを回復困難にする理由のひとつに、彼の完全癖があった。彼は一日欠席すると、それをカバーしようと思って家で勉強する。しかし、あまりにも完全にしようとするのでどうしても全部することができず、次の日も休んでしまう。結局そのようなことが繰り返されて欠席期間が長くなってしまうのである。ところで、彼のこのような完全癖は面接時の時間厳守となって示され、そのとき私は彼の生真面目さに感心するあまり、思わず「遅刻欠席ぜんぜんなし」といい、彼さえそれに釣られて思わず肯定しようとしたのであった。そこで、私は「あなたのようにそこまで熱心に遅刻しないように心がけておられる人が、他人よりも三年もおくれてしまい、それに反してあなたから見れば遅刻をしたりしていいかげんの人生をおくっている人が普通に進級してゆけることをどう考えますか」と言った。つまり、この事実によって彼は自分のひたすら完全を求めて生きている生き方には、実に大きい欠陥のあることを認識することができたのである。

ここで、二人の間に「笑い」が生じたことも注目すべきことである。彼も私の表現に乗せられて「遅刻欠席ぜんぜんなし」と言おうとしたことが非常におかしかったのであろう。もちろん、彼の完全癖が彼の学校恐怖症の一因であることは誰にでもすぐ解ることである。しかし、それを彼に指摘したり忠告したりしても、なかなか事態は変わるものでない。実際、忠告によってのみ人が変わるのなら、心理療法家などという職業は不要かもしれない。無意識に生じたトリックスターの働きによって、治療者とクライエントが笑いを共有するとき、そこに世界の突然の開示が体験される。これはカーニバルの祝祭空間に満ちている底抜けの笑いに通じるものである。

治療者が無意識の世界に心を開いているかぎりその世界の住人が自由に活躍をする。かくして、必要なときにトリックスターがまったく無意識のうちに出現するが、それに気づいたときは、治療者はクライエントと共にそのトリックスター劇の観客として笑い、つづいてその笑いの意味の解説者とならねばならない。彼の役割は次々と交代する。これは先にセラピールームと中世の市場空間との類比について述べたときに、その空間における人々の「自由な接触を」指摘したことと相応する。セラピー空間には実に多くの人が自由に出入りしているのであり、その無意識界の住人の自由度を守るために、われわれは密室でそれを行うのである。

分析家もクライエントも無意識のうちに、クライエントがトリックスター像を分析家に投影しているときもある。このような状態は夢によく示される。次の夢は三十歳代後半のある男性の見た夢である。

夢　パーティに出席した。その中でA(女性)に出会った。Aは私をどこかの部屋へ誘い、寝台に横たわった。彼女は明らかに私を誘惑しようとしているらしかった。私はあわてて部屋を出ようとすると、いつの間にか分析家が現われて、Aのところへもどるように目で合図した。

夢に出てきたAは、会社の同僚の女性である。美人であるが男関係がふしだらなことで有名である。自分はAのような女性にはまったく関心がないと思っていたが、案外心の底では興味をもっているのかもしれない。夢を見た人はこのような連想を述べたあとで、分析家に向かって、「先生もやはり、Aのような女性とつき合うのは意味のあることとお考えなのでしょう」という。これは明らかに夢と現実が混同されている。あるいは、分析家に対してそのような役割を投影していたので、このような夢を見たのかもしれない。もちろん、現実には分析家はこの人がAの誘惑に乗るのをそのままよしとしているわけではない。しかし、この人がその内面において、Aという人物で表わされる自分の心の領域、不可知の魅力と、肉体性の問題をもった領域と「関係をもつ」ことは大いに奨励されることであり、夢の中の分析家が敢えて、この人とAとを結ぶトリックスター的役割を演じようとするのもうなずけることなのである。ただここで、この人が分析家が実際にAの誘惑に乗ることをすすめていると思ったように、このような錯覚は心理療法における人間関係によく生じることである。クライエントは治療者の意図や指示に従って行動したら、大変なことになったとか、失敗をしてしまったとか嘆くときがある。その実、治療者はそのような意図ももっていないし指示も与えていないのである。まったく、トリックスターは人々の知らぬ間に活躍し、ときに途方もない破壊をもたらすものである。すでに述べたように治療場面というのは、そのトリックスターの働きを最大限に利用しようと工夫されているのだから、われわれとしてはトリックスターの強力な破壊性に対しては常に注意を怠らぬことが必要である。

三　ストレンジャー

前節においては、神話の世界に活躍するトリックスターが、そのいたずらやトリックなどによって日常の秩序ある世界を破壊し、それによって存在の全体性を回復するという逆説的なはたらきをもつことを指摘した。日常の生活に非日常性をもたらすもののひとつとして、ストレンジャーという存在がある。ある村に、あるいはある町に「見知らぬ人」が登場する。彼はそこに出現したというだけで、その場の日常性を破壊する。彼はその世界の人々になんらかの意味で変な感じ《ストレンジネス》を感じさせずにはおかない。大室幹雄は古代中国の異人《ストレンジャー》たちのありようを解明して、「滑稽《こっけい》」という点にみごとに凝集して提示している。[20] この滑稽はもちろん、われわれの道化性に通じるものであり、彼も指摘しているように、ストレンジャーとトリックスターの類縁性は高いものがある。中国古代のストレンジャーについては大室の明快な著書を参照していただくとして、筆者としては相も変わらず興味の中心は現代人の夢の中のストレンジャーたちにあるのだが、始めに少しだけ筆者の心に留まっているストレンジャーたちのことを述べることにしよう。

不思議な少年

ストレンジャーと影の問題を考えるとき、まず心に浮かぶのは、マーク・トウェインの"The Mysterious Stranger"である。これは〝不思議な少年〟と邦訳されているが、[21] まさにミステリアスなストレンジャーのお話である。マーク・トウェインの名は彼の代表作『トム・ソーヤの冒険』や『ハックルベリィ・フィンの冒険』などによって、わが国の読者にもなじみ深いものであろう。すでにほとんどの人がこの愉快な小説を読んで、新世界アメリカの明るい楽天主義を代表する人としてのマーク・トウェイン像を心に刻印づけておられることであろう。ところで、この作者の死後六年目に出版されたという『不思議な少年』は実にペシミスティックな作品なのである。すでにご存じの方も多いかとも思うが、まずマーク・トウェインの心の中に現われたミステリアスなストレンジャー像がどんなであったかを紹介することにしよう。

この小説の舞台は、一五九〇年のオーストリアにあるエーゼルドルフという村に設定される。作者である「わたし」はこの村に住む一人の少年であるが、「エーゼルドルフは、わたしたち少年にとって、まことに楽園であった。……しつけといっても、おもに善きクリスチャンになるよう、そして聖母マリアと教会と聖者たちを、何にもまして敬うように教育されるだけで、その他のことは、あまりいろいろと知る必要はなかった」というようにに、毎日を真に平和に暮らしていたのである。ところで、この楽園にある日、一人の見知らぬ少年が現われるのである。「わたし」が他の二人の少年と話し合っているところへ彼がやってくる。「彼は、わたしたちのそばにきて腰をおろし、さも以前からの知合いででもあるかのように、親しげに話を始めるのであった」、「少年は真新しいきちんとした服を着ており、なかなかの美少年であるうえに、まことに顔も感じがよく、声もよくて快い。気さくで上品で、まったく屈託がない。多くの少年がそうであるような、不作法さ、だらしなさ、そして、おずおずしたようなところなどは微塵もない」というので、三人の少年は彼と親しくなりたいと思うが、「余所者《よそもの》」には慣れていないので人見知りをする。少年たちはここで煙草でもすすめてみたらと思うが、火を忘れてきたことを知りがっかりする。すると見知らぬ少年は、彼らが何も言っていないのにその心中を見抜き、パイプに息を吹きかけて煙草に火をつけるので、少年たちは怖くなって逃げようとする。ところが、この不思議な少年は他人を安心させるこつを心得ているようで、たちまちのうちに三人と親しくなり、いろいろ不思議な術を見せてくれる。たとえば、三人の少年たちが何か果物がほしいというと、何でもポケットにちゃんとはいっているという具合である。

そこで、この不思議な少年は面白い遊びを始める。彼が粘土で指ほどの小さい人形をつくると、それがほんとうの人のように動き出し、つぎつぎとつくり出す小人たちがそこに本物そっくりの小さい城をつくり出すのである。あまりのことに少年たちはあきれてしまい、いったい君は誰なのかと聞くと、「サタン」という答えが返ってくる。少年たちの驚きをよそに、彼は聖書に出てくる例のサタンの甥にあたること、自分の年は人間流にいうと一万六千歳であるが、自分たちにとっては時間は広大無辺なので、まだ少年なのだと説明する。そうしながら、彼のつくった小人たちが二人けんかをはじめたのを見て、うるさそうにそれを取りあげ指でひねりつぶしてぽいと投げ捨て、ハンカチで指先をこともなげに拭きとる。しかも、彼は「ぼくたちは、悪をしようにもできないのだよ。悪を犯す素質がない。だって、悪とは何か、それが第一わからないんだからね」というので、三人の少年たちは仰天してしまう。

　ところで、小人の世界のほうではサタンに殺された二人の葬式が行われ、司祭がきてお祈りしているし、友人たちも涙にくれている。それらの泣き声がうるさくなったのか、サタンはぶらんこの腰かけ板を手に取ると、はえの群れでも叩きつぶすかのように、小人たちを一人残らず地面に叩きつけてしまった。司祭までも！　少年たちは胸が悪くなるほどの思いをするが、サタンの話があまりに面白く、声は音楽にも似た美しさをもって彼等の心をひきつけてしまうので、彼等もわれを忘れてしまう。

　サタンは人間世界のことをよく知っていて話をしてくれるが、人間のどんな英雄的行為も彼の口にかかると、まったくとるにたらぬことになり、聞いているほうが恥かしくなるくらいであった。「もともと人間というやつ、これはまたおそろしく鈍感で、無知で、けちで、自惚で、病気だらけのがたぴし野郎、いやはや、なんともみすぼらしい碌でなし野郎ばかりだ」というのである。それは人間に対して失礼だというと、彼は、「失礼だって！」「なに、君、ほんとうの話じゃないかね。真実こそ礼儀なんだよ。いわゆる礼儀なんてものは、つくりものにすぎん」と答える。

　いろいろ話し合っているうちに、小人たちは五百人ばかりにもなり、城を完成するが、そのうち嵐となって雷鳴がとどろき、落雷による火災で火薬庫は爆発し、五百人の小人たちはすべて死んでしまう。少年たちは悲しくなって泣くが、サタンはどこ吹く風という様子である。「とにかく、彼の心を動かそうと考えるのは無駄だった。どう見ても、感情というものがまったくないのであり、いくら言ってもわからないのであった。まことに浮き浮きした気分で、悪鬼のような人殺しをやりながら、まるで結婚式にでも出ているようなはしゃぎかただった。」

ここに少し紹介しただけで、この見知らぬ少年の凄まじさが了解されたことと思う。エーゼルドルフの楽園に侵入して来たストレンジャーが、どのような騒ぎをもたらすかは、原作を読んでいただくこととして省略するが、ともかく、人間の善意や良心というものが、いかに馬鹿げたものであるかが次々と示されるのである。悪魔を恐れないことを公言していたアドルフ神父も、サタンにかかるとまったく顔色なしであった。人間たちの善悪の判断はサタンの手の中で、徹底的に相対化されてゆく。サタンの舌は火を吹かんばかりに、人間のおろかさを攻撃するが、「感情というものがまったくない」はずの彼も一度だけ、しんみりとした言葉を吐く。「君たち人間の一生がどんなにはかないものか、またその栄華とやらが、きわめて子供じみたものであり、いわばまるで影みたいなものだってことを考えると、むしろ何か気の毒のようなところさえあるね。」彼にとって、人生は影にすぎないものであった。この言葉はわれわれに、マクベスの独白(一三頁参照)を想起せしめる。

ここに示された奇怪なほどのペシミズムを、『トム・ソーヤ』や『王子と乞食』などからマーク・トウェインをユーモア作家としてのみ位置づけている人は、まったく不思議に感じるかもしれない。確かにこれらの作品に示された明るい肯定的で楽天的な調子と、〝不思議な少年〟サタンのまきちらす極端に否定的で悲観的な人生観とは著しい好対照をなしている。この点について『不思議な少年』の訳者、中野好夫は、マーク・トウェインがペシミスティックな作品を書き始めた彼の晩年、一八九〇年代には、アメリカにおいて自由な土地が消滅し、辺境が消失した時期であること、および、彼の出版事業の倒産による十二万ドルという巨額の負債を背負いこんだことや、娘の死、愛妻の大病などの個人的な試練にぶつかったことを、考えられる原因として示唆している。確かに、これらの事実はマーク・トウェインの晩年の変身を説明するうえにおいて見逃すことのできない事実であろう。

ここで、楽天的と悲観的というマーク・トウェインの両向性に注目するならば、彼の性質の著しい両向性はその「楽観的」とされる初期の作品にも明らかに認めることができる。まず一八八二年に書かれた『王子と乞食』における二者の対立性はあまりにも明白である。この楽しい物語の中で彼が意図したことは、厳しい法律をつくった国王が、それを守る側になるとどうなるのか、また逆に国民の一人――それも最低の地位にいるもの――が国王になってみると、その生活がどのように感じられるか、を示そうとしたのである。一般の人にとって、ひとつにみえる現実が彼にとってはいつも二重写しに見えていたのではなかろうか。王子の目と乞食の目という視点の差によって、現実はいかに異なったものとして見えるか。ただし、この二人の対比は人間の善意に支えられて、かずかずの苦難にもかかわらず、最後はみごとな統合へと向かうのである。王子エドワードと、乞食少年トム・キャンティは、ある意味ではお互いに相手の影であるが、苦労を通じて得た影の自覚が、二人の人格の成長をもたらすのである。

ところで、もう一人の少年トム、すなわちトム・ソーヤはそれ自身が相当な両向性の持ち主であり、トリックスター、英雄《ヒーロー》である。トムは最後には悪漢を倒す英雄になるが、それにいたるまでの彼の並はずれたいたずらと腕白は、みごとなトリックスター像を提供する。トムと共に活躍するもう一人の少年ハックルベリィ・フィンは素姓も解らない浮浪者として描かれているが、その彼は一八八四年にはトム以上の主人公として、『ハックルベリィ・フィンの冒険』に登場するのである。

ハックルベリィ・フィンはトム・ソーヤに劣らない愉快な主人公であるが、トム・ソーヤほどのヒーロー性をもっていない。彼は法律を犯すという意味での悪事をいろいろとやらかすが、もちろん彼の心根のやさしさは読者にはよく伝わってきて、彼を憎むことなどまったくできないのである。彼のトリックスターぶりはわれわれに明るい笑いをもたらすが、そこには善悪の判断の相対性という主題がすでにきざしを見せている。たとえば、「いつでもそうなのだ、正しいことをしようと、悪いことをしようと、少しもちがいはないのだ。人の良心というものは物の道理がわからず、なんでもかんでも人を責めるだけだ。もし、人の良心くらい物の分らない野良犬がいたら、僕はそいつを毒殺してやるだろう。良心は人間の内臓全部が占めているよりもっと大きな場所を占領しているくせして、なんの役にも立たないのだ」と主人公が考えるところがある。このような良心に対する態度を押しすすめて、正面から取りあげると、『不思議な少年』の物語ができあがってくる。しかし、そこにはトム・ソーヤやハックルベリィ・フィンがもたらす笑いがなくなっている。しかも、皮肉なことに、不思議な少年サタンは人間のあらゆることをこき下ろすのに、笑いだけは評価しているのである。彼は言う、「君たち人間ってのは、どうせ憐れなものじゃあるが、ただ一つだけ、こいつは実に強力な武器をもってるわけだよね。つまり、笑いなんだ。権力、金銭、説得、迫害、そういったものにも、巨大な嘘に対して起ち上がり、いくらかずつでも制圧して——そうさ、何世紀も何世紀もかかって、少しずつ弱めていく力は確かにある。だが、たったひと吹きで、それらを粉微塵《こなみじん》に吹きとばしてしまうことのできるのは、この笑いってやつだけだな。笑いによる攻撃に立ち向かえるものはなんにもない。だのに、君たち人間は、いつも笑い以外の武器をもち出しては、がやがや戦ってるんだ」と。

笑いについて、サタンにこれほどの雄弁をふるわせながら、作者のマーク・トウェイン自身はどうして笑いを忘れてしまったのか。これについて考えられることは、彼の境遇の変化ということである。彼の生涯をみると、彼がいかにトリックスター性を豊かにもっていたかを見ることができる。十二歳に父親を失ったとき、むしろ嫌な学校に行かなくともよいのを喜んだとさえ言われる彼。その後、職業を転々と変え、ゴールド・ラッシュ熱にうかされたりした彼。トムやハックのいたずらぶりは彼自身の経験によるところも大であったろう。しかし、彼はその名声が高くなるにつれて、彼が笑いの対象としたお上品な人たちのなかへ、彼自身がはいって行くことになったのだ。道化のところで述べた、道化→英雄→老王の死にいたる悲劇の道を彼も歩むことになった。そして、これほど現実の両義性を的確に見ることのできた人間が、他人から羨ましがられる上流社会に属しつつ、そこに着実に進行する「老王の死」の現実に目をおおっていたはずはないと考えられる。これはまさに『道化の宿命』そのものである。

『王子と乞食』に生じた影の主題は、統合可能なものとして、むしろ物語全体を多彩にするものとして役立った。しかし、『不思議な少年』を執筆するときのマーク・トウェインはあまりにも変革しがたい単層性の「上流社会」に生きていた。「真実こそ礼儀なのだ」と心の中でいくらわめいてみても、彼自身は「つくりものにすぎん」礼儀に縛られて生きるより仕方がなかった。このように現実が硬直したものとなるとき、彼の心に浮かぶ影の像はあまりにも深く、大きく、個人的経験を超えたものとなり、もはやマーク・トウェインをもってしても統合することの不可能なものであった。彼がこの作品を最後まで未完成のままで遺し、いくつかの原稿が存在し、死後六年目になってやっと出版されたという事実が、そのことを裏書きしている。そして、われわれが『不思議な少年』を読むとき、その奇想天外さに打たれつつも、なおこれを『ハックルベリィ・フィンの冒険』などと比較するとき、文学作品としては劣ると感じざるを得ないのも、それらの事実を反映しているのであろう。あまりにも普遍的な影は、破壊性が強すぎて、作品としてのまとまりを成立せしめないのである。これは、影と創造性の関係についての秘密をわれわれに告げるものである。マーク・トウェインは死の少し前に、彼の生まれた一八三五年にハレー彗星が現われたことを語り、「ハレー彗星は来年も現われることになっているが、わたしはその星と一緒に行くつもりだ。――全能の神は「ここに得体の知れない二つの気まぐれものがいる。この二つは一緒に来て、一緒に去って行くだろう」といわれたのにちがいない」と言ったという。この言葉は、マーク・トウェインが彼の両向性をよく知っていたことを示しているように思われる。彗星は、得体の知れない気まぐれものの天才の出現と死去を予示するものとして、真にふさわしいものであったであろう。

夢の中のストレンジャー

マーク・トウェインの心の中に現われたミステリアスな少年は、われわれが簡単には近づくことのできない存在であることが解った。次に示すのは、一人の見知らぬ少年が夢に現われたのであろう。それを詩として書きとめたものである。詩をつくった人は二十八歳の女性である。(22)

夢の中の少年

少年は海辺で私を待っていた
波のしぶきの荒々しい岩だらけの海辺で

少年のぬれた手が私の手をしっかりとにぎり
二人ははだしで岩棚《いわだな》を走った
ああ　金色の髪をした小さなお前は誰？
あの血のように赤い水平線の彼方まで
お前は私と共に行こうというのか

詩の作者自身も問いかけているように、いったい、この金色の髪をした小さな少年は誰であろうか。それを知るための手がかりとして、ここに作者のことを少し紹介しなければならない。彼女は一九七〇年に、自閉症の子供の治療という課題のための三年間のドイツ留学を一時打ち切って帰国した。そのとき、彼女は乳癌の宣告を受け手術を受ける。ドイツ人の婚約者はこの事実を知りつつも、彼女との愛を誓って結婚式をあげる。一九七三年九月九日より、まるでほとばしる泉の水のように、彼女の心から詩が流れはじめ、約一か月の間に八十編を越える詩を書きつける。そして、翌年一月、彼女は二十八歳の若さで癌のために不帰の客となるのである。この「夢の中の少年」は九月九日に彼女の心から最初に噴きあげてきた数編の詩のなかのひとつである。

作者のこのような生涯と、この詩の生まれでてきた秘密を知ったとき、われわれはこの少年をなんと考えればいいのだろうか。この日から以後一か月にわたって、作者の心をゆり動かした詩の精であろうか、彼女を愛した夫の若い日の姿であろうか、あるいは、まだ若い彼女を容赦なく彼方の世界へと連れ去ろうとした死の使いであろうか。おそらく、そのどれかであるとも言えないが、どれかではないとも言いがたいであろう。ここで、とっておきの「影」などという言葉はもちろん使えない。彼女のたましいとでも言うより仕方のない、広がりと深さをもって、この少年は彼女の夢に立ち現われている。少年の手をしっかりと握り海辺を疾走した一瞬は、われわれの世界の何十年にも相当するものであったろう。いかに素晴らしく凝集された瞬間を生きたとはいえ、この女性が二十八年の短い人生しか生きられなかったことは、われわれ俗人の心を悲しくするものがあるが、それを多少とも晴らすものとして、その詩のあと、二日後に彼女のつくった詩を示しておこう。

もしも私が死んだら

もしも　私が死んだら
おざしきぼっこに私はなりたい
誰にも知られずざしきの中で
みんなと一緒に笑っていたい

おざしきぼっこというのは、「影」かもしれない。しかし、それは明るく、楽しい。短い期間のうちに輝かしく凝集された人生を生きたこの女性は、影のうちに明るく楽しいものがあることを知っていたのであろう。

マーク・トウェインの『不思議な少年』に魅せられて、夢の中の不思議な少年像を示したが、これと異なって一般に、夢の中に出てくる未知の人が夢を見た人と同性の場合、それはなんらかの意味で影の問題と関連していることが多い。すでに第一章の一九頁に示した夢の説明で、その点についてては少し触れておいた。次にそのような例をひとつあげる。四十歳代の女性の見た夢である。

夢　山の頂上の一軒家にいる。ひどい風が吹きまくって入口の戸が外れそうだ。力一杯戸を押さえていたけれど、とうとう一枚はずれてしまい、突風のために息もつけない。誰か(未知の人)が熊がでたからここにいるのは危険だと言って走っていったので、その人について山を下りながら走って行く。道が二つに分かれていて、右へ行った人もあるが、その人は左のほうがよいといって走って行く。ついて走っていると熊がこちらに向かって来る。それを見たとたん、その人は急に早くなってどこかへ行ってしまい、わたしはぜんぜん走れず、胸が苦しくて、しめ殺されると思った。

この夢は「山の上の一軒家」という設定、風で戸がはずれるという自我防衛の破れを示す状況、分れ道の選択など、夢によく生じる主題に満ちたものである。夢を見た人は山の頂上の一軒家という人里はなれた場所にいる。孤独は善かれ悪しかれ人に非日常的体験をもたらす。戸外に吹き荒れる風は、彼女の自我を超えた力のはたらきを示す。彼女は「力一杯」の抵抗によって自我を防衛しようとするが、ついに戸が一枚はずれ、突風のために息もつけない状態になる。これは二七頁に示した詩の「窓ガラスのわれ」に相応する。あの少女はそこであまりにも無防備のまま、普遍的な影の存在に直面するが、ここでは、主人公は一人の未知の人に出会う。この未知の人は彼女よりも状況をよく知っているらしい。「熊が出るから危険だ」と注意してくれるので、彼女もこの人について行こうと決心する。分れ道にくると、「右へ行った人もあるが、その人は左のほうがよいといって走っていく」。ここで一般に言われる空間象徴の考えに従うなら、彼女はより無意識的な深い層へとはいっていったことになる。「分れ道」の選択は昔話にはお得意の主題である。もちろん、人生にも決定的な分れ道がある。ここで、彼女は未知の人の示唆に従って左側の道を選ぶが、なんと、これは結局は熊に正面から出会うことになり、それを見たとたんに頼りにしていた未知の人は消え失せるのである。この未知の人は、彼女を助けるふりをしながら、彼女が熊におそわれるようにアレンジした悪者であったのか。明らかに、この人は影の属性をもっている。しかし、ここで彼女が立ち向かう熊のもつ意味については詮索しないにしても[23]、熊との対決が彼女の人格の発展のためにどうしても必要なことであるとしたら、それがどれほど恐ろしく苦しいことであるにしろ、それをアレンジした未知の人の行為は、善悪を単純には判定しがたいものとなってくる。この人が熊の出現と共に急に消え去ってしまったような点から考えて、これは相当トリックスター的な要素をもっており、逆説性をもったイメージであると考えられるのである。

ここで未知の人は夢を見た人と熊との対決をアレンジしたが、言ってみればこの熊自身が未知のものである。未知の存在が大きく強くなるほど、それはむしろ怪物などに近くなってくるであろう。そのような怪物たちは、常に隙あればわれわれの既知の世界へ侵入しようと待機しているのだ。楽園エーゼルドルフの村に、ある日ふとやって来た「不思議な少年」が、どれほどの混乱をこの村に巻き起こしたことか。侵入者としてのストレンジャーの力が強いとき、既知の世界はゆり動かされるのである[24]。次に、強力なストレンジャーの侵入を受けた人の夢を示す。この人は三十代の男性である。

夢　一人の女性がいた。彼女の二人の姉は、ある強い男に強奪されたか殺されたか、ということである。そして、その男が彼女をも犯そうとやってきた(何か昔話のようで、人身《ひとみ》御供《ごくう》のようであった)。わたしと誰か

(兄らしい)は二人で彼女を守ろうとしていた。しかし、男がきたとき、われわれはそいつが強すぎて戦っても無駄だと知った。そこでわたしは(男性だが)彼女の身代わりになろうと思った。わたしは身体を横たえながら、女であることのかなしさを感じた(目が覚めてから、侵入してきた男が兄だったのかもしれないと思った)。

ここに侵入してくる未知の男は、あまりにも強い存在であり、昔話にでてくる怪物を思わせるものがある。夢を見た人自身もこの夢を「昔話」のようだと感じている。実際、夢の層が深くなるとき、それは神話や昔話などのような蒼古《そうこ》の感情を夢見る人に体験せしめるものだ。ところで、女性を強奪するために現われる怪物のお話は、全世界の神話や伝説の中に枚挙に遑《いとま》のないほど見出すことができる。そして、通常はその怪物を退治する英雄が現われるのだが、この夢はそれと異なり真に特異な展開を示す。主人公は怪物と戦っても自分が敗北することを知り、相手と戦うのではなく、屈服することによって一人の人を救おうとするのである。しかも、彼は自分が女性になってまでそれを行おうとしている。

ここで、私は西郷信綱が『古代人と夢』の中で論じている親鸞の六角堂参籠《ろっかくどうさんろう》の際の夢を想起する。(25) 親鸞が六角堂で参籠していたとき、夢に救世《ぐぜ》観音《かんのん》が現われ、「汝宿報によってたとえ女犯するとも、われ女身となって犯されよう、一生の間よく仕え、臨終には導いて極楽に生まれさせよう」とのお告げを与えたという。たとえ女犯することがあっても、菩薩が女となって犯され、なおかつ最後には極楽に導くというのだから、徹底的な受容による救済を説いているわけである。これはまさに母性原理に基づく宗教原理であり、この夢を見た人が日本人であるということは、非常に興味深いが、(26) ここで問題としたいのは、このような深い宗教性にまでつながってゆく体験を、この夢を見た人が「影の侵入」にともなってもつことになったということである。この人の体験した「女であることのかなしさ」は、ヌミノーゼ的なものであっただろう。

この夢の中に現われた、兄のイメージも興味深い。それは、主人公を守る人なのか、襲ってくる側なのか判然としないのである。これは、先に示した夢で、熊との対決をアレンジした未知の人と似た役割をもっている。つまり、個人的な影と普遍的な影の中間に存在して、主人公をより深い層へと引きこんでゆく仲介者のような役割をもっているのである。すなわち、二つの世界をつなぐものとしてのトリックスター的な存在である。しかし、トリックスターと言えば、ウィネバゴ・インディアンのトリックスターは男性から女性へと変身したことを、われわれは知っている。そうすると、この夢の中で主人公自身がトリックスター的な変身を体験しているとも言うことができる。つまり、強烈な影の侵入を受けたとき、主人公がそれに対決するためには己の影の面を露呈せざるを得ないことを示している。このことは必然的に次章に論じる「影との対決」の主題につながってゆくのである。

次章にはいる前に、強力な影の侵入に対処した別の話をここにひとつだけ述べておきたい。影の侵入に対して、男性が女性に変身し全面的に受容しようとしたことは、「日本的」と考えられないかということを示唆したのであったが、実のところ、そのような「侵入」はすでに神代の時代に行われている。すなわち、わが国の神話の世界におけるまがうことのないトリックスター、スサノオは、アマテラスの統治する高天原に侵入を試みているのである。この場合も男性の侵入者に対して、侵入される側は女性の世界である。そして、そこに侵入者と戦う男性のヒーローが現われなかったことはもちろんであるが、さりとて、女性であるアマテラスが全面的な受容をなしたのでもなかった。ここで、アマテラスは完全に武装し雄たけびをあげて侵入者スサノオを待ち受けるのである。これは明らかに、女性の男性への変身である。変身とまで言わないにしても、アマテラスは明らかに男性に変装している。これは、先に示した夢で、男性が女性に変身したことと相応している。

次章に示すように、影との対決はいろいろな場合が考えられる。しかし、ここに示した日の女神のトリックスターに対する対応と、その後に神話に語られているような話の展開は、日本人の心性を解きあかすためのひとつの鍵を与えてくれているようにも思われる。この問題についての考察は他日を期すことにして、最後に影との対決の諸相を明らかにしつつ、結びの章とすることにしたい。

注

(1) Jung. C. G., Two Essays on Analytical Psychology, C. W. 7, Pantheon Books, 1953.
(2) フレイザー、永橋卓介訳『金枝篇』一—五、岩波書店、一九六六—六七年。
(3) Willeford. W., The Fool and His Scepter, Northwestern University Press, 1969.
(4) シェークスピア『お気に召すまま』の中の、貴族ヴェイクスのせりふ(二幕七場)。
(5) ユング「トリックスター像の心理」、ラディン／ケレーニィ／ユング、皆河／高橋／河合訳『トリックスター』晶文社、一九七四年、所収。
(6) この点については、山口昌男「道化の民俗学」一—八、『文学』一九六九年一—八月、岩波書店、の一—五に詳しく論じられている(山口昌男『道化の民俗学』新潮社、一九七五年、所収)。
(7) Willeford, *ibid*.
(8) Willeford, *ibid*.
(9) Willeford, *ibid*.
(10) 山口昌男『道化的世界』筑摩書房、一九七五年。
(11) Elgar, F., Picasso, Frederick A. Praeger, Publishers.
(12) ラディン他『トリックスター』、前掲注(5)書。

(13) Metman, P., "The Trickster Figure in Schizophrenia," Journal of Analytical Psychology, vol. III, 1, 1958.

(14) ユング、前掲注(5)書。

(15) 関敬吾編『一寸法師・さるかに合戦・浦島太郎——日本の昔ばなしIII——』岩波書店、一九五七年。

(16) Metman, *ibid*.

(17) Plaut, A., "A Case of Tricksterism Illustrating Ego Defences," Journal of Analytical Psychology, vol. IV, 1, 1959.

(18) 共時性については下記を参照されたい。ユング／パウリ、河合／村上訳『自然現象と心の構造——非因果的連関の原理——』海鳴社、一九七六年。

(19) 山口昌男「道化の民俗学」二、『文学』一九六九年二月、岩波書店。

(20) 大室幹雄『滑稽——古代中国の異人《ストレンジャー》たち——』評論社、一九七五年。

(21) マーク・トウェイン、中野好夫訳『不思議な少年』岩波書店、一九六九年。

(22) ブッシュ孝子(周郷博編)『白い木馬』サンリオ出版。

(23) 熊の象徴的意味については、たとえば、ヘンダーソン「元型的イメージとしての熊」、『夢と神話の世界』新泉社、一九七四年、を参照。

(24) 大室幹雄、前掲注(20)書に侵入者としてのストレンジャーの意味が明快に示されている。また、川崎は詩人マーヴェルの描く「庭」における「草刈人」を侵入者として受けとめ、ユングの影概念との関連においてみごとに解明している。川崎寿彦『マーヴェルの庭』研究社、一九七四年。

(25) 西郷信綱『古代人と夢』平凡社、一九七二年。

(26) この夢の日本人的特徴という点については、河合隼雄『母性社会日本の病理』中央公論社刊を参照されたい。〔「自我・羞恥・恐怖」、本著作集第三巻所収〕

第五章　影との対決

前章においては、影のもつ逆説性を明らかにしつつ、問題はわれわれが影とどのように対決し、かかわりをもつかにあることを述べた。影と単純に握手するのはあまりにも恐ろしいことではあるが、さりとて影の存在を否定することもできず、つき合わずにいるのはあまりにも損失であり、気がかりでもある。では一体どのような方法が考えられるのかという点を明らかにしつつ、今まで述べてきたことのまとめとしたい。

一　自我と影

二つの世界

二重人格、二重身の現象に典型的に示されるように、「二」ということは大きい意味をもっている。二はそれまで未分化であった一と異なり、そこに分離、対立、葛藤などが生じてくる。人間の意識の構造を考えると、善悪、天地、父母、精神と物質などの多くの対立する事象や概念が、それを支える柱となっていることが解るのである。

一より二が生じる過程の基礎として、サス＝スィーネマンが母と子の関係をあげているのは興味深い。[1] 母というひとつの実体から子どもが生まれ、分離して二となる。これこそあらゆる創造性の基礎であると考えられる。このようにして、二という数は生成の過程に欠くことのできないものと考えられる。成長のはじまりとしての二の意味は、「二つの世界」の存在として、ヘルマン・ヘッセの『デミアン』の冒頭にみごとに描かれている。[2]

片方の世界は、ぼくの生まれた家だった。いや、それどころか、もっとせまいものだった。じつを言うと、ぼくの両親をふくんでいるにすぎなかった。この世界は、大部分、ぼくにとってはなじみのふかいものだった。その名を父母と言った。その名を愛情と厳格、模範と訓練と言った。この世界には、なごやかなかがやき、あきらかさ、そしてきよらかさが所属していた。ここにはおだやかな、やさしい言葉、洗いきよめた手、清潔な衣服、よき風習が、住みついていた。……

ところが、もうひとつの世界は、すでにぼくら自身の家のまんなかで、はじまっていた。そしてまったく様子もちがえば、においもちがうし、ことばもちがうし、別のことを約束したり要求したりした。この第二の世界には、女中や丁稚《でっち》がいたし、怪談や醜聞があった。そこには、途方もない、心をそそるような、おそろしい、なぞめいた事物の、雑然とした流れがあり、屠殺場だの、刑務所だの、よっぱらいだの、がなりたてる女たちだの、子を生みかけた牝牛だの、たおれた馬だのといったようなものがあり、強盗や殺人や自殺などの話があった。これらすべての、美しくてものすごい、あらあらしくてざんこくなものが、ぐるりに、すぐとなりの横町に、すぐとなりの家に、あった。

そして奇妙だったのは、このふたつの世界が、どんなに境を接し合っていたか、どんなにちかぢかとよりそっていたか、である。……もちろん、いたるところにあのもうひとつのものがあった。ぼくは明るい正常な世界の住人だった。ぼくの両親の子だった。しかしどこへ目と耳をむけても、いたるところにあのもうひとつのものがあった。そしてなにかそぐわない、ぶきみな気持ちになることが、多かったとはいえ、そこではきまって良心がとがめたり、こわくなったりしたとはいえ、ぼくはその世界にも住んでいたのである。それどころか、ときおりは、この禁じられた世界にいるのが、もっともこのましかった。そしてしばしば、明るいところへもどるのが――もどるのは、いかにものっぴきならぬ、いいことだったとはいえ――ほとんど、一段と美しくないところへ、一段とたいくつな、一段とあじきないところへ、帰ってゆくことのように思われた。

つい引用が長くなってしまったが、ヘルマン・ヘッセのこの二つの世界の描写はまったく素晴らしい。主人公のジンクレエル青年の心の中にある二つの対立する世界が生き生きと描き出されており、われわれの共感をさそい出す。ジンクレエルは第一の世界のよさを知りつつも、それをたいくつであじきないものと感じざるを得ない。そこで、彼はだんだんと「もう一つの世界」に足を踏みいれてゆくが、そこで悪玉のフランツ・クロマアに取っつかまってしまう。クロマアと知り合うことから彼の心に生まれてきた「秘密」は、それがいかに黒い秘密であったにしろ、彼の自立への支えとなる。秘密のもつ意味についてはすでに述べた(一一五頁以下参照)が、まさにその考えがここにそのまま適用される。「もう一つの世界」の黒さが拡がりすぎてジンクレエル青年の存在を危うくしかけたとき、デミアンが登場して新しい展開が生じる。そして、ジンクレエルがデミアンを先導者として、どのように魂の遍歴をつづけていったかについては、小説『デミアン』にゆずるとして、われわれは、ここに提示された「二」の象徴的意味について考察をつづけることにしよう。

まずもっとも単純な二の存在は、まったく同じものの並列であろう。これを示す現象としては、「こだま」と「鏡像」がある。声、および姿がそのまま認知される。このような二は深い意味をもたず、並列、反響、反射などを示している。しかし、反響、反射をあらわす reflection という用語が内的な意味をもつことからも察しられるように、それは内省へのきざしを見せている。「こだま」と「鏡像」の両者の意味に関連する物語としては、まずギリシャ神話のナルキッソスをあげねばならない。

ニンフのエーコーは美少年であるナルキッソスを愛するようになる。しかし、エーコーは自分から話しかけることはできず、相手の言った最後の言葉を繰り返すことしかできないので、どのように自分の愛を伝えていいか解らない。ずっとナルキッソスの後をつけていたが、あるとき、ナルキッソスは仲間からはずれてしまって、「誰かそこにいる」と叫んだ。早速、エーコーは「いる！」と叫び返した。「おいで」というナルキッソスに対して、彼女も「おいで」と答えた。「会いましょう」、「会いましょう」と言葉を交して、喜んだエーコーが少年に両腕を投げかけようとしたとき、彼はエーコーを拒んだ。「あなたのものになるくらいなら、死んだほうがましだ」とナルキッソスは言った。エーコーは「死んだほうがましだ」と繰り返し、おし黙ってしまった。このエーコーの悲しい愛の物語を読むと、私は自閉症の子どもたちの反響語《エコラリア》のことを想起する。自閉症の子どもたちがわれわれの言葉を無表情に繰り返すとき、その内面ではエーコーの愛に匹敵するようなものが動いているのではないだろうか。そして、こだまを通じて彼等がわれわれのそばに少しでも近づいたとたんに、無意識のうちにわれわれは彼等を拒み、おし黙らせているのではないだろうか。

ナルキッソスはエーコーだけでなく、他のニンフたちも弄び、その呪いを受けて、成就することのない恋の苦しみを味わわされることになった。彼は水面に映った自らの影を愛し、わが身を恋いこがれて死んでゆく。せっかくのエーコーとの出会いを大切にせず、それとの関係を拒否した彼としては、当然の帰結を迎えたことになるのであろう。

ナルキッソスを映した水面の鏡は、こだまと同じく、外的な存在をそのまま映し出すものであるが、すでに述べたように「魔法の鏡」は内的な真実を映すものである(七六頁参照)。その場合は、もう一つの存在は単なる並列関係にあるのではなく、対立者としての意味をもってくる。あるいは、もう一つの世界がはっきりと敵対者としての意味をもつときもある。また、両者のあいだに一時的な平衡状態を示すこともあるので、「二」という数が平衡や安定を表わすときもある。

二つの世界のあいだに「調和」が成立するとき、それはもっとも望ましいものと考えられる。そのおのおのは他と異なるものとして、はっきりと分化されその差を明らかにしつつ、なお両者の間に調和が保たれている。このような状態にいたるまでの過程を、楽しく描いたものとして、ケストナーの『ふたりのロッテ』をあげることができる。このようなテーマに関連して、瓜二つ、双子、二重身などが小説や昔話などにしばしば現われるが、『ふたりのロッテ』は、容姿は似ているが性格の異なる双子の姉妹が、別れていた彼女たちの両親を結びつけるお話として、「二つの世界」の離反と結合をみごとに描いているものである。

自我と影との関係

二つの世界の存在は、内的に言えば自我と影の対立として意識される。ここで自我の防衛が完全なときには影の存在さえ意識されないときがある。しかし、影の力はそのような自我防衛を超えて影響を自我に及ぼしてくるので、自我と影とのあいだには、いろいろな形での関係が生じてくる。

まず、自我は影の存在を意識していないが、影によってなんらかの影響を受けている場合がある。こんなとき、われわれは思いがけない失敗をしたり、もの忘れをしたりすることが多い。これはわれわれが心の中の小さいトリックスターの餌食となっているときであるとも言うことができる。言ってはならないことをつい言ってしまったり、厳粛な場面で笑いがこみあげてきたりする。これを逆に言うと、われわれはあまりにも馬鹿げた失敗を繰り返すときには、どのような類の影が自我に働きかけようとしているのかについてよく考えてみることである。そこで、相手を明確にすることができれば、後にも述べるように、われわれはそれと関係がもてるのである。

影が普遍的なものに近くなり、はたらいている層が深くなるほど、自我の受ける影響は不可解なものとなる。それは第三章に述べたように、幻覚となったり、妄想となったりする。そのインパクトの強さのため、われわれは外界と内界の識別さえ難しくなるのであろう。このような自我と影の関係は、昔話や神話の表現によると、正体不明の怪物によって国や町などが脅かされている状態ということになるだろう。

ここで影の力が強くなり自我がそれに圧倒されるときは、完全な破滅があるだけである。ある個人がみすみす自分を死地に追いやるような無謀な行為をするとき、その背後に影の力がはたらいていることが多い。自殺や他殺の事件を巻き起こした人に会って話し合うとき、この感をいっそう強くさせられる。妖女の言葉を聞いて以来、十日足らずのあいだのマクベスの行為はまさにその典型である。「きれいはきたない。きたないはきれい」という妖女の言葉そのままに、マクベスは自我のもつ識別力を失い、影の力の動くままに行動し悲劇的な最後を迎える。あるいはドイツの国に突然生じた影が、ユダヤ人の上にどれほど凄まじい「夜」をもたらしたかは、すでに第三章において述べたとおりである。

このような圧倒的な影の力は、神話や昔話の世界においては、洪水や山くずれなどによっていっさいのものが破壊されるような自然現象として表わされたり、グレートマザー的な属性と融合して、何もかもいっさいを呑みこんでしまう怪物のような存在として表わされたりする。ここに示されるのは、圧倒的で抗しがたい「力」そのものである。

自我が影の力に対抗できないときは、それと関係をもとうなどとせずに、ただひたすら逃げるという手が考えられる。逃げの一手である。ここで大切なことは何ものにも心を残さず、ひたすら逃げまくるということである。これが、神話や昔話によく生じる呪的逃走(magic flight)のテーマである。この際に主人公の投げ捨てたものがいろいろなものに変化して、追手の行動をはばむということが生じる。物おしみすることなくいっさいを投げ棄ててこそ命が助かるのである。グリム童話に「名づけ親さん」という物語がある。ある男が自分の名づけ親を訪ねて行く。名づけ親の家の階段のところではシャベルと箒がけんかをしている。二つ目の段では死んだ指がたくさんころがっている。という具合にだんだんと不気味になってきて、最後の部屋を鍵穴からのぞくと、名づけ親が長い角を二本はやしているのが見えた。男がはいって行くと名づけ親は夜具をひっかぶってしまって角を隠した。男が名づけ親の家で見た奇妙なものを順番に言うと、名づけ親はなんとか説明してごまかしてしまう。最後に、「あなたは、長い角をはやしておいでした」と言うと、「なにを言うか！　とんでもないこった」と名づけ親は怒った。そのとたん、男は一目散に逃げだした。逃げださずにいたら、この男はどんな目に会わされたかわからないというのが、この話の眼目である。

影の存在に対して、それが自我を圧倒するほどの力になる前に拒否してしまうのがよい場合がある。後にも述べるように、自我が影とのあいだに適当な関係を結ぶときは、創造的で意味のある生き方がひらけてくるのであるが、そこには常に危険がつきまとう。もし影の力があまりにも強いときは、自我は破壊されるだけである。影といっても真暗な闇であることは少ない。「泥棒にも三分の理」というなんらかの理をもっている。われわれがそれに不用意のうちに釣られて耳を傾けているうちに、破滅の道がアレンジされることもあるのだ。このようなときは影を徹底的に排除しなければならない。このときも一瞬のちゅうちょも許されない。影を一挙に殺してしまうとか、どこかに完全に閉じこめてしまうとかを行わねばならない。そうすると、影の変容が生じて、それは自我の受け容れやすい存在となって再び立ち現われるのである。

影の一部が自我を完全に乗っ取ってしまうような場合がある。これがいわゆる「つきもの」的現象であり、影との同一化として第二章に示したような例がそうである。ジャネーの治療した例では、アシルは悪魔と同一化している。この場合に大切なことは自我は影によって一時乗っ取られてはいるが、それ自身が破壊されているわけではないので、両者の分離に成功し、自我の強化に成功すれば、案外、元の状態に復しやすいということである。たとえば、すでに紹介したジャネーの治療法などがその例である。

影と適当な関係ももち、その内容をできるかぎり自我に統合することをはかること、これが望ましい在り方である。ここでそのステップの第一として「名づける」という自我の機能があげられる。あまりにも未分化で漠然とした影に直面するとき、われわれはその対象の不明確さによって不安にならざるを得ない。そこで、せめて相手の名前を知ること、あるいは相手に対して適当な名前をつけることが影の自覚の第一歩としての意味をもつのである。

「名前を知る」ことの重要性を示している昔話として、わが国の「大工と鬼六《おにろく》」、グリム童話の「ルンペルスツュルツヘン」などをあげることができる。どちらも相手の名前を知るということが中心課題となる話であるが、

「大工と鬼六」のほうをとって説明してみよう。

あるところに流れの早い川があった。何度橋をかけても流れてしまうので、村人が困りはて、ある大工に頼むことになった。大工は元気よく引き受けたものの、川の流れは早いし困っていた。そこへ、鬼がやって来て、「お前の目玉をよこしたら橋をかけてやる」ということになる。橋ができあがって鬼は目玉を取ろうとするので、大工は山へ逃げる。すると遠くのほうから、「早く鬼六　まなく玉　もってこば　えいなあ」と子守唄が聞こえてくる。つぎの日に鬼がきて、もしも自分の名前を言いあてたらいいが、さもなければ目玉をもらうという。大工が「鬼六」という名前をいうと、鬼はぽっかりと消えてしまった。

この話では、大工ができそうもない話を引き受けてしまったり、鬼との約束もあいまいなうちに取りかわしてしまい、目玉を取られそうになってからあわててしまうなど、その受動的な態度が特徴的である。主人公が受動的に願望欲求に身をまかすとき、影はそれに乗じて悪だくみを仕掛ける。しかし、最後に「名前を知る」こと、つまり相手の素姓を認識するという主人公の行為によって、影は姿を消してしまうのである。ここで子守唄によって大工が助けられたという点も示唆的である。これはおそらく鬼の赤ん坊のためにその母親が歌っていたのであろう。影による危険を母性的存在によって——たとえそれが悪人の母親であっても——救われるというテーマは、洋の東西を問わず昔話などによく生じるものである。

名づけることは大切なことであるが、この段階にとどまっていることは無意味である。あるいはむしろ、マイナスのことにさえなりかねない。すなわち、名前を知ることによってすべてのことが解ったと錯覚し、それによって影と直面することを避けてしまうからである。たとえば、自分の子どもが学校に行かないので困っていた母親が、テレビでそのような子どもについての特集番組があるのを見て、「学校恐怖症」という名前を知り、すっかり安心してしまった例がある。自分の子どもは気が変になったのではないだろうかとか、精神病院に入院させねばならないのではないか、などという不必要な不安でいっぱいだった母親が、「学校恐怖症」という名前を知って、自分の子どもは「学校恐怖症というものなのだ」と知り安心したことは、それなりの意義をもっている。しかし、それによってすべてが解ったような気になり、親としてすべきこともしないようでは困るのである。実際、この番組でも学校恐怖症の子どもをもつ親はどのような特徴があるか、それをどのように変えるべきかなどということも放映しているのである。それなのに、この母親は「学校恐怖症」という名前を知ったことで満足し、テレビの指摘した親の欠点などまったく耳に入れていなかった。名前を知ることによって、かえって問題の本質に直面することを避けたのである。

名前を知った後で、われわれはその対象をよく知らねばならない。そのためには、われわれは相手をよく観察し、必要に応じて会話をかわさねばならない。ここに会話をかわすと言ったが、影との対話はしばしば対決の様相を帯びてくる。この点については次節に詳述するとして、自我と影との関係について、もうひとつだけ特殊な場合をつけ加えておきたい。

この状態をうまく言語化することは難しいが、それは自我が影を受け容れつつも、その主体性を失ってしまってはいないとでも言うべき状態である。それは、先に述べた自我が影に圧倒される状態とは、自我機能が破壊されていない点ではっきりと区別される。また、自我が影と同一化しているのともちがっている。このような同一化が生じるときは、現実認識がある程度弱まったり、自我に影の自覚の欠如が見られたりするが、そのようなことはこの場合起こり得ない。といって、自我が完全に主体性をもって影と対決しているのでもない。いわば、……でないという否定的な形態でのみ記述できるような微妙な在り方なのだが、考えてみると、このようなことこそ日本人が非常に得意とするところではないだろうか。影と戦うのでもなく、負けるのでもなく、微妙な共存を楽しむのである。ここに述べていることは、二重身の夢のところで述べたような日本人の特性や、一七六頁の夢に示されるような、影に対する受容的態度と関連するものである。このような態度は、西洋人から見る場合、しばしば影との同一化や、影に圧倒されるときと同じと見られ、自我の弱さを示すものと考えられがちである。しかし、われわれ日本人としては、このような状態も自我と影の関係のあり方のひとつとして、あげておきたいものである。

『荘子』のなかの「魍魎《もうりょう》と影」という一節においては、自我の主体性はまったく相対化されてしまう。(3) 魍魎とは影の外縁にできるうすいかげのことであるが、まず、このうすいかげである魍魎が影を批判することから話が始まっている。すなわち魍魎によれば、影は歩いていたかと思えば立ちどまり、座っていたかと思えば立ち上がる。どうしてそんなに自主性のない行動をするのかというのである。これに対して影は答える。

「おまえは、おれが主人の動くなりに動くからといって非難するが、ほんとうにそうなのかねえ。おれの主人にしたところで、果たして自分の意志で動いているのかどうか。もしかすると、やはり何かほかのものに動かされているので、形はあってもぬけがら同然のものかも知れぬ。われわれには、なぜ自分が動くのか、わかりっこないんだよ」と。

ここに、自我は影と同等に主体性のあやふやな存在であり、「やはり何かほかのものに動かされている」のかもしれないとされてしまっている。このような完全な相対化が行われるかぎり、自我と影との対話ということさえ無意味とされるかもしれない。われわれとしては、このようなことも考慮にいれながら、「影との対話」の問題を考えてゆきたい。

二　影との対話

死の象徴

影との関係は危険に満ちていることは何度も指摘してきた。影に魅せられたために命を失うこともある。梶井基次郎の『Kの昇天』(4)は、影に魅せられた男の死を静かに描き出している。Kは満月の夜に海辺で溺死するが、それは過失死か自殺か不明である。ただ事情を知っている「私」は、Kの溺死を聞いて「K君はとうとう月世界へ行った」と思う。「私」はKに初めて会ったときのことを思い出す。Kは満月の夜に浜辺で、前に進んだり、後に退いたり、と思うと立ちどまったり、を一人で繰り返していた。落とし物でもしたのかと近づいて行くと、Kは次のように説明してくれた。月の光のもとで自分の影を見つめていると、影にだんだんと生物の相があらわれてくる。そのうちに影の自分は自分自身の人格をもちはじめ、それにつれてこちらの自分はだんだん気持ちが杳《はる》かになって、ある瞬間から月へ向かって、スウスウ昇って行く。魂が月の光線をさかのぼって昇天して行くというのである。このことがあったので、「私」はKの死を聞いたとき、Kは月へ向かって昇天したのだと思ったのである。もっともそれはひとつの直感である。「K君は、影は阿片のごときものだ、と言っていました。もし私の直感が正鵠を射抜いていましたら、影がK君を奪ったのです。しかし私はその直感を固執するのでありません。私自身にとってもその直感は参考にしかすぎないのです。ほんとうの死因、それは私にとっても五里霧中であります」と「私」は述べている。

これは文学作品であるが、われわれが実際に経験する事例でも、その死が過失死か自殺であるか、「ほんとうの死因は五里霧中である」ということがわりにある。そして、その背後に影の存在を感じることは多い。影は多くの人を死に追いやる。この節では、影と死の問題について考えてみたい。

まず、第二章にあげた多重人格の事例について考えてみよう。第三人格のジェーンは自殺を企図するが助かって、そこに第四人格のエヴェリンが出現する。このエヴェリンがもっとも統合性の高い人格と思われるが、その出現の前にジェーンが自殺を企図したことについて考えてみたい。ここで、彼女の人格は急激な変化を遂げたわけであるが、このような劇的な変化は、死と再生の秘儀によってこそもっとも象徴的に表現し得るものではないだろうか。死んで生まれ変わるという一般の表現がもっともぴったりとあてはまるのである。ジェーンという古い人格が死に、そこに新しいエヴェリンという人格が生まれでてくる。これほど明白な人格変化はあり得ない。

一般の人はこのような多重人格ではないので、簡単に新しい人格に生まれ変わることはないが、これに近い体験をもつことはある。ある同性愛の女性は自殺を図り、助けられた後に同性愛の症状が消え失せるが、そのときのことを、「死ぬほどのところをくぐらなかったら」自分は同性愛的傾向を断ち切ることができなかったと述べている。つまり、ここで彼女は一種の死と再生の体験をしているのである。このように考えると、ここで彼女を自殺に追いこんだのが彼女の影であるとすれば、影の行為の「善悪」の判断というのは、まったく難しいことになってくる。ジェーンが薬を飲んで自殺を図り、その後で「目を覚ました」とき、エヴェリンは「彼女が私を殺そうとしている！」と叫んでいる。彼女、つまりジェーンはエヴェリンを殺そうとした。しかしこの行為こそエヴェリンの誕生を誘発したのだと思うと、事態の善悪を判断することはずいぶんと複雑になるのである。

われわれはこの世に生まれた瞬間から、常に死の可能性をはらんで生きている。「生」は「死」に向かって進行しているのであり、生きることとは、すなわち、死につつあることである。生に対して常にその反対方向の死という裏づけをもってこそ、われわれの生がダイナミックな弾力性をもつのであろう。そして、われわれが自分の生をより十全に生きようとするならば、同時に「死につつある体験」をもそこにあわせもつことが必要であろう。ここに「体験」という言葉を用いたが、それはその個人の経験したことが自我の中に取り入れられ、今後のその人の生き方の中に定着していることを意味している。多くの人は経験したことを、真の体験にまで深めることなく生きている。たとえば、われわれは生きていることが「死につつある」ことを、よく忘れてしまっている。

聖職者である樋口和彦は、はやくから現代人のこのような死に対する態度の問題点を指摘している[(5)]。彼は古代人や中世人が死を自然の一部と見て、死の固有の意義をその世界観の中にうまく取り入れていることを指摘し、それに反して、現代人は「死」の取扱い方があまりにも片よっているために、「死」に対する過度の恐怖感などをおこし、人間を極度に不幸な状態におとしいれ」ているとと述べている。確かに、第三章の「地下の世界」において少し触れたが、古代人や中世人は彼等の世界観の中に、象徴的で可視的な「死の位置」を定めている。しかし、われわれ現代人にとっては、死者の世界がその世界観の中に位置づけられていないのである。これについて、樋口は、「このような現代人の「死」に対する考え方は、更に現代人の誤っている素朴な肉体観とも関連をもっている。現代人の多くは自分の肉体は無限に直線的に発展しつづけると素朴に考えている。……したがって、死は現代人にとって、いつも「経験しないなにか」であり、生の延長上にしかなく、結局、死は経験せずにすむものという直線的な死生観を信じている」と指摘する。

現代人のこのような死に対する否定的な態度を反映してか、心理療法を受けにくる人たちが分析場面において、今まで否定しつづけてきた死の体験を凝集された形で味わうことになるのも当然のことと考えられる。あるいは、心理療法というものが人格の変容を目標とし、古い自我の体制が破壊され、新しい自我が再構成されてゆく自己実現の過程を歩むことを要請するものであるかぎり、それは常に「死の体験」を必要とすると言うことができる。このような観点に立つかぎり、ヒルマンの「分析は死ぬことを意味する」[6]という断言も納得されるのである。

このように言っても、象徴の世界における死は、必ずしも肉体の死と直結していないことはもちろんである。たとえば一一〇頁に示した夢の場合を考えてみよう。この夢の中で、主人公のお姫さまは自殺しており、しかも、夢を見た女性は、「夢の中で、お姫さまは結局自分自身であるような気がした」と述べている。ここでは、自我と影の境界があいまいになり、したがって「死の体験」もやや漠然としている。しかしながら、このような体験を通じて、この女性の人格の変容が行われていったことは事実である。

次の詩は、ある青年のつくったものであるが、これはユング派の分析家ヘンダーソンに分析を受けていたときにつくったもので、死と再生の過程への望みが象徴化されて表現されている。[7]

とらわれ

私は海から釣りあげられた魚である
それを釣りあげた海岸にいる男、それは私だった
えさで私をさそい、そして釣糸を引いたのは私だった
私は下へ、深く、もどりたいと願う
しかし、陸にいる男は容赦しない

私の少年時代は砂の上に死んだ
それは大きな手の中に横たわっている
その手が糸を引き、鉤をはずす
そして私を料理するように妻に渡す

この詩では、とらわれ、死に導かれるのは、魚である私であり、それを釣りあげ料理するのも私である、として表現されている。「私の少年時代は砂の上に死んだ」という言葉が示しているように、少年から成人へと変化するとき、その人はひとつの死の体験をしなければならない。通過儀礼《イニシエーション》の基本的な構造を支える死と再生のパトスがここに詩として歌われている。

影は自我の死を要請する。それがうまく死と再生の過程として発展するとき、そこには人格の成長が認められる。しかしながら、自我の死はそのまま、その人の肉体の死につながるときさえある。このような危険性を含んでいるだけに、自我はときに影のほうを死に追いやるときがある。われわれは夢の中でときに殺人を犯したり、他人の死を体験するが、その相手がわれわれの影の像であることは多い。そのときは、影は殺されて一度無意識界に沈み、新たな形態をとって、自我に受け容れやすいものとなって再登場してくるであろう。しかし、影の死さえ、本人の死につながるときもある。影といってもそれは自分の影であるかぎりにおいて、自我とは簡単に切り離すことができないのである。第一章で「影」についての未開人の考えを紹介した際に、影がいかにわれわれの魂と同定されているかということを述べた。あるいは、文学作品におけるオスカー・ワイルドの『ドリアン・グレイの画像』やエドガー・アラン・ポーの『ウィリアム・ウィルソン』などにも、影の死がすなわち本人の死となることが描き出されている。

自我と影とのこのような癒着状態に加えて、問題をますます困難にするのは、象徴の世界と現実界、内界と外界の対応の事実である。われわれ分析家としては、今まで述べてきた、影との戦いや死が夢の世界においてのみ生じるのならば、ただ黙って話を聞いているだけでも事足りたであろう。しかし、実際には、これらのことは常に外的な現実とからみ合っているのである。そのため、われわれは実際に自殺や他殺の現象に直面せざるを得なくなっている。すでに、ある同性愛の人が最後に自分を振り切るときに自殺未遂をして、「死ぬほどのところをくぐらなかったら……」と言った事実に触れておいた。

自殺を企図する人や、自殺未遂の人に相対して、われわれ心理療法家としては、その人の身体的な死をあくまで防止しなければならないという仕事と、その人の再生につながるものとしての象徴的な死を成就させてやりたいという仕事の間のジレンマに追いこまれる。この人が内面的な死の代わりに自殺という実際的な手段をとっているという事実が、すでにこの人にとって内界と外界がいかに混同されているかを示している。それゆえにこそ、われわれも苦しい立場に追いこまれるのだが、このときに、自殺の防止という事実に心を奪われてしまって、内面的な死の成就ということを忘れ去ってしまうと、せっかくのその人の再生への願望までつぶしてしまうことになる。このことはもちろん本人には明確に意識されないのではあるが、結果的には自殺を防止した人を恨んだり、また自殺企図を繰り返したりする現象としてあらわれてくるのである。

本人の身体的な死をあくまでも防止しつつ、内面的な死の願望を尊重する態度で接していると、解決はその本人の無意識界からもたらされてくることが多い。自殺を企図し、死に対する恐怖感をもっていない人が、夢の中で、不治の病いを宣告されたり、猛獣に追いかけられたりして「死の恐怖」を味わったり、生きたい！　という生への願望を体験したりすることはわりにある現象である。死を恐れていないと思っていた人が、夢の中で死の恐怖を体験し慄然とする。実際、自殺をする人たちは、死の恐怖を感じない強さをもっているのではなく、自我の弱さのため死の恐怖を感じることができなくなっている場合が多いのではないかと思われる。今まで死を恐れないと言っていた人が、夢の中で獣に追われて逃げまわっているのなどを聞くと、われわれもトリックスターぶりを発揮して、「あなたも自殺したがってるのだから、せっかくの機会に喰われてしまえばよかったのですのに」などと冗談のひとつも言いたくなってくるのである。

自我と影との対決にはしばしば命のかかることがあるとはいえ、そこに常に死の体験が生《なま》の形ではいりこんでくるとはかぎらない。現実に自殺や他殺の事件を起こすよりは、内面的にそれを体験してもらうほうがいいのは当然であるし、内面の世界においても死が生じるよりは、生きていて話し合うほうがいいとも言うことができる。要は、われわれが影の要請に対してどれほど真剣に取り込み、わがこととしてゆくかであって、そこに生じる事件の大きさは問題ではないというべきであろう。自殺について述べたことと同じように、多くの場合、外的な事件の大きさに反比例して、われわれがそれを内面的に体験することは少なくなるものである。自我はそれをすべて消化することに耐えられないのである。

「影の死」と「影との対決」の問題を如実に示している夢がある。既に発表したものであるが(8)、適切なものであるのでここに再録しておく。二十五歳の男性の夢である。

夢　私の兄が何か反社会的なことをしたため逮捕されることになる。夢の中では、これは武士の時代のようになっていて、兄は拘引されるよりは切腹を希望する。私もそれを当然のことと思っている。ところが、切腹のときになって私は「死」の意味することがはっきりとわかり、必死になって兄をとめる。「死なないで、ともかくどんなことがあっても生きてさえいれば、会うこともできるし話し合いもできる。死んだらおしまいだ、死なないで!」と私は叫ぶ。

この夢を見た人は、社会的な規範を守り、その線で合理的に割り切って生きてゆく人であり、その兄は何とか現状を打ち破り法律を曲げてでも状態をよくするために行動する人であるという。この対照的な性格を示す兄が影の像であることは言うまでもない。兄が反社会的なことを犯したという点にもそれが表わされている。しかし、夢は舞台を「武士の時代」に設定するという巧妙な手段をとって、本人と影との間に役割の変化や関係が生じてくるようにする。逮捕よりは切腹をよしとして兄は死のうとし、自分も当然と思う。このあたりは社会的規範に従って割り切って考える人々の態度がよく出ているが、影のほうまでそれに従うところが面白い。そして最後の瞬間にこの人の態度は逆転し、社会的通念に反して、生きることを兄にすすめる。彼はここで社会的規範を破って自分の心の中に流れる感情に従って行動し、影の死を救う。「生きているかぎり話し合える」と彼が叫んだことも意義が深い。ここに死を免れた影との対話を重ねてゆくことによって、この人がその生き方を変えてゆくことが期待されるのである。われわれとしては影の死や自分の死を安易に期待するよりは、それが死ぬほどの苦しみを与えるものであっても、影との対話をつづけてゆくほうが、より建設的であると思われる。

東洋と西洋

影との対話は、われわれの内面においてもなされるが、それはしばしば影の投影を受けた実在の人との対話という形で行われる。われわれは周囲にいる人と対話し、ときには口論する。しかし、それが本来的な影との関係に近づくほど対話というよりは対決というほうがふさわしいものになるであろう。一般に「対話ムード」などということで連想されるようななまやさしいものではない。それは自分の存在をかけたものとなるはずである。ここに、そのような対話の例をひとつあげることにしよう。これは、わが国には『カラハリの失われた世界』[9]などの著者としてよく知られているロレンス・ヴァン・デル・ポストの著作、“A Bar of Shadow”に語られている物語である。

これは、第二次世界大戦中に日本軍に捕虜となったイギリス人、ジョン・ロレンスと、日本の軍曹ハラの物語である。これはフィクションではあるが、ヴァン・デル・ポストが日本軍の捕虜であったことは周知のことであり、彼の実際的経験にもっと密着して書いたと思われる近著の『新月の夜』[10]の記述からも、この「物語」の真実性が推し測られるのである。

ロレンスの収容されているマラヤの捕虜収容所には、日本の鬼軍曹ハラが君臨していた。そこには名目上の司令官として若い少尉がいた。ハラはこの上官に対して実直そのものに振る舞ったが、「ハラが、こころひそかに自分の優越を感じていたことは疑いない。必要とみたときには、ハラはためらわず、その場の指揮をとった」。彼の背丈は実に低く、しかも横に広いため、ほとんど正方形に近かった。頭はないに等しいほど小さく、足は短くガニ股であった。口にはズラリと金ぶちの歯が並んでいる。彼が捕虜に対してどれほど苛酷であったかは、われわれにとって想像にかたくはない。自分の部下に対してさえ、「精神をたたき直す」ために、日本軍の下士官がどれほどのことをしたかをわれわれはよく知っている。捕虜たちにとって、ハラは「白黒の野獣」、または「黄色の野獣」であった。そして、ロレンスはハラによって殺された人を除けば、彼にもっとも酷い目にあわされた男であった。

すべての捕虜が恐れ嫌っているハラに対して、ロレンスは公平な観察を下していた。

「とにかく、彼の両眼をちょっとのぞいてみることだ」とロレンスは言った。「あの瞳《め》には一点の下劣さも不誠実さの影もさしていない。太古の光を宿しているだけだ。現代の油を補給され、光を増した、明るく輝く太古の光がね。あの男には、なんとなく好きになれる、尊敬したくなるなにかがあるな。」

ロレンスはハラについて次のようなことも言った。

「ハラは生きた神話なんだ。神話が人間の形をとって現われたものなんだ。強烈な内面のヴィジョンが具現したものなんだ。日本人を一致団結させ、彼等の思考や行動を形づくり、強く左右する、彼らの無意識の奥ふかく潜むヴィジョンの具現なんだ。」

ロレンスのこのような深い理解によって、おそらく彼とハラのあいだにはひそやかな友情が生じていたのであろう。ハラがロレンスにもっとも酷くあたったという事実は、これがハラの友情の表現ではなかったかと思われる。ハラはある晩に酔っぱらって、ロレンスを呼び一緒にしゃべっているうちに、どうして捕虜になるという恥を耐えて生きているのかと詰問し、「君が死んだら、もっとぼくは君が好きになるだろう」と言っている。これに対して、ロレンスは、捕虜になることが「恥」であることを認めるにしろ、「恥ということは、危険とおなじように、勇敢に耐え、生き抜かるべきものであって、卑怯にも自分の一命を捨てることで回避すべきものではない」と答えるが、ハラは理解できず、「ちがう、ちがう、死ぬのが恐ろしいからなんだろう」と言って無視しようとする。

ロレンスは何かの罪で独房に入れられ、毎日拷問を受ける。ハラは「ケンペイタイ」の拷問に加わることがあったが、それは彼に拷問の意志があるからではなかった。彼は周囲の人のすることにすべて従うという、「ほとんど神秘的な、深い必然の感覚」をもっている。「まるで彼等は、個人のことは、何ひとつ経験することができない人間のようだった。まるで、ある人間の考えや行いが、たちまちにして他人に伝染し、黒死病や黄熱病のように、残虐行為という悲運の疾病が、あっという間に彼ら個人の抵抗心を抹殺してしまったかのようであった。」日本人のこのような「個人として生きる資格を拒絶しているような」生き方は、日本にかつて住んだことがあり、日本人を非常に好んでいる彼でさえ、日本人の社会を「雄の女王蜂である天皇を中心とする、一種の蜂たちの高等社会」とさえ考えたくなるほどであった。

ところで、毎日の拷問を受けていたある晩、ロレンスは急に呼び出される。当然の拷問を予期していた彼に、ハラは思いがけないことを言う。

「ろーれんすさん、ふぁーぜる・くりーすます、知っとるかな?」

「さん」づけをして呼ばれたうえ、まったく予期しないことで驚いてしまうが、ロレンスは、やっと、「知っています」と答える。

ハラは「エへーヘッ!」と満足げで、「今夜、わたし、ふぁーぜる・くりーすます!」と大声で笑いながら言う。そして、ロレンスを独房から釈放することを告げた。まったく半信半疑のまま、外へ出ようとする彼の背後から、突然、ハラの号令のような大声がひびいた。

「ろーれんす!」

ロレンスは絶望に目をつむる思いで振り向いた。おそらくこれは日本人のよくやる悪辣ないたずらと拷問のたくらみだったのであろう。このような突然の釈放などまったく考えられないことだから。しかし、ハラはまだ二コニコしていた。そして、ロレンスに向かって叫んだ。

「ろーれんす、めりい・くりーすますぅ！」

実際にハラはロレンスにとって、「ふぁーぜる・くりーすます」であった。後に判明したことであるが、ロレンスは十二月二十七日に日本軍によって死刑にされるところを、ハラの特赦の申請によって、クリスマスの日に助けられたのである。

戦争も末期になると、収容所のハラの部下たちの中には急に捕虜に対して、おべっかを使うものさえ出てきた。しかし、ハラだけは不動であった。彼の信念どおりに行動しつづけた。この間におけるエピソードは省略するとして、ついに終戦となり、ハラは戦犯となった。ロレンスはハラの助命のために奔走するが無駄であった。ハラは裁判のはじめから自分の行為をみとめ、死刑の宣告を眉ひとつ動かさずに受けた。彼は法廷を立ち去るとき、ロレンスと目が合うと、手錠がはまったままの腕を頭上にさしあげ、満面にあふれんばかりの微笑を浮かべた。それはまるで、世界チャンピオンのタイトル・マッチの勝者であるかのような姿であった。

ハラは死刑の前日ロレンスに会いたいと願い、ロレンスは夜おそくハラを牢獄に訪ねた。ハラはすっかり覚悟を決め、体を浄め、頭もそっていた。彼は話しはじめた。

「あなたには、われわれ日本人がわかるという気が、わたしにはいつもしていた。わたしがあなたを義務上、殴らねばならなかったときでさえ、殴っているのはこのわたしという個人ではない。わたしはしなければならないからしているだけだ、ということがあなたならわかってもらえると思っていた。あなたはわたしが殴ったからといって、にくんだりはしない人だった。あなたがたイギリス人は公平で公正な人たちだと聞いている。わたしたちから見れば、どんな欠点があるにせよ、われわれは、あなたがたを、公正な民族として尊敬の目で見てきました。」

ハラは彼の考えに基づいて捕虜たちに正しく接してきたのだ。彼はもちろん死ぬことを恐れていない。ただ、どうして自分は罪人として死なねばならないのかが解らない。自分のどこがまちがっていたのかを教えてほしいというのがハラの問いであった。これに対してロレンスは答えに窮する。彼は戦争裁判に深い疑問をもっていた。日本人のために何度も拷問を受け死地に追いやられた経験をもちながら、彼は戦争裁判という形で示される「わけのわからない復讐心ほど無駄なものはない」と考えていたのだ。

「今彼を、彼の掟でもなく、また彼がかつて聞いたことさえない掟の下に、弾劾することは、ちょうど彼や彼の上官が、われわれのものではない日本の掟に違背したからといって、罰したり殺したりしたのと、まさに同じ悪なんだ。ハラは自分の内心の光に反する罪を犯したりはしなかったようだな。……彼は正しい理由に立って悪いことをしたといえるだろう。しかし、まちがったしかたで正しいことをいま行っているわれわれに、どうしてこのこととの清算がやれよう。」

しかし、ロレンスは何もすることができなかった。ただ、自分にもし力があれば、喜んでハラを釈放し家族のところに帰してあげたいが……と彼に告げるのみであった。ハラは深謝し、「じゃあ、わたしは何をしたらよいのでしょう」と問いかけた。ロレンスはやっとの思いで次のように言った。

「あなたの指揮下の牢獄にいたころ、わたしの部下が絶望しそうになると、わたしがよく言ってきかせた言葉がありますが、その言葉をあなたもご自身に言いきかせてみることです。「敗けて勝つという道もあるのだ。敗北の中の勝利の道、これをわれわれはこれから発見しようではないか」と。多分これが、今のあなたにとってもまた、征服と勝利への道だと思うのです。」

ハラは感動して言った。

「そ、それは、ろーれんすさん、それこそ、まさしく、日本人の考えです！」

暫く話し合った後、別れの時がきた。立ち去ろうとするロレンスの背後にハラの大声がひびいた。

「めりい・くりーすますぅ、ろーれんすさん。」

ふり返ったロレンスはそのときのあまりにも美しいハラの瞳にひかれ、本能的にハラを抱きしめ、額に別れの口づけをしたいと思った。しかし、彼のイギリスの士官としての意識した半身はそれを許さなかった。彼はハラを後に残して扉をしめた。街へ帰って行く道すがら、彼はハラの最後の表情を思い浮かべた。後悔の気持ちはだんだんと大きくなり、自分の本能的な行為を押しとどめた上品な意識を悔やんだ。彼はついに意を決して刑務所に引き返した。しかし、ハラはすでに絞首された後であった。

「ぼくらは、いつも、手おくれでなければならないのだろうか？」と言うロレンスの独白が、まさに「牢獄の影さす格子」のように、われわれの心の中に重い影をなげかけてくるところで、この物語は終わっている。

長々と紹介を試みたが、この物語が、影との対話、東洋と西洋との対話、という点で示唆するところが大であると思ったからである。一般の西洋人にとって「黄色い獣」としか思われないハラに対して、ロレンスは対話を試みる。しかし、日本人のハラが主導権を握っていた捕虜収容所における「対話」は、主として身体的なことによって行われた。つまり、そのほとんどはハラのロレンスに対する殴打であり、拷問である。あるいは捕虜の中でロレンスのみが認めたハラの瞳の輝きである。これらの非言語的な行為を、ロレンスはひとつのコミュニケーションとして受けとめ、その中に深い意味を読みとることができた。それゆえにこそ、彼のハラに対する「なんとなく好きになれる、尊敬したくなる」気持ちは、言語的に伝えられることはなかったにしろ、ハラには了解されていたのだ。そして、ハラはロレンスに対して大きいクリスマス・プレゼントを贈ることになる。このとき、ハラが英語で――それはロレンスにとって、ハラが口にするのを聞いた、ただ二つの英語であったが――「めりい・くりーすますぅ！」と言ったのも印象的である。

終戦を境にして彼等の立場は一変する。死刑囚となったハラと、ロレンスとのあいだのコミュニケーションは、もっぱら言語的になされる。ここで、死を恐れないハラが「なぜ？」と問いかけるのは意義が深い。ハラがまったく日本人的な人生観によって行動するならば、すべては「仕方がない」こととして受け容れるべきではなかったか。死刑の宣告をチャンピオンのように受けとめた彼は、死の間際になって、「なぜ」ということを問題にしているが、それこそは西洋人が発する問いではなかっただろうか。正しいとか正しくないとかは問題でなく、負けたのだから仕方がないと彼は考えなかった。正しいことをした自分がなぜ罪人として死なねばならないのか、と彼は合理的な問いを発する。そして、それに対するロレンスの答えは、まったく日本的なものであった。

ここに影との対話の特性がみごとに描きだされている。影と真剣に対話するとき、われわれは影の世界へ半歩踏みこんでゆかねばならない。それは自分と関係のない悪の世界ではなく、自分もそれを持っていることを認めねばならない世界であり、それはそれなりの輝きをさえ蔵している。これは二人がかつて捕虜収容所において、酒を呑みながら交わした対話と好対照をなしている。そのとき、ハラはロレンスが捕虜としての恥を受けつつ生きていることを非難し、ロレンスは自分の考えによって反論する。両者は一歩も自分の世界から出ていないし、最後はその場の強者であるハラの相手を無視する態度によって終わっている。そこには本来の意味における対話はない。相手の世界にほんの少し踏みこむことによって対話が始まる。

それにしても、ロレンスは最後になって、自分の感情のままにハラを抱きしめなかったことを悔やまねばならなかった。「ぼくらは、いつも、手おくれでなければならないのだろうか?」とのロレンスの問いは、おそらく万人に共通するものであろう。われわれは人間であるかぎり、影を抱きしめるほどの力をもっていないのではないだろうか。われわれは同じ人間として、決してなくなることのない影を自ら背負って生きてゆかねばならない。影の自覚、影の統合と言っても、それは無限の量の水から、自分の掌の大きさに合わせて、一すくいの水をすくいとることを意味している。その一すくいの水も無限の粒子を含んでいることは事実であるが、残された水も、もちろん無限である。

影の露呈

先に示したロレンスとハラの対話において、二人が日本軍の捕虜収容所において、虜囚の恥という点で論じあったときと、ハラの死刑の前夜に二人が交わした対話とには著しい差があることを指摘した。前者の場合には、二人とも自分の既存の人生観をいかに守るかという点に終始し、結局は相手の無視ということで話を終えるより仕方がなかった。ところが、後者の場合では、ハラは自分の死に「なぜ」と問いつづける態度を示した。これは彼のそれまでの日本的な運命観の影の部分に存在したことであり、ここに、はっきりとハラは自分の影を露呈してみせたのである。これに対してイギリス人のロレンスは、他のイギリス人たちの肯定している戦争裁判につきまとう影の存在をはっきりと語り、ハラが「それこそ、まさしく、日本人の考えです」と叫んだような考えを明らかにする。つまり、ロレンスもここに自分の影の存在を相手に対して明確に示したのである。

二人の人間の対話が真に建設的なものとなるためには、お互いが他に対して自分の影を露呈することがなければならない。しかし、これはきわめて難しく、成熟した「時」を待ってはじめて可能なことである。不用意に露呈された影に対して、相手が攻撃の剣をふるうならば、それは必殺のものとなるであろう。あるいは、それを背負う決意をもたずになされた影の露呈は、そのなかへのセンチメンタルな埋没をさそい、二人は暗黒の世界に沈むことになるであろう。

東洋と西洋、影の露呈という点で、ここに取りあげたい話がもう一つある。それは、ドイツの哲学者、オイゲン・ヘリゲルと、彼の弓道の師、阿波《あわ》研造《けんぞう》師範とのあいだに行われたものである。一九二四年から五年間、東北帝国大学において哲学を教授したオイゲン・ヘリゲルが日本の弓道を学び、それをいかに体得していったかについては、すでに彼の有名な著書『弓と禅』[11]によって知っている人も多いと思うので、ここに繰り返すことは避けたい。ここではその中に示されたひとつの事象を取りあげて論じることにする。

合理主義の哲学を専攻するヘリゲルは、師範との対話を交わす度に途方にくれてしまう。彼は言う、「私が弓を引き射放すのは、的《まと》に中《あ》てる為です。引くのはそれゆえ目的に対する手段です。そしてその関係を私は見失うわけにはいきません……」と。これに対して師範は大声で言い放つ。「正しい弓の道には目的も意図もありませんぞ！　あなたがあくまで執拗に、確実に的に中てるために矢の放れを習得しようと努力すればする程、益ゝ放れに成功せず、愈ゝ《いよいよ》中《あ》たりも遠のくでしょう。あなたがあまりにも意志的な意志を持っている事が、あなたの邪魔になっているのです。……」日本人ならもっと前であきらめてしまうところだが、この西洋の哲学者はあくまで師範に論理的に問いつめてゆく。最後は、

「そんな事を今まで尋ねた弟子はありません。だから私は正しい答を知りません。」

「では何時この新しい稽古が始まるのですか。」

「時が熟すまでお待ちなさい。」

という会話で終わりになる。このようなことを繰り返しつつ、彼はついに的に向かって射ることを許されるようになった。しかし、ここでも「あなたの念頭から中《あ》たりを追い出しなさい！」という師範と、的を狙わずにどうして中てることができるのかという弟子との会話は、常に平行線をたどる。そして、「それでは先生は眼隠しをしても中てられるにちがいないでしょうね」という言葉が、思わず、この温厚な哲学者の口から洩れる。これに対して、師範は「今晩お出でなさい」とだけ言った。

その夜、一本の線香の火だけで、まったく暗闇につつまれた道場において、師範はヘリゲルの前で射を試みた。「彼の甲矢《はや》は皎々《こうこう》たる明るみから真暗い闇の中へと飛んでいった。炸裂音で私はその矢が的に中たった事を知った。乙矢《おとや》もまた中たった。垜《あずち》の灯をつけたとき私は、甲矢が黒点の中央に当たり、又乙矢は甲矢の筈を砕いてその軸を少しばかり裂き割って、甲矢と並んで黒点に突き刺さっているのを見出した。私は呆然とした。そしてその矢を別々に引き抜くに忍びず、的と一緒に持ち帰った。」

これはまさに「この二本の矢をもって、師範は明らかに私をも射とめたのであった」と、ヘリゲルの言うとおりであった。ここに、彼は別人のようになって稽古に励むようになるのである。

ここで非常に興味深いことは、師範がこのような試みをヘリゲルのためにしてやったという事実である。「それでは先生は眼隠しをしても中てられるにちがいないでしょうね」と思わず口から洩れたこの言葉は、明らかにトリックスターのものである。誠実に、論理的にひたすら弓道を究めようとしていた学究の口から、ひとつの挑戦が試みられたのである。これは裏がえしてみれば、「先生そんなにわけの解らないことを言って、まさか眼隠しして中てることができるとまで言うのですか」という皮肉がこめられている。礼儀正しい学究的態度も限界に達したのだ。これに対して、師範はそのトリックスターの誘いに乗ってしまったのである。ここで、師範が「この失礼なことをいう西洋人の目に物見せてやろう」とまでは思わないにしても、「この熱心な西洋人の弟子に教えてやるために」、ひとつの射を試みようとしたのであれば、それは彼が日ごろから主張している、「正しい弓の道には目的も意図もありませんぞ！」ということとどう関連するのであろうか。彼は愛する弟子のために、という意図をまったくもたなかったのだろうか。

ここにも「影の露呈」ということが言えそうである。論理的な哲学者の影から飛び出してきたトリックスター、それに応じることを敢えてした師範も、その弟子のためにという意図をもって的に向かい、彼の影の部分を露呈している。そして、そこに乙矢が甲矢の筈に中たるという素晴らしい結果が生じたことは、先にも述べたように、この影の露呈が「成熟した時」においてなされたことを示している。しかし、ここで「時」ということをも考慮するならば、この現象を単に影の露呈ということを超えた事象として記述したほうがいいようにも思われる。

師範がヘリゲルに「今晩お出でなさい」と言ったとき、「この弟子のために」という気持ちがまったくなかったというと嘘になろう。しかし、この西洋人を説得するために「離れ技」を演じようなどとも思わなかったであろう。おそらく、彼の心のうちで「結果」はほとんど意味をもたなかったろうし、その「予測」もなかったであろう。極端に言えば、彼の暗闇に試みる射によって、ヘリゲルが彼のもとを去ることになっても、別にそれは構わないことであったろう。彼の心がほんの少しでも、弟子の説得のほうに傾いていたら、こんな結果は生じなかったであろう。彼はヘリゲルに結果を説明して言っている。自分はこの道場に慣れているから、甲矢が的に中たるのは、いかに暗闇でも不思議でないかもしれない。「併し甲矢に中たった乙矢――之をどう考えられますか。とにかく私は、この射の功は〝私〟に帰せられるべきものでない事を知っています。〝それ〟が射たのです。そして中てたのです。仏陀の前でのように、この的に向かって頭を下げようではありませんか」と。

すべては「それ」がしたことであった。このように考えると、ここにこの事象のみを取りあげて論じるのは誤りと考えられる。この本質を考えるためには、師範とヘリゲルのあいだに、それを取りまくすべてのもののあいだに生じたことを考慮にいれなければならないであろう。ここにいたるまでの、われわれ日本人から見れば笑いだしたくなるようなヘリゲルのきわめて合理的なアプローチ。たとえば、彼は意図せずに矢を射るために、拇指をおさえている三本の指の力をだんだんと抜いてゆくという「工夫」をこらし、あきれた師範は教えることをやめたいとさえ言っている。あるいは、ヘリゲルに接近するため哲学概論を読んだ――途中で放り出してしまうが――という師範の意図的な努力。これらすべての流れのなかで、「それ」はこのような乙矢が甲矢に中たるという奇蹟を演出するのだ。「それ」のみごとなアレンジメントのなかに両者の影がみごとに包摂され、全体を形成しているのである。「それ」のはたらきの一貫した流れのなかで、両者は影の露呈を体験したことになる。これはロレンスとハラの対話の場合も同様である。(12)「それ」を背後にもったアレンジメントのなかでこそ、影の露呈が高い意味をもつことになるのである。「それ」によるアレンジメントの「時」の問題は、すでに少し触れておいた「共時性」とつながってくる。弓の師範はヘリゲルに対する説明のなかで、「自然の中にはすでに、不可解ではあるがそれにも拘らずあまりに現実的なので、吾々がその外の仕方では在り得ないかのように馴れてしまっている一致が在るという事を忘れないで下さい」と言っている。これこそユングの言う「共時性」そのものである。影の露呈はこのような共時的な現象として生じるときに、意味をもつのである。

三　影と創造性

創造性

創造性と無意識の関連については、ユングがつとに指摘してきたところである。フロイトによって最初に無意識の概念が提唱されたときは、それが意識によって抑圧された心的内容の集積として見られる点が強かったが、ユングは早くから無意識のもつ創造性について注目していたのである。

ある個人の心の中に生じる創造過程を簡単に記述してみると次のようになるだろう。まず、その人は新しい考えや、知識の新しい組合せを試みるために、意識的努力を傾けるであろう。しかし、そのような試みがどうしても無駄だと解ったとき、その人の意識的な集中力は衰えはじめ、むしろ外見的にはぼんやりとした状態となってくる。このとき、今まで自我によって使用されていた心的エネルギーが退行を生じ、それは無意識のほうに流れてゆく。このようなときは、その人は一種の混沌の状態を体験するわけであり、まったく馬鹿げた考えや、幼稚な思いつきや空想が心の中をよぎる。そこで、その人はその馬鹿げて見える考えを簡単に否定せず、自由に動くにまかせていると、そのあるものはだんだんと力をもってきて、自我の存在をおびやかすほどにもなってくる。

ここに意識と無意識との対立が生じるが、それをそのままで長く耐えることが大切である。この対立関係を中心としながらも、無意識の力は相変わらずはたらき、様相を変化せしめたり、また新しい内容を出現せしめたりする。そのうちに、これらの対立を超える調和が発見され、対立する両者の片方が否定されることによる決定ではなく、両者を生かす形での統合の道がひらけてくる。ここに創造の秘密がある。このとき、今まで無意識内に逆流していたエネルギーは反転して自我のほうに流れはじめ、ここに再び力を得た自我は、新しい統合の道を現実とのかかわりのなかで固めてゆくことになる。

このような創造過程のなかで、意識と無意識という二者の対立として述べたことを、もう少し詳しくみると、第一章の一番最初に示した夢がいみじくも描き出しているように(一八頁参照)、自我とアニマ(アニムス)とのあいだに影が介在するというパターンが存在していることが解る。このパターンはよく注意してみるならば本書のいたるところに見出される。ホフマンの小説を分析したときに見られた、主人公とアニマとを結びつける影の役割。あるいは、王と辺境とを結ぶ道化。日常の世界と非日常の世界に出没するトリックスターなどである(図5参照)。つまり、影のアニマへといたる道の中間に存在している。

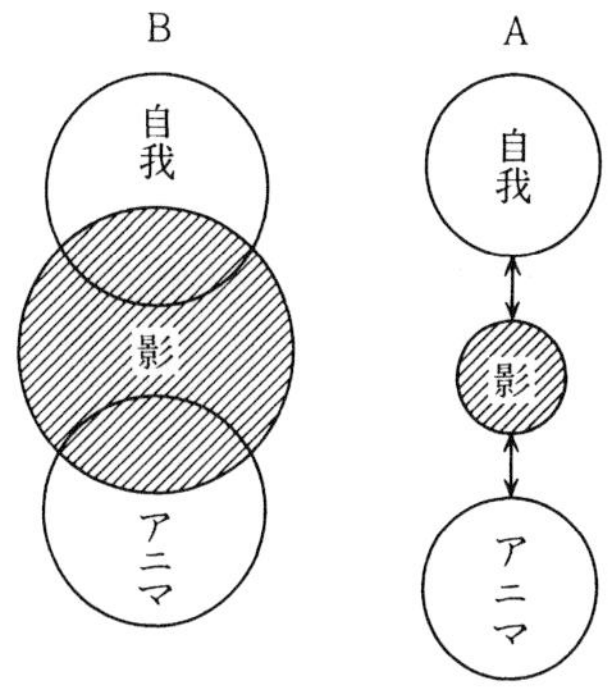

図5　自我―影―アニマ

ここで、図5のAに示すように、影が自我の存在をそれほどもおびやかさないときは、それは一種の仲介者的役割を果たす。道化が主人公と恋人とを結びつけるのに役立つように。しかし、Bのほうに示したように影が肥大してくると、自我もアニマも影の中に包まれて、区別がつかなくなってくる。ここで影の力がますます強くなると、自我の破壊にまでつながってしまうわけである。ここに創造過程の恐ろしさがある。創造のためには影を欠かすことができない。

創造過程に不可欠な影とはいったい何であろうか。影とはそもそも自我によって受け容れられなかったものである。それは悪と同義語ではない。特に個人的な影を問題にすると、それはその本人にとっては受け容れるのが辛いので、ほとんど悪と同等なほどに感じられているが、他人の目から見るとむしろ望ましいと感じられるものさえある。しかし、創造性の次元が深くなるにつれて、それに相応して影も深くなり、それは普遍的な影に近接し、悪の様相をおびてくる。かくて、「悪の体験なくしては自己実現はあり得ない[13]」とさえいわねばならなくなってくる。少量の毒薬は良薬になり得るという。だから、「医療の場合と同じく、心理療法の場合も、毒の「投薬量」に対する注意が肝要である[14]」ということになる。

心理療法が単に神経症の人の症状が消失する段階にとどまっているかぎり、このことはあまり大きい問題にはならない。しかし、自己実現ということが関連してくるにつれて、これは非常に大きく困難な課題となってくる。そのうえ、これには前節に述べた「影の露呈」の問題がからんでくるのである。「心理療法家はその弱点によって勝負する」と言われるが、これはしばしば心理療法の過程において、治療者はその弱点、つまり影の部分を露呈するか、あるいは相手によってあばき出され、その苦しい影の体験の中に生じてくるカイロスを待ちつづけることによって、治療を完成させることを表わしている。心理療法というのは、各個人の創造的な生き方を探ることが目標であり、そこにはその人なりの創造の過程が生じるので、われわれもそのたびに苦しい体験をさせられるのである。

このように言ったからといって、われわれは悪を奨励したりなどしていないことはもちろんである。自己実現の要請は必然的に影の介入をもたらし、それは社会的な一般通念や規範と反するという意味で、悪といわれるものに近接する。そのときに、社会的通念に従って片方を抑圧しきるのでもなく、また、影の力を一方的に噴出せしめるのでもない。あくまでも両者を否定することなく、そこに調和のカイロスがいたるのを「待つ」のである。そして、そのときに開かれる「第三の道」は、確かにその人自身のものとして、その人の真の意味の個性を際立たせるのである。それはあくまでも個性的なものであるゆえに、誰しも前もって予測したり、方向づけをしたりすることができないほどのものである。

今まで述べてきたことについて、日本人の在り方としての注釈も少し必要と思われる。ここに記述した自我と無意識の対立と葛藤という図式が日本人にどこまで適用できるかは疑問に思われる。すでに何度か触れてきたように、日本人の場合は自我と影の共存を許容し、その「かげり」を楽しんでいるところがあると思われる。このような薄明の意識を貴重に保存している日本人に対して、今までの記述がどこまでどのような意味をもつかについては、われわれが今後考えつづけてゆかねばならぬ課題であろう。あるいは、このことは、われわれ日本人の自己実現が、どのような方向に進んでゆくのか、というふうに言いかえることもできるであろう。

アプラクサス

小説『デミアン』の冒頭に、みごとに二つの世界の存在を描いてみせたヘルマン・ヘッセは、「第三の道」を示唆するものとして、アプラクサスという神の名を見出した。

「鳥は卵からむりに出ようとする。卵は世界だ。生まれようとするものは、ひとつの世界を破かいせねばならぬ。鳥は神のもとへとんでゆく。その神は、名をアプラクサスという。」

神的なものと悪魔的なものを融合するというアプラクサスは、二つの世界の葛藤に苦しむ多くの青年の心を惹きつけた。ところで、ヘッセはこのアプラクサスをユングを通じて知ったのではないかと考えられる。ヘッセがユングの弟子ラングの分析を受けていたことはよく知られている事実である。ユングとヘッセは直接に出会っているし、[15]手紙のやりとりもある。次に紹介するユングの「死者への七つの語らい」の中にアプラクサスの名が記されているが、これは『デミアン』の出版より三年前にユングによって個人出版されたものである。

ユングは一九一六年に、それまでの彼の凄まじい内的体験を基にして、ひとつの小冊子を個人出版した。これは言うなれば、彼個人の第三の道を示す神話であるということもできるが、彼はこれを「東洋が西洋に接する町、アレキサンドリアのバシリデス著」という匿名を用いて出版し、親しい友人や知己にのみ贈った。彼は後になって、それを「若気のあやまち」と呼んでいたが、彼の死後出版された『自伝』(16)の付録として一般に公開することに同意した。われわれはそれによって、その内容を知ることができるのである。

「死者への七つの語らい」は、「死者たちは、探し求めたものを見出せず、エルサレムより帰ってきた。彼らは私の家にはいり、教えを得ることを願った。そこで、私は説き始めた」という言葉で始まっている。これはエルサレムに求めていたものを見出せず、むなしく帰ってきた死者と、賢者バシリデスとの対話という形で書きとめられている。バシリデスはまず、「聞け、私は無から説き起こそう。無は充満と等しい。無限の中では、充満は無と同じだ。無は空であり充満である」と説き、あらゆる現実的な存在の根元としての無あるいは充満を「プレロマ」と名づけることからはじめる。この根元的存在プレロマから個体化の原理に従って、個々の現実存在が分化する。そして、それらの存在の特性は対立的存在としてあらわれ、活動と停止、善と悪、生と死などとなる。かくて、神もプレロマとは異なり、ひとつの被規定者として、その対立するものとしての悪魔をもつ。


神と悪魔は、われわれがプレロマとよぶ無の最初の顕われである。……

神と悪魔は充実と空虚、生産と破壊によって区別される。「はたらき」ということは両者に共通である。はたらきは両者の上に存在し、神の上の神である。なぜなら、それはその働きによって充満と空虚を一にするからである。

これはお前たちの知らない神である。人類がそれを忘れ去っていたからである。われわれはそれを、その名に従って「アプラクサス」と名づけよう。それは神や悪魔よりもなお不確定なものである。

神をアプラクサスから区別するために、われわれは神を「ヘリオス」あるいは太陽の神と名づけよう。

……

アプラクサスは太陽の上に存在し、悪魔の上にも存在する。それは不可能な可能性であり、はたらきのないはたらきである。もしプレロマが一つの存在であるとするならば、アプラクサスはその顕われである。

……

バシリデスの説く神アプラクサスの名を聞いて、死者たちは騒然となる。彼等はキリスト教徒たちであったから。しかし、死者たちは、「至高の神についてさらに語れ」と叫ぶ。彼等に対して賢者は次のように語った。

アプラクサスは知ることの難しい神である。その力は、人間がそれを認めることができないので、最大である。人は太陽から最高の善(summum bonum)を、悪魔からは最低の悪(infimum malum)を経験するが、アプラクサスからはあらゆる点で不確定な「いのち」、善と悪との母なるもの、を経験する。

……

アプラクサスの力は二面的である。しかし、お前たちの目には、その互いに対向する力が相殺されてしまうので、それらを見ることができない。

太陽の神の語るところは生であり、
悪魔の語るところは死である。

アプラクサスは、しかし、尊敬すべくまた呪わしい言葉を語り、それは同時に生であり死である。

アプラクサスは同一の言葉、同一の行為の中に、真と偽、善と悪、光と闇を産み出す。従って、アプラクサスは恐るべきである。

アプラクサスは、一瞬のうちにその餌食を倒す獅子のごとく素晴らしい。それは春の日のごとく美しい。

それはまさに偉大なる牧神《パン》そのものであり、また卑小なものである。それはプリアーポス[17]である。


このように語られるアプラクサスは「原初の両性具有」として、あらゆる相反するものを包摂する存在となる。

それは愛であり、その殺害者である。
それは聖者であり、その裏切者である。
それは昼の最も輝かしい光であり、狂気の最も深い夜である。
それを見ることは盲を
それを知ることは病を
それを崇めることは死を
それを畏れることは知恵を
それに抗しないことは救いを意味する。

……
お前たちが太陽の神に乞い求めるものはすべて、悪魔の行為をよびおこす。
お前たちが太陽の神と共に創り出すものはすべて、悪魔の働きに力を与える。
これがまさに恐るべきアプラクサスである。

このようにアプラクサスについて語られるのを聞き、死者たちは吼え、荒れ狂った。すなわち、彼等は未完のままにされたからである。このため、賢者バシリデスの語らいは七話までつづき、最後に「死者たちは沈黙し、夜中に家畜を見守る牧者のたき火の煙の如く、立ちのぼっていった」という。

しかし、われわれとしては、この「東洋が西洋に接する町、アレキサンドリア」に住む賢者の言葉を最後まで追い求めることはやめにしておこう。極東の特異な島国に住む、われわれとしては、善と悪、光と闇、その他さまざまの対立のなかで、われわれ自身の「第三の道」を見出すことを、自らの力でやり抜いてゆくべきではなかろうか。

注

（1） Thass-Thienemann, Symbolic Behavior, Washington Square Press, Inc., 1968.
（2） ヘルマン・ヘッセ、実吉捷郎訳『デミアン』岩波書店、一九五九年。なお引用は同書の訳によった。
（3） 岸陽子訳、松枝茂夫／竹内好監修『荘子　中国の思想12』徳間書店。引用は同書の訳によった。
（4） 梶井基次郎『城のある町にて』角川書店、一九七二年、所収。
（5） 樋口和彦「肉体の終わりとしての死――宗教心理的視点から――」、『思想の科学　24』一九六四年。以来彼は死についての省察を発表しつづけている。本書の引用は、彼の他の論、「教会心理学における「死」の問題」、『基督教研究　36』一九七〇年、によっている。

(6) Hillman, J., Suicide and the Soul, Hodder and Stoughton, 1964.

(7) ヘンダーソン、河合／浪花訳『夢と神話の世界——通過儀礼の深層心理学的解明——』新泉社、一九七四年。

(8) 河合隼雄『ユング心理学入門』培風館、一九六七年。〔本著作集第一巻所収〕

(9) van der Post, L., A Bar of Shadow. 由良君美訳『影の獄にて』思索社、一九七八年。

(10) van der Post, L., The Night of the New Moon. これは米国では次のように改題されて出版された。The Prisoner and the Bomb, William Morrow and Company, Inc., 1971.

(11) ヘリゲル、稲富栄次郎／上田武訳『弓と禅』福村出版、一九七一年、引用は同書の訳による。

(12) このことは、ヴァン・デル・ポストの先に紹介した『新月の夜』を読むとき、ますますその感を深くさせられる。ロレンスとハラの関係の背後には、日本と英米の途方もない影が関連しており、それらは全体としてアレンジされていたと感じられる。

(13) Frey-Rohn, L., Evil from the Psychological Point of View, in Evil, ed. by The Curatorium of the C. G. Jung Institute, Northwestern University Press, 1967.

(14) Frey-Rohn, *ibid*.

(15) ユングとヘッセのことについては、Serano, M, C. G., Jung and Hermann Hesse, A Record of Two Friendships, Routledge & Kegan Paul, 1966. 参照。

(16) ヤッフェ編、河合／藤縄／出井訳『ユング自伝』2、みすず書房、一九七三年。

(17) ギリシャ神話における豊穣の神。生産力を示す男根で表わされ、醜い男の胴が付加されている。

II

イメージの心理学

イメージと深層心理学

深層心理学と実験心理学

「イメージ」について いろいろな角度から考察してみることにした。以後に論じるように「イメージ」ということは、心理学にとって極めて重要なことと筆者は考えているし、筆者の専門とするユング心理学の本質は、イメージ心理学であるとさえ言えるのではないかと思っている。このように大切なイメージについて語るのであるが、それ以前に筆者が専門とする「深層心理学」ということについて少し説明する必要を感じている。というのは、それは心理学にも異なる考え方があり、従って方法論も異にしており、その点を明らかにしておかないと、誤解を生じることが多いと思うからである。

筆者は深層心理学を専門にしている(ユング心理学はそのなかの学派のひとつである)が、現在のところ、わが国の心理学の主流は実験心理学であることを明らかにしておかねばならない。実験心理学はその範を近代の物理学にとっているところが特徴である。近代に発展した物理学があまりに見事にその体系を構築したので、他の領域の自然科学もそれを習おうとしたが、心理学も「自然科学」としての心理学を築こうとして、物理学の方法論を借りることになった。

近代物理学においては、観察者としての人間はその事象と関係をもたず、「客観的」な観察を行い、その事象における因果関係を明らかにする法則を見出す。そして、その法則が正しいことは「実験」によって、それを確めることができる。このような方法を心理学に適用しようとするとき、「客観的観察」の対象として「人間の心」というのは、あまりにも曖昧であり、本人の主観的な内省報告は対象とするには、あまりに不確定である。そこで、心理学では人間の「行動」を対象として研究することが考えられた。つまり、それは心理学としてよりは、「行動科学」として考えられることになった。このような「心理学」は現在に至るまで発展してきており、アカデミズムのなかの心理学科の主流をなしている。このような学問体系の意義、その方法論の適切さなどについて論議することは、必要なことであろうが、本論の趣旨ではない。ここでは筆者の専門とする深層心理学が、このような実験心理学とは異なる方法論によって成立していることを明らかにしておきたいのである。

まず、ひとつの例をあげよう。自分の顔が非常に醜い、それは目と目の間が凄く陥没しているからだと言って、そのために外出もしない人がいる。ところが、その人を誰が見ても目と目の間が低すぎるとか陥没しているなどとは見えない、という場合がある。醜貌恐怖症と言われているノイローゼであるが、この人に対して、あなたの顔は正常であるとか、普通であるなどといくら強調しても、まったく解決がつかない。言えば言うほど嫌がられるだけで、彼の確信は不変のままである。このようなとき、一番大切なことは、その人が自分自身の顔のイメージをどのように見ているかであって、「客観的に」それがどう見えるのか、まったく問題外なのである。

このようなノイローゼの人を治療しようとするならば、まず、問題にしなくてはならないのは、本人の「主観」なのである。その人がどう感じ、どう考えているか、が問題なのである。そのような「主観」の世界を問題にせざるを得ないのだから、われわれはここで先に述べたような物理学を範とする方法を用いることはできない。

「物」を対象として成功した方法を、そのまま人間の主観を対象として通用させることができるだろうか。

それよりも、ここにもっと深刻な課題が生じてくる。たとえば、先の醜貌恐怖症の人に対して、あなたの顔は普通だとか、顔なんか気にせずに外出しなさいとか言うと、その人はそれ以後はわれわれに何も話をしてくれなくなるだろう。これに対して、「それは随分辛いことでしょう」というように応答すると、その人はもっといろいろと話をはじめるであろう。つまり、「物」に対する研究においては、観察者の存在が事象に影響を与えないように心がけるべきであったのに対して、人間を相手とする場合、それを「客観的対象」とするのではなく、むしろ感情を共有するような態度をとってこそ、事態が詳しくわかってくるのである。

深層心理学はもともとノイローゼの治療という極めて実際的なことから出発している。そのため、初期の頃の創始者たちは、フロイト、ユング、アドラーなどいずれも医者であることが特徴的である。そして、彼らは先に述べたような方法論的反省などする前に、ともかくノイローゼを治そうとする目的を達成するために、直観的にいわゆる「自然科学」的な方法とは異なる方法をとっていたのである。しかし、現在においてわれわれはこのことをよく認識しておく必要がある。

イメージの重要性

先の例にかえると、人間が生きてゆく上において、イメージということがどれほど大切かがわかるであろう。つまり、例にあげた人にとって、自分が他人にどう見えるかということや、実際に目と目の間の高さなどの測定値などということより、自分にとって自分の「イメージ」がどうかということが一番大切なのである。そして、そのことが実際に彼の外出不能という行動を引き出してきている。つまり、実際的効果をもつのである。

心理療法をしていると、イメージの重要性を痛感させられる。たとえば、登校拒否症の子どもに会うと、その子の言い分としては、母親があまりにも厳しく自分を監視しているので辛いとか、母親は怒り出すと鬼のようになるとか、あんな冷たい人間は居ないとか、訴えてくる。ところが、その母親に会ってみると、どう考えても子どもの言うような人に思えないときがある。しかし、このようなときも、本人に対して、母親は君の言うようなひどい人ではない、などと説得を試みても無益どころか、有害なことさえ生じるであろう。夫婦が不和になって相談に来るときも、夫からみた妻、妻から見た夫のイメージというものが、どれほどそれぞれの人間の行動を規制する力のあるものかを痛感させられるのである。

イメージはネガティブなものばかりではなく、もちろんポジティブなものもあり、それはまた強い影響力をもつことも事実である。恋人同士の関係などは、その典型的なものであろう。恋がさめてからでは、それほど美人に見えぬ相手でも、恋愛中は絶世の美人に見えるであろう。このようなときに、自分は騙されていたとか、判断力が鈍っていたとのみ考えるのではなく、どうしてそのようなことが生じたのかをもう少し考えてみる。自分の心のなかに、絶世の美人というイメージが存在し、そのイメージを恋人に投影していたために、そのようなイメージの力によって自分は動かされていたと考えてみてはどうであろうか。

深層心理学と言われる学派が、それに「深層」などという名を冠するのは、自分の心というものを層構造に分け、その深い層のことを研究するという意図をもっているからである。たとえば、先にあげた恋人の例であれば、恋がさめた後で考えてみるとき、自分があれほどまでに彼女に魅力を感じていたのは、自分の心の深層に絶世の美女というイメージが存在し、それを彼女に投影していたからである、と自ら納得する。そして、そこで大切なことは、自分の内界に存在するイメージであるから、それを詳しく調べて見ようとする。このような方法が深層心理学のひとつの方法である。

　フロイトが精神分析をはじめた頃、女性の患者が父親から性的関係をせまられたことを想起し、そのような性的外傷体験がヒステリーの原因である、と考えたが、その後、ある女性患者の語った性的外傷体験が事実ではないことが判明し、フロイトはショックを受ける。しかし、すぐに考え直して、そのような「事実」があるかないかが大切なのではなく、彼女がそのようなことを「想起」するのは、そのような「心的現実」が存在するためであり、その「心的現実」こそが、彼女のノイローゼの大きい要因になっていると考えたのである。

　フロイトはそのような「心的現実」が「無意識」の領域に存在すると考え、その探索を行う方法を考え出し、それを「精神分析」と称した。ここに彼の言う「心的現実」の世界とは、まさにイメージの世界と言っていいのではなかろうか。先の例で言えば、ヒステリーの女性が述べた、自分を性的に犯そうとする父親とは、彼女の内界に存在する父親イメージそのものである。その父親イメージと彼女の現実の父親の間のからみあいのなかで、彼女の経験したことが、彼女のノイローゼの症状形成の要因となってくるのである。

　フロイトは、かくして「無意識」の世界の探索によって得たことから、多くの概念や理論を見出し、「精神分析」の体系をつくり出してきた。ただ、そのときに、彼の学説を一般に受けいれさせるためには、それが「科学」である、という主張をする必要があり、それが「精神分析」のなかの大きいジレンマとして残されることになる。フロイト自身がこのことを、どの程度意識していたかどうかは定かではない。おそらくは、非常にアンビバレントな気持でいたのではなかろうか。当時としては、「科学」であることを主張しない限り信用されないのだから、これは無理からぬことであるが、次に述べるように、筆者は深層心理学は、いわゆる自然科学ではない、と思っている。ただ、わざわざ「いわゆる」とつけたのは、深層心理学を新しい科学のひとつとして考えることも可能と思うからである。

「私」の心理学

精神分析は、人間の心に関する興味深い知見を与えるので、欧米においてはひろく一般の人々に知られることになった。ヨーロッパのアカデミズムの世界はその受け容れに強い抵抗を示したが、アメリカにおいては、その国の文化的状況が大いに作用し、また「精神分析」を「科学」と考えさせることにも一応成功したので、アカデミズムの世界にも受け容れられていった。

「精神分析」が好きになると、その学説を他人に対して「適用」したくなるのは当然である。ひとつの例をあげてみよう。ある人が誰かにプレゼントをする。そのときに、その現象を分析して、「プレゼントをあげたのは、あなたの無意識的な攻撃性のあらわれである」と解釈したとしよう。そのときに、その人がそれを承認すれば、もちろん、それは正しかったことになる。しかし、当人が否定した場合、「それは君があまりに無意識だから」と言われるとどうなるであろう。これに対しては何も言えないのではなかろうか。つまり「無意識」という言葉を用いると、それはオールマイティとなり、「検証可能性」を奪ってしまうのである。

このような馬鹿げたことが生じるので、精神分析は「科学」ではない、という論があるし、筆者もそう思っている。ただ、そこから、「だから精神分析は信用できない」とか、「無用」である、という結論にジャンプしないだけである。「自然科学」以外に有用なものも、信頼できるものもたくさん存在している。

それでは、深層心理学をどのように考えるのか。筆者は、これを「私の心理学」として考えるのが一番適切ではないか、と考えている。われわれはいろいろな事象を理解したいと思っている。自然科学はそのなかの極めて有効な方法である。しかし、その出発の基礎に、「私の除外」があることに注目しなくてはならない。というよりは、それは「私」を出来る限り排除することにより、その普遍性を獲得してきたのである。自然科学の根本には、自と他の区別を明らかにすること、が存在する。そのように峻別された「自」が「他」を客観的に観察することによって得た知見は、「自」と関係がないために、観察者の存在をこえた普遍性をもつ。この「自」と「他」の峻別を意識的にやり抜いた西洋近代が生み出した自然科学は、全世界に通じる普遍性をもっているために、世界を席捲し得たのである。このことの偉大さ、西洋近代のもつ凄さを、われわれは決して忘れてはならない。

しかし、私が理解しなくてはならない重大な事象として、「私」というものがある。いったい「私」とは何者か、何をしようとしているのか、何ができるのか。この課題は私が「他」の事象を理解するのと、同等かそれ以上の重みをもっている。しかし、この「私」こそ、近代の自然科学が研究対象外として最初に除外したものである。自然科学の結果があまりに見事なので、その方法を「私」にも適用しようと考えるのも当然で、実験心理学の結果も「私」に適用できる。しかし、その際は、「私」のなかの「私」らしさをもっとも抜きにした部分のみが対象となるので、心理療法を受けに来る人のように、「私」そのものを問題にしたい人に対しては、まったく無力なのである。

精神分析の創始者フロイトの行ったことの本質は「私」の理解である。そもそもフロイト自身がノイローゼであって、彼はそれを治そうとした。そのため、彼は「私」の理解のため自己分析をはじめ、その結果が彼の「精神分析」の基礎となったのである。ユングの場合は、彼の『自伝』(ヤッフェ編『ユング自伝』1、みすず書房)に詳しく語られているように、精神分裂病と見まがう程の精神的危機を体験している。そして、彼自身もそれを克服するために自己分析を行い、その成果が彼の分析心理学の基礎になるのである。つまり、深層心理学の創始者たちは、「私」の理解から出発しているのである。ここで、深層などという表現に見られるように、心を層構造に分けて理解することは、人間が自分自身の理解をする際に便利で有効な方法なのである。

かくして、深層心理学を「私」の心理学として位置づけると、それを他人に「適用」することの誤りに気づかされる。つまり、自然科学の方法は、「自」と「他」の明確な分割によって、その結果に「私性」がはいりこまないようにしているので、その法則は万人共通であり、他に適用できる。しかし、深層心理学は、私による私の理解の方法なので、それはあくまで、ある人が自分自身の理解をはじめようとするときに、その人自身が行う探索に役立つかも知れぬこととして提示はできても、それをその人には「適用」できないのである。

深層心理学をこのように考えると、それにおけるイメージの重要性がよくわかる。イメージこそは「私」自身にとっての経験であり、他の誰のものでもないのである。私が夢を見たとき、夢はイメージのなかでも極めて重要なものだが、それを私自身が報告しないかぎり誰にもわからないし、また、他の人も私の報告を信用するより仕方がないのである。実は、イメージのこのような性質のため、「自然科学」の立場の人からは、むしろ、嫌われることになる。つまり、あまりに主観的で研究対象にならない、というわけである。しかし、そのことこそが「私の心理学」にとってイメージが重要となる原因なのである。つまり、それは主観そのものを扱おうとしているからである。

「私」の心理学といっても、それは「内界」ばかりを見ていることを意味しない。たとえば、ある人の母親が交通事故で死亡する。そのとき、その人は「なぜ母は死んだのか」という問いを発する。これに対して、自然科学は、「出血多量により」とか「頭蓋骨の損傷により」とか説明してくれる。その説明は正しくはあっても、その人を満足させるものではない。その人の問いは、「なぜ私の母が死んだのか」ということ、つまり、その人にとっての意味を問うているのである。ここで、母の死は「外界」のことであるが、それは「私」の世界のことでもある。そこで、その人は「私」の世界を探索し、自分が前日に他人との約束を破ったので、その罰として母が死んだのだ、と思うかも知れない。その確信が強くなってくると、それは「妄想」ということで、われわれのところに連れて来られることになるだろう。そのようなとき、われわれはその人と共に、その人が「私」のこととして受けとめている母の死に関連して、「私」の探究が行われるのを助けることになる。

「私」の心理学はこのように、個々の人が個々に自分に対して探索を行うことになるが、そこには自然科学とは異なる次元での普遍性が生じてくる。それは個を消して普遍を研究することによる普遍ではなく、個より普遍に至る道である。たとえば、フロイトは自らの分析を通じてエディプス・コンプレックスということを見出すが、これは相当多くの人にとって、その人自身の「私」の研究に役立つ普遍性をもつことが明らかになった。彼はそれを人間すべてに普遍のことと考えたが、実は、文化圏が異なるときは、そうは言い切れぬことが明らかとなってきた。「私」の心理学はそれを行う主体としての個人によって、ある程度の差が生じるのは当然であり、その個人の属する文化や社会によって異なってくるのも当然である。しかし、「私」の探究が深くすすめばすすむほど、それは文化や社会の差をこえた普遍性をもつことになるだろう。

このような普遍性を見出すためには、「私」の心理学は、そこに得た結果を何らかの方法で他に示さねばならない。一番適切なのは、それを言語化して、できるだけ体系的な理論をつくりあげて提示することであろう。そうすると、個々の人がそれを自分自身について試みて、その普遍性を確かめてくれるであろう。このようにして、深層心理学も自然科学とは異なる意味での普遍性を獲得できる。

精神分析はアメリカに渡ったときに、本質的には先に述べたような意味での普遍性をもったのであるが、それが自然科学の普遍性と混同され、精神分析自身も、それを自然科学として提示しようとして多くの努力を重ねた。それを自然科学であるというためには、何らかの外的事象と関連させることが有効であるので、フロイトの言う原光景や、小児性欲の発達論などが外的事実として述べられる、というようなことも生じてきた。そして、多くの人が精神分析を自然科学として信じているうちは、それは相当に役立つものとなった。しかし、アメリカにおいても、「自然科学としての精神分析」に対して疑問をもつ人が生じてきて、このことは精神分析のひとつの危機として感じられている。しかし、いわゆる自然科学としてではなく、既に述べたような意味をもつことを明らかにしてゆけば、その存在意義は十分に認められる、と思われる。

「私」の心理学が普遍性をもつためには、それを言語化して示すことが必要である、と述べた。この際、私を対象としつつ、その研究する主体も私である、という意味で、いわゆる自然科学とは異なるが、それをある程度対象化して、他に示し他の人々の検証に耐えるものとし、他の人々の反応如何によっては、その理論の改変の余地を残す、という意味では、それは広い意味の「科学」と言えるかも知れない。しかし、その方法論において根本的に異なっていることを認識しておかねばならない。

イメージと概念

先に述べた「言語化」に際して、非常に大きい問題が生じてくる。たとえば、エディプス・コンプレックスを例にあげて考えてみよう。フロイトが自分自身のことを探索し、それを見出したときは、自分の心のなかの父親イメージに戦慄する体験をしたであろう。「私」の心理学の探究には、このような全人的体験が伴うのであり、その体験こそが大切なのである。ところが、エディプス・コンプレックスが「概念」として教えられ、「同性の親に対する敵対感情と……」というようになると、それは知的には理解されるとしても、それはエディプス・コンプレックスの真の理解とはほど遠いものになる。そもそも、エディプスなどという名前を冠していること自体、それが明確な概念としてよりは、神話的なパワーをもつ体験的知として受けとめられることを願っていることを示している。

ユングはフロイトによる精神分析よりも、もっとイメージのもつ生命力の方に注目し、その心理学において、イメージのもつ特性をできるかぎり残そうとした、と言うことができる。彼はイメージは生命力をもつが明確さに欠け、概念の方は明確ではあるが生命力に欠ける、という意味のことを述べている。このことは極めて重要なことである。

今まで一般に知られている言葉にアイデンティティという用語がある。アメリカの精神分析家のエリク・エリクソンが提唱した言葉であるが、それは多くの人の心を惹きつけて、一種の流行語のようになった。「あの人はまだアイデンティティが確立していない」とか、「今まで人生を無駄にしてきたように思ったが、それはアイデンティティ確立のための模索だったのだ」などと言うときに使われ、それは人を「なるほど」と納得させるものがある。一般にもよく使われてくると、学者としてはそれに惑わされず、「概念規定を明確にしなくてはならない」と思う。そして、実際に多くの学者がそれなりに努力して、いろいろと定義を試みる。しかし、「明確な」定義ができあがってしまった途端に、アイデンティティという言葉が魅力を失ってしまう。なんだそんなことか、という感じになってくる。これはいったいどうしてだろうか。

アイデンティティという言葉も、「私の心理学」の用語である。それは研究の主体も対象も「私」であるという状況のなかで、私の体験を焦点化するのに極めて好都合な用語として提出されているので、そのような「体験」抜きにしてその本質を摑むことはできない。ところが、これまでの科学や学問の伝統のなかで「概念の明確化」を行おうとするためには、むしろ「私の体験」を抹殺して作業を行うことになるので、用語のもつ魅力が消え去ってしまうのである。筆者はこのような用語を「イメージ言語」と呼ぶといいのではないかと思っている。「私の心理学」を語る言語はイメージ言語に満ちている。

イメージおよびイメージ言語の理解には、「私」の体験が必要である。このために、イメージの研究、「私の心理学」の研究をする研究者は、自然科学の研究者と異なる態度をとらねばならない。後者においては、「自」と「他」の区別を明確にすることが必要条件であるが、「私の心理学」の場合は、自と他との区別をできる限りあいまいにすることが必要である。具体的に言えば、ある人が「私」の探索を試みてイメージの世界について報告するとき、その研究者はそれを聞くときに、できる限り体験を共有する態度で聞かねばならない。「客観的対象」として研究されると、「私」の探索は進まなくなり、イメージの生命力は消失してしまう。ただ、このようなときに、「聞き手」を必要とするところが興味深いところである。「自己分析」と言っても、厳密な意味で自分一人だけではできるものではない。先にあげたフロイトにしろ、ユングにしろ、彼らの自己分析を助けた重要な「聞き手」が居たことが、明らかになっている。フロイトにとっては、フリースという男性が、ユングにとっては、トニー・ウォルフという女性（拙著『ユングの生涯』第三文明社、参照。本著作集第一巻所収）が必要であった。

体験の共有をしつつ、研究者はそれを対象化して言語化するという仕事をしなくてはならないが、そのバランスは極めて難しい。すなわち、言語化を焦るとイメージの生命力を殺してしまうし、さりとて、イメージの体験の共有に流されてしまうと、まったくの混沌の状態に落ちこむことになる。このような微妙なバランスの上に立って、イメージの研究がなされることになる。そして、イメージの心理学を理解するためには、その人も自分自身のある程度の体験を必要とする。体験の共有を基礎とするような読み方をしない限り、その本質を誤ってしまう。自分なりに概念化を焦ったり、「自然科学」的な読み方をすると、その本来の意味を損ってしまうのである。以上のような立場を前提として、以後、イメージの心理学について述べてゆくことにしたい。

イメージとは何か

イメージの「私」性

前章において、イメージの重要性を特に深層心理学との関連のなかで論じた。そのなかで、イメージがどのようなものであるかを一応述べたが、本章では、イメージとは何か、という点について詳しく述べてみたい。

本論で取り扱っているイメージは、あくまである個人の極めて主観的な体験としてのイメージを問題としている。それは「私」の体験そのものであり、「私」以外に――「私」が表現しない限り――知りようがないのである。イメージはそのようなものであるが、実験心理学においては、それを「外界の模像」または「知覚対象のない場合に生じる視覚像」のように考え、あくまで外的現実との関連において考えようとするところが特徴的である。従って、外的現実の方にメルクマールがおかれ、そのイメージが外的現実とどの程度一致するのか、というような点が研究の対象となってくる。

これに対して、深層心理学においては、ある個人の内界に存在するイメージそのものを大切であると考える。それは外界の模像としてよりも、内界の存在の意識化されたものとして受けとめられる。たとえば、夢を例にとって考えてみよう。「家から外に出ようとして、玄関の戸を開けると、一匹の犬が居る。急にその犬が恐ろしくなって、思わず戸を閉める。犬は中に入りたいのか、戸を足でがりがりとかいている。」このような夢を見たとき、戸を開けるときに、そこに犬が居ることをまったく予想できていないことが、非常に重要な点である。私が頭で考えて作ったお話なら、そこで犬に会うことにしようとか、前もって考えていることだろう。夢のなかで、その犬が恐ろしくなって思わず戸を閉めるなどというところも、まったく自分の意図と関係なく生じていることは明らかである。

人間の「内界」というとき、自分の意識化可能な範囲のみを考える人がある。反省したり、考えたり。しかし、夢の現象が明らかに示すように、内界にはそれ自体の自律性があり、人間の反省の及ばぬ領域がある。私が外出しようとして、思いがけない人に会ったりするように、夢のなかの犬も、まったく思いがけない現われ方をしているのである。イメージはそのような内界と深くかかわっている。これに対して、私が一匹の犬を見て、目を閉じ、そのイメージを思い浮かべるときは——それも既に少しは内界と関連してくるが——外界の模像としての意味が強く、深層心理学にとってはあまり関心のないものである。

先の夢で言えば、この夢を見た人にとって、イメージとは単なる視覚像ではなく、その犬を見たときの驚きや怖れなどの感情体験が伴っている。戸を閉めたのは、危険だという判断もあったからであろう。従って、これらのことは、イメージと言うよりはイメージ体験とでも言う方がいいであろう。このイメージ体験そのものは、その当事者のみの知るところである。つまり、「私」性の極めて強いものである。しかし、その人はその体験を他に表現することによって、それを他に伝えることができる。それがイメージ体験の表現である。

イメージ体験の表現は、言語的、非言語的になされる。先の夢の報告は言語的表現である。これに対して非言語的表現としては、夢のときの自分の動作、あるいは、自分が犬になったつもりで行為してみるなど、自分の身体を用いての表現と、その犬の絵を描いてみたり、あるいは音楽にしたりするような表現の手段がある。

以上の場合は、内界におけるイメージ体験が既に存在し、それを表現するのであるが、これと異なるものとして、絵画、粘土、箱庭、あるいは身体活動などによって、自分の内的世界を自由に表現してみようとするときがある。このときは、ともかく出来る限り自由に、ということを大切に表現活動を行うのだが、作っているうちに自分でも思いがけない表現が生じてきたり、作ったイメージに刺戟されて、思いがけぬ発展や変更が生じたり、いったいなぜそうしたのかわけのわからぬうちに作品ができあがり、後で考えてみると、内界の表現として思い当るところがある、という場合がある。これを外在化されたイメージと呼んでおく。

以上述べてきたことを整理すると、一応次のようになるが、これらのことを一括してイメージと呼ぶことが多い。しかし、その性質は微妙に異なるので、われわれはその点を意識していることが必要である。

1　イメージ体験そのもの

2　イメージ体験の表現

　言語による表現

　非言語的表現

3　外在化されたイメージ

これらは、あくまで個人の内的体験、内界の表現としての意味が強いところに特徴がある。これらを一括してイメージと呼んでいるが、それらの特徴について、次に簡単に述べる。

イメージの特性

1　自律性

既に述べたように、イメージはそれ自身の自律性をもち、自我のコントロールを超えているところが、第一の特徴である。これは夢の場合、非常にわかりやすい。もっとも夢の場合でも、自我の関与が強くなってきて、「これは夢だから、このようにしよう」などと考えるときもあるが、一般には夢のイメージの自律性は非常に強い。

作家が小説を書くときに、「作中の人物が勝手に動き出す」というのは、よく言われることである。作家としては一応の筋書きを考えて書きはじめるが、作中人物の方が筋書きどおりに動いてくれない。これはまさにイメージの自律性である。このような自律性をもたないイメージのみを扱って小説を書くと、それは三文小説になってしまう。イメージは深くから出てくるものほど自律性が高い。そのようなイメージと作者の自我とが格闘して作品ができあがる。この「格闘」の過程に名作が生まれる秘密がある。

夢のようにイメージの自律性が強すぎるときは、それはそのままでは「作品」として売物にはならない。時に、スティーヴンスンの『ジーキル博士とハイド氏』のように、作品としての完成度の高いものが夢に生じることがあるが、それは極めて稀である。これにしてもスティーヴンスンのような人だからこそ、それだけの夢を見られたのであろう。

イメージの自律性があまりに高いので、それはともかく「自我」の作ったものではないことは明らかなので、その「送り手」は誰か、と考えてみるのも面白いことである。啓蒙主義が威力をふるうまでは、夢の送り手として「神」を想定することは、多くの文化に共通のことであった。夢は神からのメッセージなのである。現代においては「神」を持ち出す人はまず居ないが、ユング派の分析家ジェームス・ヒルマンが、このようなイメージを産出してくる母胎として、たましい(soul)ということを考えてみるのを提唱しているのは、注目に値することと思われる。われわれの意識に(あるいは、身体に)送られてくるイメージの送り手として、心でも体でもなく、たましいというのを考えてみるのは、なかなか人生を豊かにしてくれる発想のように、筆者には思われる。イメージの心理学は、このような考えに立つと、たましいの心理学ということになるだろう。

2 具象性

イメージの具象性は説明を要しないであろう。たとえば、先の夢の例であれば、戸を閉めて犬を入れなくするところがあるが、この人は連想のときに、その日の前日にある先輩に頼みごとをしたところ、「ピシャリと断られた」ことを語っている。つまり、「ピシャリと戸を閉める」という具体的な行為が、拒否という抽象的なことを示している。言語表現においても、われわれはこのようなイメージ的表現を実に多く行っているもので、「重荷を背負う」「背伸びした生き方」「呑みこめない」などと、いくらでもある。このようなことが、そのままイメージとして出てくることがよくあるので注意しておく必要がある。

遊戯療法における子どもの遊びには、イメージの具象性を感じさせられることが多い。これはよくあることだが、子どもがチャンバラをしようと言って、治療者には短い刀をもたせ、自分は長い刀をもち、その上、一メートル以上は近づいてはならないなどとルールを設定してチャンバラをする。もちろん、治療者はやられてばかりになるが、こんなのを見ていると、その子がおそらく、家では、「子どもはそんなことをしてはいけない」とか、大人の都合のよい「ルール」によって、やられてばかりなのだろうと感じさせられる。大人はいつも「長い刀」で切りつけてくるのだ。こんなとき、子どもは一言も話さなくとも、イメージの具象性を通じて、われわれに語りかけているのである。治療者は遊びながら、それを理解することが必要である。

3　集約性（多義性）

イメージは実に多くのことを集約している。先にあげた例の場合であれば、犬について連想をきくと、「犬とか猫とかは大嫌い。すぐ人間に近寄ってくるから」と言う。とすると、この人は自分に接触を求めてくるものを拒否しようとしている、ということが一応考えられる。ところが、なお話し合っていると、子どもの頃は、実は犬が好きで、野良犬を飼おうとして父親に叱られたことを想い出す。そして、先にあげたように、先輩から依頼を断られた前日の体験も想起されてくる。このようになってくると、自分が何かを排除する、ということだけではなく、自分が排除される経験も重なってきて、最初にあげたような単純なことではなくなってくる。いろんなことを集約して、イメージは示しているのである。

モーツァルトは、彼自身は彼の交響曲を一瞬のうちに聴くことができたと語っている。彼の一瞬のイメージ体験を、一般の人々に伝えようとして楽譜に記すと、演奏時間が二十分間にわたるような交響曲になるというわけである。このことは、イメージの集約性ということを如実に示している。

イメージの集約性のために、それの意味は極めて多義的になってくる。夢や絵画、箱庭などの際に、解釈が一義的に定まっていると考えるのは誤りである。先程の夢においても多義的な解釈ができたはずである。このようなとき、「その犬はあなたの父親である」という類の解釈は、どうしてもイメージの意味を歪ませてしまうことが多い。それほど単純に一義的なことは言い難い。このことをよく知っている必要がある。

4 直接性

イメージはその人に直接に訴えかけてくる。先の夢を見た人は、前日に先輩にピシャリとやられ、何だか自分の周囲の人たちがすべて自分を拒否している、というような感じをもちかけていたとき、夢によって、「あなただって、犬を閉め出しているではないか」というメッセージをつきつけられたのである。自分も知らぬ間に誰かを閉め出してはいないか、という反省をこの人は強いられるのだが、そのようなことが直接に伝わってくるところが、イメージの特徴である。

箱庭を作っているときは、その人は別に何も考えていないのだが、作られたものを見て、時に、われわれが「こちらの世界には生物が全然居ませんが」などというと、ハッとしてすごく驚かれるときがある。自分の作ったものが、直接に何かを訴えかけてくるのである。

箱庭療法は一九六五年に、筆者が日本に導入したものであるが、またたく間に広がって、非常に盛んになったことの理由のひとつに、イメージの直接性ということがあると思っている。箱庭の作品をスライドにして示すと、あまり説明しなくても、見ている人には直接に訴えかけるものがあるからである。

5 象徴性

イメージは象徴性をもっている。ただ、イメージとか象徴《シンボル》とか言うときは、学者によってその定義が異なるので、それを筆者はどのように考えるかは、後でもう少し詳しく述べたい。象徴という場合、何かが何かの代理をしていると考えるのは、非常に広義の考え方で、たとえば、夢で刀を見たとき、その刀は男性性器の象徴である、などというとき、それはひとつの代理物である。このような考えを広くとると、事物の名は、事物の象徴である、ということになる。

筆者の場合は、ユングの考えに従っているので、もっと限定した意味になる。ユングは何らかの表現が、ある既知のものを代用し、あるいは、略称している場合、それはシンボルではなく記号であるとした。そして、シンボルについては彼は次のように言っている。「言葉やイメージはそれが明白で直接的な意味以上の何ものかを包含しているときに、象徴的なのである。それはよりひろい〝無意識〟の側面を有しており、その側面はけっして正確に定義づけたり完全に説明したりされないものである。誰もそれを定義したり説明し切ろうと望むことはできない。人間の心が象徴の探求を始めると、それは理性の把握を超えた観念に導かれる。」

シンボルをこのように考えると、それは意識的に明確には把握し得ない「何か」を表現するもっとも適切にして、それ以外にないものとして、非常に高い意味をもつものであることがわかる。従って、イメージはある程度の象徴性をもっているが、そのなかで特に象徴性の高いものがシンボルである、と言えるであろう。

ある表現が、ある人のある時にはシンボルとして機能するにしても、他の人にとっては単なる記号であったり、まったく無意味なものであったりすることになる。たとえば、十字の印は、初期のキリスト教徒にとって、彼らが明確には意識化できぬにしても、限りなく魅力を感じさせる、キリストの愛のシンボルであったろうが、現代人のある人にとっては、それはキリスト教徒であることを示すひとつの記号と見られるかも知れず、たとえば中国の奥地などへゆくと、それは何の意味ももたないかも知れない。

6 創造性

イメージは創造性と結びついている。あらゆる創造活動の背後に、イメージが存在している、と言ってもいいほどである。絵画、音楽、文学、などの芸術とイメージは切っても切れぬ関係がある。発明・発見の世界においても、イメージは重要な役割を演じている。これらの具体的なことについては、本論の後の方で論じることになるであろう。

創造活動などというと、われわれ凡人にとっては無縁のことのように感じられるが、深く考えるならば、毎日の生活が創造活動であるとも言うことができる。会社に行って同僚に会う。同僚たちの目がその日に限って冷たいように思う。隣の課の連中がこちらを見てヒソヒソ話をしているのは、何だか自分のことを言っているように思う。このようなとき、自分の心の中は目まぐるしく動いて、「どうも自分は嫌われている」と思うかも知れず、何か具体的なことに思いあたって、「あの秘密をあんがい皆が知っているのでは」と考えてみたり、あるいは、「気のせいだ」と否定することもあろう。いずれにしろ、「私」は「私」の力によって、ひとつの判断や、それに伴なう次の行動を「創造」していかなくてはならない。

このようなとき、いろいろと考えてみる「考え」の背後において、イメージも動いているのである。そのイメージをある程度把握することによって事態の理解も異なってくるであろうし、さらに新しいイメージが生じてくるのを待って、より適切な解答を得られることもあろう。このような考えに立つと、日常の生活にも創造性が常に入りまじっていることがわかり、面白く感じられるものである。

イメージと心的エネルギー

人間にとって、身体的なエネルギーのみではなく、心的エネルギーの存在を考えると、多くの現象がよく理解できる。同じように椅子に一時間坐っていても、「心を使って」いるときは疲労の度合いが強い。身体的には何も支障がなくとも、何もする気がしないときは、心的エネルギーが低下していると考えられる。というよりは厳密に言えば、自我の使用し得る心的エネルギー量が少なくなっている、と言うべきであろう。その際、そのエネルギーは消失したのではなく、無意識内に存在している、と考えられる。しかし、このような心的エネルギーの「退行」が生じてしまって長期間にわたると、無気力になったり、幼児的になったり、病的な現象が生じてくる。そこで、このような退行を病的なものと考えることが深層心理学の初期においては一般的であった。ユングはこれに対して、退行が創造性に結びつくことのあることを指摘して、その肯定的な面の存在を明らかにした。

創造活動から例をあげてみよう。ファンタジー作家の佐藤さとるが、自作の出来あがる過程について語っている(佐藤さとる『ファンタジーの世界』講談社)。『海へいった赤んぼ大将』というファンタジー作品において、パワーショベルに恐竜の魂が取りついて暴走をはじめるのを、主人公の赤んぼ大将が相棒のモモンガと共に、何とか災害を食い止めようと努力するところがある。佐藤ははじめ、主人公がパワーショベルを説得し、崖っぷちの道路を思い切り走らせ、急カーブのところでそれは曲がり切れずに海へ墜落、主人公とモモンガはその直前に脱出し、滑空して逃れるという筋書で書こうとした。ところが、まさに「作中人物の自律性」がはたらいて、物語を書いていると、パワーショベルはみごとに急カーブを曲がってしまい、主人公の方が、ふりまわされて海の方へ滑空してしまった。さあ大変である。モモンガも必死になるが救助法は見つからない。

「モモンガはおろおろするが、何のことはない、これは作者の姿そのままだった。

ここで数日手が止まってしまった。なんとか無理なく、しかも読者をあっといわせるような救助法はないものかと、モモンガと一緒に知恵をしぼったが、どうもうまくいかない。」

おそらく、この手が止まった数日間、佐藤はユングの言う創造的な退行の現象を経験したのではなかろうか。他のことに何も手がつかずにブラブラしたり、イライラしたり、何か幼稚なことをしてみたり。そして、「考えあぐねてあきらめたとたん、最善と思われる解決法が、自前のコンピューターからようやく届いた」のである。

ここに佐藤が「自前のコンピューター」と言っていることは、「無意識」と言いかえていいだろう。佐藤はどのような解決法が出てきたかについては述べていないが、それは新しいイメージであるに相違ない。その新しいイメージの出現と共に、心的エネルギーは「進行」をはじめ、自我は大量のエネルギーを使用できるようになって、創作活動が続けられ、物語は展開してゆくのである。

ここに示された、退行↓新しいイメージ(シンボル)の発見↓進行、という図式は、創造活動を説明するものとしてよく用いられ、そこでは、心的エネルギーのキャリアーとしてのイメージ(シンボル)の役割が、明らかに認められるのである。この際、新しいイメージが、それまで使用されていなかった新しい心的エネルギーの発掘に通じるという事実も大切なことである。人間は多くの未開発、未使用のエネルギーを潜在させており、それの開発には、シンボルが大きい役割を荷うのである。

ここに示した、心的エネルギーの退行↓イメージの発見↓進行、という図式は、創造活動を説明するためによく用いられてきたが、少し反省してみる必要がある。つまり、心的エネルギーの退行が生じることは事実であるが、それは全面的退行ではなく、創造活動を継続している、という意味において、相当な集中力、すなわち、心的エネルギーの使用を必要としている。しかし、そのときの意識の状態は、一所懸命に何かを書いているときの状態とは異なっている。佐藤が「考えあぐねてあきらめたとたん」に解決法が生まれてきた、と述べているように、どこかで自我の努力を放棄するようなところがある。自我の力のみに頼っているのでは駄目で、自我の統制力を弱めつつ、なおかつ一種の集中力を保つような意識の状態が必要なのである。これは従って、全面的な退行状態とも異なっているはずである。

創造的な退行の図式は、西洋近代に確立された自我の存在を前提とするとき、有効となるものである。西洋近代の自我は、それによって発展させた自然科学の力によって、その強さを示し、一時は、そのような自我を確立することが絶対に必要であり、自我の力によってすべての自然現象を支配できるのではないかとさえ思われるほどであった。自我の力をあまりにも過信し、自我を世界の中心に据えそうになったとき、それに疑問を提出したのが深層心理学であると言えるだろう。自我をあくまで中心に考えると「病的」とさえ言えそうな現象も、観点をかえると創造に通じるものであることを、ユングは主張したのである。しかし、これは、あくまでそのような自我が確立されており、それを唯一の意識の状態と考えるので、このような説明ができるのである。

これに対して、人間の意識が近代自我の意識の在り方と異なるような状態では、説明も異なってくるであろう。ひとつの例をあげる。児童文学者のミヒャエル・エンデの父エトガー・エンデは画家であったが、世に入れられず、有名になることなく死亡した。最近になって、それを惜しんで、ミヒャエル・エンデが父の絵をたくさん携えて来日し、日本で「エンデ父子展――エトガーからミヒャエルへ　ファンタジーの継承」を開催した。筆者もエトガーの絵を見たが、それは彼が西洋近代の自我意識とは異なる意識の状態において「見た現実」を描いているものだと感じた。それはシュールレアリストのように、自我の退行した意識によるものでもない。このことをミヒャエル・エンデとの対談のときに指摘すると、彼は非常に喜んで、エトガーはシュールレアリスムではないと言い、「フランス・シュールレアリスムは、意識下の領域でどろどろうごめいているものをさらしだすやり方でした。父の場合はそれと違って、神話の意識を現代のフォルムで再発見することなんだと考えていました」と言っている。そして、その意識状態は「普通の日常の意識よりも、むしろずっと濃密なものです」とも、「父が試みた、空だけれども醒めた意識を作ることは、ものすごい集中力を必要とした」とも語っている（ミヒャエル・エンデほか『三つの鏡』朝日新聞社）。

このようにして描かれたエトガー・エンデの絵は極めてシンボル性の高いものである。ところが、これは彼が「見た」ものであることを強調するならば、いったいそれは「内界」のものか「外界」のものか、どちらなのであろうか。この点については次節に論じるとして、ともかく、このような意識の状態は、極めて創造的なものであり、心的エネルギーを大量に必要とするものではあるが、先に示した創造的退行の理論によっては説明し難いものである。この変性意識の問題は、今後いつか論じることとなるが、イメージと心的エネルギーの関連を示すこととして、ここに簡単に触れておいた。

イメージとシンボル

記号、イメージ、シンボルなどについて、どう考えるかは、既にユングの考えに従って述べた。ファンタジーという用語も、ここで論じているイメージやシンボルを代用する語として、ユング派では用いられることがある。いずれにしろ、大切なことは、それらが「無意識」から生じてきたもので、それ相当の自律性を有している、ということである。これは、ファンタジーという場合、意識的な願望と結びついて、「もしも、一千万円の宝くじがあたったら」などと考えるようなのを指して言う人があるが、それとは区別して考えているのである。単なる空想の場合は、既にイメージの特性としてあげたようなことが、それほどに感じられないであろう。

自我にあくまでも中心をおくならば、イメージやシンボルは無価値であったり、むしろ、有害のものでさえある。それは自我の統合性や主体性を脅かすものとして感じられるからである。イメージやシンボルは、既に述べたように「私」性の強いものである。「私」の体験(これは自我の範囲を超える)によって得たイメージやシンボルが他に対して表現され、それに対して相互主観的な同意が得られるとき、それはそれを受け容れた集団にとって意味あるものとなる。このようなことのために、宗教にあっては、イメージやシンボルは極めて大事なものであった。ところが、「私」の体験を経てある程度の普遍性をもったイメージやシンボルを、その集団をこえて正当性をもつもの、あるいは絶対真なものとして主張する、あるいは、ある個人が「私」の体験によって得たイメージやシンボルを、絶対真なこととして他に押しつけてくるとなると、どうなるであろうか。

近代に確立された自我は、そのようなイメージやシンボルの欠点に対して極めて敏感となった。そして、近代自我がその武器として使用した近代科学は、その普遍性のために、極めて強力なものとなった。近代科学によって、イメージやシンボルにまつわる「迷信」はどんどん破壊され、イメージやシンボルの価値そのものさえ見棄てられるようになった。それまでは、神からの贈物とされていた夢が、啓蒙主義の力によって、まったくのノンセンスということになってしまったのを見ても、その経過がよくわかるであろう。あるいは「心理学」において、筆者が問題にしているようなイメージやシンボルは研究の対象外のこととなっていたのである。

しかし、前章に既に論じたように、人間が他ならぬ「私」(自我を超えた存在としての)ということを問題にするときに、イメージやシンボルということを重要なこととして、取りあげざるを得なくなってきたのである。深層心理学の幕あけが、今世紀のはじまりであったことに示されているように、今世紀はイメージの価値を再認識する時代であったように思われる。この点について、宗教学者のエリアーデは次のように述べている。

「今日、われわれは、十九世紀が予感すらできなかったあることを理解しつつあるのである。つまり、シンボル、神話、イメージが精神生活に必須な資であること、われわれはそれらを偽装し、ずたずたに切断し、その価値を下落させることはできても、根絶やしにすることはけっしてできないことを学びつつあるのだ。」(エリアーデ『イメージとシンボル』せりか書房)

エリアーデが言うように、十九世紀の西洋において行われたシンボルの破壊に対して、二十世紀は、それによっても「根絶やしにすることはけっしてでき」なかったシンボルを再び取りあげる努力をしてきた。しかし、それは当時の時代精神を反映して、フロイトにしろユングにしろ、ニュアンスは異なるにしろ、彼らのなしていることが「科学」であることを主張しなくてはならなかったのである。ユングの方は晩年になるほど、彼の仕事の宗教性との関連の深さについて自覚していたのであるが。

論をすすめてゆく上において、近代自我の視点に立つことは極めて便利である。筆者もどうしても、そのような方法に頼らざるを得ないことを自覚している。イメージを、外界の模像と内界の表現というように分けて考えるのも、その線に沿っている。そして、だんだんと視点を移動させ深層へとすすんでゆく方法をとっている。しかし、エトガー・エンデの意識について既に述べたような観点から考えてみると、そのような意識においてエンデが見ているイメージは、単純に「外界の模像」とか「内界の表現」などという分類を許さないものとなる。つまり、外界・内界などという区別さえ曖昧になってくる。

このようなことも勘案すると、イメージについて外界とか内界とかの区別は不必要であり、それに対する接近法によって差が生じてくる、と考えられる。近代自我によって把握されたイメージ群に対する「客観的」接近法から、いわゆる自然科学が生まれてきたが、ある種の意識変容を行いつつ見たイメージ群について、「私」を通じて普遍に至る接近法を用いて語るのが、宗教である、と言うことになる。従って、このあたりのことを慎重に少しずつつめて考えてゆくと、十九世紀において、敵対的に感じられていた宗教と科学ということが、イメージやシンボルの領域において、相当に接近してくるのである。おそらく、二十一世紀はその仕事が大いに行われるのではなかろうか。イメージやシンボル研究の重要性が感じさせられる所以である。このことを予感して、二十一世紀は宗教の時代である、などと言う人も出てきているのではなかろうか。

イメージと元型

個より普遍へ

イメージの心理学は、「私」の心理学であると、これまでに述べて来た。しかし、それが文字どおり「私」のこととして止まっている限り、他人に対して意味をもたないのは当然のことである。「　」つきで示した私というものは、単なる私であることを超えて、思いがけず他とつながり、多くのことを共有しているのである。

ユングは一九一二年の頃、フロイトと別れてから、彼が「方向喪失の状態と呼んでも、誇張とはいえない」というような不安定な状態に陥る。彼は妄想や幻覚や、一般の精神科医なら精神分裂病と診断をしそうなほどの病的体験をする。例をあげると、彼は一九一三年の秋、ひとりで旅行中に次のような幻覚に襲われる。

「私は恐るべき洪水が北海とアルプスの間の北の低地地方をすべておおってしまうのを見た。その洪水がスイスの方に進んでくると、われわれの国を守るために山がだんだんと高くなっていった。私は恐ろしい破局が進行しつつあることをさとった。私は巨大な黄色い波や、文明の残がいが浮いているのや、無数の多くの溺死体を見た。すると海全体が血に変った。この幻覚は一時間続いた。私は困惑し吐気をもよおした。私は自分の弱さを恥かしく思った。」(『ユング自伝』1)

何とも凄まじい内容であるが、ユングは類似の内容の幻覚や夢をその後も引き続き見る。ところが、一九一四年八月に第一次世界大戦が勃発した。このときに、ユングはこの世界的な大事件と自分の体験とを関連づけて、次のように『自伝』に述べている。「ここに至って私の仕事は明らかとなった。つまり、いったい何事が生じたのか、私自身の経験がどの程度人類一般のそれと一致していたのかを理解しようと努めねばならないということである。そこで、最初の仕事は、私の心の深さをさぐることであった。」

ここで彼は彼の凄まじい幻覚が第一次世界大戦を予告したとも言っていないし、彼が世界の苦悩を引き受けて苦しんでいるのだとも言っていない。そのような考えは、自分の内的体験と外的な体験を同種のものと見なして、その因果関係を見出すものであって、方法論的に誤っている。「私自身の経験がどの程度人類一般のそれと一致していたのかを理解しようと努め」るのは、あくまで彼が自分にとっての意味を(他との関連においてではあるが)、探り出そうとしていることを示している。

このようにして、彼は自分の内界の探索を続けていったが、それは危険極まりないものであった。彼が夢や幻覚で体験することは、彼の日常生活とはかけ離れたものであった。自分の過去や現在の生活と関連づけて理解しようとしても不可能であった。しかし、ユングがそれまでに関心を持っていた神話や古代の宗教に関する知識が役立ってくれた。ユングの見た夢や幻覚は、あくまで彼個人のものではあるが、それと類似の内容を古代の宗教や神話のなかに彼は見出すことができた。

ユングはこのような長期にわたる無意識との対決から脱け出し、心の平静を取り戻しつつあるとき、自分の心の状態を表現するのに、言語を用いるよりもイメージによる方が適切であると感じて、多くの絵や図形を描いた。それらの多くは彼の死後出版されたので、見ることができるが、そのなかに、いわゆるマンダラ図形がある。ユングは当時、仏教の密教で用いる曼荼羅《マンダラ》のことなどまったく知らなかったのであるが、自分の心を表現することと、そのような表現によって心の安定が得られることとのため、ともかく、彼はひたすら描いたのである。『自伝』によると、一九一八—一九年の頃、彼は「どのくらい多くのマンダラを描いたかは、もはや覚えていない。ともかく、沢山のものであった。それらを描いている間、疑問がくりかえし生じてきた。この過程はどこへ導かれるのであろうか」と迷いながらも、円や四角形を基調とする多くの図形を描き続けていった。

ユングはその後、自分の患者に対しても絵を描くことをすすめた。そうすると、彼が何の示唆も与えていないのに、患者がその回復期にマンダラ図形を描くことがわかってきた。それでも当時のヨーロッパではそのようなことを言う人が誰も居なかったので、ユングは世に発表することを控えていた。

ところが、一九二七年に中国に居るドイツ人のリヒャルト・ヴィルヘルムが中国の道教の錬金術の論文を送ってきて、そこにはマンダラに関する知見が述べられており、ユングは彼が西洋において一人で経験したと思っていたことが、実に普遍的なひろがりをもっていることを知って驚喜したのである。彼はそこでマンダラ図形について発表することになるのである。

「私」の体験を深めてゆくと、最初のうちはまったく個人的なものであるが、それはだんだんに普遍性を帯びてきて、人類に共通と言えるほどのものとなってくる。ユングはこのような体験を踏まえて、人間の無意識は個人的無意識と普遍的無意識という層に分けて考えられると主張した。その個人が体験しながら抑圧してしまった個人的な無意識と、その個人の経験とは関係なく、人類に共通に存在する普遍的無意識が存在すると考えた。もちろん、この中間に家族的無意識、文化的無意識などの存在を考えることも出来ようが、ともかく、無意識に個人の経験とは無関係な層があると考えるのが特徴的である。ユングの体験した多くの夢や幻覚は、この普遍的無意識から産出されたものと考えたわけである。

元型とは何か

ユングもその患者たちも、東洋のマンダラのことなどを全然知らず、それと類似のものを描いていたのであるが、ユングはこのように無意識から浮かびあがってくるイメージを研究すると、それらがある種の類似性をもつものとしてまとめられ、分類されることに気がついた。

現代人の治療のなかに生じてくる、夢、妄想、幻覚やユングが開発した能動的想像(active imagination)などによって得られるイメージが、世界の神話・伝説・昔話などによく生じるものと著しい類似性を示し、それらは人に強烈な印象を与え、影響力を持つものであることを、ユングは見出してきた。そのようなイメージを彼は最初、原始心像と呼び、後には元型的心像と呼ぶようになった。つまり、そのような類似のイメージを生み出してくる元型(archetype, Archetypus)が、人間の無意識内に共通に存在し、それが意識化されてイメージとなるとき、その個々の場合によって、それぞれ異なってはいるが、その元型としては同一のものを仮定し得ると考えたのである。

ユングは自分のことを「経験主義者」と呼んだりしているが、彼の元型の考えも、何よりも彼自身の「創造の病い」の体験に基づく自己分析、および、その経験を生かした患者の治療による実際経験を踏まえて出てきたものである。彼が急に思弁的に「元型」という概念を押し立ててきたのではなく、たくさんのイメージを実際に見て、それを元型的なものとして把握することにより治療を行ってきた結果である。しかし、彼が厳密な意味において「経験主義者」であれば「元型」などということは言えなかったはずである。と言うのは「元型そのもの」

は、定義によって、人間が経験することができないからである。人が経験できるのは元型的イメージである。

ユングは特に初期の頃は、この辺のところをあまり厳密に考えていなかったため、原始心像、元型的イメージを元型そのものと同等に扱うような発言をしているので、混乱や誤解を余計に大きくしてしまった。ユングは、自分の主張した「元型」ということがよく誤解されることを嘆いているが、その責任の一端は彼にもあると思われる。

「元型」ということが一般になかなか理解されなかったのは、元型的イメージの体験をする人が少なかったり、あるいは体験をしても、それを問題にしないという事実にもよっている。ユングの例が示しているように、それをモロに体験すると精神病と同様のことになる。そのような体験をしつつ、日常生活との接触を保つためには相当な強い人格を必要とする。さもなければ、人格が崩壊してしまって、その元型的体験を断片的にか、著しい歪曲を伴なってしか報告できないであろう。ユングが正面から取組むようになる以前においては、精神病者の妄想や幻覚が「了解不能」の一語で片づけられていたのも、このためである。

フロイトがもっぱらノイローゼの治療を行っていたのに対して、ユングが精神病の患者に多く接していたこと、および、ユングのところに来る人の三分の一ほどの人が、彼の言う「人生後半の課題」に直面している人であったことも、彼が「元型」ということを考えざるを得なかった一因であろう。人生の後半の課題ということについては、後に述べるが、これらの人は適応という点では問題がない、というより、むしろ良すぎるくらいの人で、それだけに極めて強い人格を持ち、ユングの助けを借りて、元型的イメージを探索することが出来たのである。

ところで、「経験主義者」のユングが、どうして不可知な「元型」の存在を仮定することになったのか。これに対する筆者の答は、既に何度も述べてきたように、深層心理学が「私」の心理学であることに由来している。

つまり、それは何と言っても、私が私を探索するための心理学である。それを行う間に、私はまったく不可解なイメージと出会う。それは私個人の歴史からは了解できない。しかし、神話や昔話などの助けを借りて、それが人類の歴史とつながり、相当な普遍性をもつこともわかってくる。つまり、それが「元型的」性格をもつことが了解される。そのときに、そのような元型的存在の背後に「元型そのもの」を仮定することは、「私」の心理学にとって、次のような利点をもたらすであろう。まず、第一に、この危険に満ち、できれば避けたいほどの苦しい探索に、全力をあげてコミットしてゆくための目標をそれは与えてくれる。元型の存在を仮定するなどという生やさしいものではなく、それはあるのだと思ってみるほどの姿勢がなかったら、このような「私」の探索はできるものではない。

第二に、元型的イメージとの同一化による自我肥大(ego inflation)を、それは避ける役割をもっている。元型的イメージは強烈な力をもつ。たとえば、私がひとつのマンダラを描き、それによって精神の安定を得たとき、それによって癒されるのみならず、そこに自我肥大が生じると、そのマンダラを「売物」にしたくなったり、他人に押しつけたりしはじめる。あるいは、自分が「窮極の真理」を手に入れたなどと思いはじめる。ところが、元型そのものという存在を仮定すると、いかに素晴らしい元型的イメージを把握しようとも、われわれはひとつの「過程」の上にいるのであって、どこかに到達してしまったのではないということになる。

「私」の探索は、元型などというものが、「あるのだ」という確信がないと出来ないほど、大変な努力を必要とするものである反面、元型そのものは「わかることがない」と自覚していないと、すぐに一人よがりになったり、自我肥大を起こしたりする危険性をもつものである。そのような危いバランスの上に、ユングの「元型」という考えが立っているのである。

普遍的意識と普遍的無意識

元型的イメージは普遍性をもっている。それについて注目した人は、ユング以前にも多くいる。ユング自身もそれらの人の名をあげているが、レヴィ・ブリュルの「集団表象」という概念とか、アドルフ・バスティアンの「根本観念」などという概念である。これは elementare Gedanken を一応このように訳しておいたが、この Gedanke という語は、表象という意味もあるが、むしろ観念という方が近いであろう。これらの人たちは、未開人の研究や昔話の研究から、このような考えをもったのであるが、ユングの特徴は現代人にもこのようなことが存在することを明らかにしたことである。そして、バスティアンの用語が示すように、どうしても「研究」を事とするものは、「観念」や「概念」を扱おうとして、そちらに重きをおくことになってくる。しかし、もともと大切なのはイメージであるし、一般的な概念ではなく、「私」の体験としてのイメージなのである。このようなことについて少し述べておきたい。

元型的イメージは相当な普遍性をもつので、それは具体的な姿を得て、ある集団内において重要な役割をもつことがある。多くの宗教的な像がそれである。たとえば、マリア像に対して祈りを捧げるとき、それは母なるものの元型のひとつの表現形態として見られ、そのことはその人に対して大きい意味をもつ。しかし、キリスト教徒以外の人にとって、それはあまり意味をもたないこともあろう。そして、マリアという存在の意義が、その清純さ、優しさなどという言語によって表現され、それによってひとつの観念にまで形成されてゆくこともあろう。それが相当数の人々によって支持されるとき、ユングはそれを普遍的意識と呼んでいる。相当数の人間に共有される意識の在り方である。

たとえば、時間を厳守する、という考えは、ある文化にとっては普遍的意識となっているが、ある文化ではそうではない。あるいは、時代によってその価値は随分と異なるであろう。時代や文化をこえてまで共通の普遍的意識となると、なかなか探すのが難しいことであろう。「人を殺すな」とか、「盗みをするな」などは、相当に普遍性の高いものであるが、いつもそうであるとは言えないであろう。

普遍的意識について研究することは、人間の研究において重要なことである。そして、その「元型」を人間は無意識内に持っていると考えるならば、そのような普遍的意識の研究は、間接的に普遍的無意識の研究にもなっているわけである。このような普遍的無意識と普遍的意識との対応関係に立って、われわれが「研究」を行うとき、いろいろと混乱が生じてくる。この両者をつなぐ軸上に元型的イメージが存在するわけであるから、イメージの研究をしようとするものは、このあたりの関係をよく認識している必要がある。

ユングの言う元型の研究をしようとするならば、何と言っても自分自身の内的体験が大切である。自分の体験した元型的イメージは強い情動を伴なうものであるし、そのようなことも含めたまま、他の類似の元型的イメージを探し出したり、比較したりしつつ、その意味を明らかにしてゆく。あるいは、他人の元型的体験を素材として扱うにしても、それをまったく対象化するのではなく、共感しつつ、その探索の歩みを共にする態度が必要である。そのようにしてこそ、元型的イメージの本質が明らかになるのである。

しかし、これまでの「学問」(あるいは「科学」)という考えにこだわって、概念規定を明確にし、他との比較を試みたり、類似のもののグループに分類したりすることを行っていると、それは普遍的意識の研究になってくる。それ自体はまた意味をもつことなので、行うことに異論はないが、それは少なくとも深層心理学ではなくなってくる。特に、そのようなことに熱心になり過ぎたり、それが唯一の学問研究の方法であると考えたりすると、学者としては成功するかも知れないが、心理療法家としては駄目になってくる可能性が極めて高い。別にどのような研究をして悪いということはないので、いろいろな研究をしていいのだが、自分はなぜ、どのような研究をするのかを自覚する必要があると思われる。イメージの研究は従来からある「学問」の形にはまりにくいので、苦労も多いのである。

個性化の過程

ユングの元型の説が誤解されたり、受け容れられなかったりしたことは、その当時の時代精神の影響が大いにあると思われる。今世紀の初めは、自我の確立ということがあまりにも高い価値をもったため、そもそも無意識などということをあまり考えなかったし、それを考えるにしても、自我を確立するために考えられることが多く、個人的無意識の範囲内でのことであった。

しかし、既に述べたように、ユングの患者の三分の一は、その人生において強い自我を確立し、社会的には成功している人であった。彼らは「適応の良すぎることが問題であった」。いかにして適応するかなどは問題ではなく、いったい自分とは何か、自分はどこから来てどこへ行くのか、というような極めて根源的な問題が、彼らを捉えているのである。ユングはそのような人に対しては、自分も答を与えることができないので、相手と共にその無意識の言うところに耳を傾けようとした。つまり、その人が自ら「私」の探索を試みるのを援助しようというわけである。このような態度で、患者の夢を分析していったのである。

分析家がこのような態度で接していると、夢が元型的イメージをもたらしてくる。多くの場合、それは夢見た当人にとっては思いがけないものである。ある人は、夢のなかで自分が殺人犯であることに気づく。ある人は、一羽の鳥が美女となるのを見る。ここで、そんなのは夢であるとして棄て去るのではなく、それをともかく「自分の夢」として、それの意味を探り出そうとする。

たとえば、自分が殺人犯であることを夢見た人は、ともかく自分がそれまで人を殺して来なかったか、を真剣に考えてみる。そして、自分は勉強はよく出来たが、兄が勉強ができなかったばっかりに、自分のみ両親に愛されて社会的成功を遂げてきたが、兄の方は中学時代から常識的な軌道をはずしてしまって、今日もそのままの生き方を続けていることに思い到り、自分は「兄を見殺し」にしてきたと思うかも知れない。そんなときに、カインをはじめ多くの神話や昔話にある兄殺しの元型的イメージは、いろいろと参考にはなるであろうが、「兄殺し」としての自分が今後いかに生きるかは、まったく本人の意志にまかされている。それは、極めて個人的な問題であるが、同時に時代や文化の差をこえて人間一般にとって普遍的な問題とつながっている。

ここで、この人が自分の生き方について考え、それを実行してゆくことを、ユングは個性化の過程(process of individuation)と呼んでいる。それは極めて個人的であり、また普遍性をもつものである。ここに例にあげた人にとっては、兄弟殺しの元型が大きい意味をもった。しかし、どのような元型が、どのような人にどんな形で作用してくるかはまったくわからない。ともかくそれは、日常的な生活とは次元の異なるところから出現してくるものとして、当人にとっては相当な苦悩を感じさせるものとなることが多い。よほど強い人格でなければ、やり通せるものではない。ユングはそこで一般論として、このような個性化の過程の仕事は人生後半の課題であり、前半は強い自我を確立することが課題である、と考えた。ユングのところには、このような人生後半の課題に直面した人たちが多く来談したのである。

能に先シテと後シテというのがある。ワキ役の旅僧などが一人の女性に会う、これが先シテである。彼女がこのあたりに一人の女性が住んでいたなどと話をしてくれる。ところが能の後半になると、後シテが般若の面などをつけて現われ、実は私こそその女性だったのだというわけで、怨念をこめた舞を舞う。こんなのを見ていると、人生の後半というのは、「実は私こそ――である」という自覚のもとに、自分の舞を舞うことではないか、と思わされる。「私こそ――である」という「――」のところに、何らかの元型的イメージがはいってくる。そして、それがどのようなイメージなのか、それをどのように舞うかについては、まったく自分にまかされている。それによってこそ真の個性というものが打ち出されてくるのである。

このとき、分析家は相手がその課題としての元型的イメージを見出すのを手伝い、それと類似の元型的イメージを参考として提示したりしながら、その個性化の道を歩むことを助けるのである。その過程のなかで、分析家自身の個性化の過程がそれに大いに関連していることを見出すこともあろう。

ユングは人生の前半と後半の課題を相当に割切った形で提出したが、現在はそれほど明確なことは言い難いようである。青年期であっても元型的な課題に直面しなくてはならない人もある。このような人は他人からは容易に理解し難い苦悩を背負うことになるし、本人自身も何のために苦しんでいるのかわからないときもある。本人に自覚されるのは、ただ何もする気がしないとか、ただただ死にたいとか、体が重くて動かせない、などということである。こんなときに、周囲の人が「怠けている」と判断し、叱責したりして自殺に追いこむこともある。このような人の場合、その元型的課題について、誰かがはっきりと意識することが治癒への第一歩となる。

個性化の過程を歩むためには、倫理的な決定を必要とすることが多い。それは元型的イメージを「生きよう」とすると、日常世界の一般的なモラルとは簡単に合わぬことがよくあるからである。モラルを破るとまでゆかぬにしろ、常識からははずれることが多い。考えてみると、常識というものは、人間の意識が元型の侵入を受けて混乱しないように、長い歴史をかけてつくりあげてきたようなものである。しかし、近代までは人間は常識のみならず儀式や祭りなどによって非日常の場を設定し、元型との対応をはかってきた。それは集団的に非日常の状態にはいりこみ、そのなかで元型的イメージを経験することを行ってきたのである。しかし、近代になって自我＝意識を尊重するあまり、そのような儀式や祭りを非合理なこととして排除したり、拒否したりしてしまった。その結果、元型的イメージが日常の世界において突如として個人に襲いかかるようなことになってきたのである。

集団的な祭りをできなくなった現代人は、このために、個人として個人の祭りを日常生活を保ちつつ行うという難しい状況に立たされることになった。それをやり抜くことが、個性化の過程なのである。つまり、これまで集団のなかにはいり込んで無意識的に行ってきたことを、個人が自分にふさわしい方法で、意識しつつ行わねばならないのである。

共時性

元型的イメージについて考えるとき、どうしても問題にしなくてはならない困難なこととして共時性ということがある。

たとえば、夢で友人の死ぬのを見て、どうしても気になるので電話をすると、その友人が急死していた、などということがある。筆者のように夢分析をしていると、このように夢と現実との驚くべき一致の経験を知らされることが時々ある。このことから夢は常に外的事象の予知をする、と考えるのは馬鹿げている。夢と現実とは一致しない方が多いからである。さりとて、これをまったく偶然の一致として棄て去るのには、その経験はあまりにも強烈なものでありすぎる。ユングはこのような「意味のある一致」の現象が生じることを認め、それは因果的には説明できない非因果的連関であり、それを説明するためには、因果性ではなく共時性という原理が必要であると考えた。つまり、事象を説明するのに、因果性と共時性という二つの原理が必要だというのである。

夢によって友人の死を知ったとき、そこにエーテル波などというのを入れこんで因果的に説明するのではなく、因果的説明はできないことを明確にしているのが共時性の考えである。しかし、因果的に説明できないから「偶然」として無視するのではなく、その「意味」について考えてみようというのである。

登校拒否をしている高校生の男子は、最初会ったときは弱々しい感じであったが、治療を続けている間にだんだんと成長して強くなってきた。そして、おきまりの父への反抗心が高まってきたとき、父親と激しく争う夢を見た。その翌日、父親は普通なら命を失うほどの交通事故に会うが軽い傷で助かる。このことはこの青年に強いショックを与える。

ある人の内的状況と外的状況が著しい一致を示すことがある。それをユングは布置(constellation)と呼んでいる。コンステレーションは星座という意味もあるが、星座が「できている」ように、いろいろな現象がひとつの布置をなしている。先の例で言えば、「父の死」あるいは「父と息子の争い」という元型的イメージのコンステレーションが認められるのである。布置の背後には、何らかの元型が存在している。それを見抜くことによって、その意味を把握できるのである。

このような布置が生じたとき、これを因果的に考えて、「自分が父に対して反抗心を持ったので、父が事故にあった」と決めつけ、罪の意識に悩む人もあるし、そのために抑うつ状態になってしまう人もある。このような人に対しては、その偽因果律的考えをあらためて、そのような事象の意味を探り、それをいかに生きるかについて考えるようにしなくてはならない。

人生後半の課題との直面は、このようなコンステレーションを機縁としてなされることもよくある。事故とか病気とか、いろいろな災難が、個性化過程への入口となることは多い。そもそも、われわれのところに来談する人たちは、何らかの悩みを背負っているから来られるのだが、その悩みの背後にある元型的コンステレーションを読みとることが、われわれ分析家の仕事のひとつである、とも言えるだろう。

まったく偶然に不幸に陥ってしまった、と嘆く人が多い。しかし、それは因果的に見れば、まったくの偶然であろうが、共時的に見れば、まさに必然的に生じているとも言えるのである。「もし、あのとき汽車が遅れなかったら」とか「もし、あのとき偶然に彼女に会わなかったら」などと言いたくなるとき、偶然を嘆いたり恨んだりするよりは、その内的必然性について考えてみようとする方が得るところが大きい。もっとも、人生後半の課題は、危険性に満ちているので、そのことについては、あくまでも気を配ることが大切である。

ある生真面目な中年の会社員が、取引先の人に競馬に行こうと誘われた。賭事など無関心だったので断ったが、見ているだけでもとまで言われてついて行った。見ているだけのつもりだったが、ふと気がつくとその日に貰った給料をそっくり盗まれていることに気がついた。やけになって同行した人に金を借りて馬券を買うと、何と大当りして給料どころではなくなった。

これはサラ金で身を持ち崩した人に、話のはじまりとして聞いたことだが、このようなトリックとしか思えないようなことが実際に生じるところに、人生の面白味がある。誰が何と言っても真面目でビクともしない堅い人の背後で強力なトリックスターの元型がはたらきはじめる。この人の場合、最初に自分を競馬に誘った人を恨んでみたり、「あのときにお金を盗まれなかったら……」などと言ってもはじまらないのである。またこのような人に、「競馬などやめて真面目に働きなさい」などと忠告しても効果はない。人生の前半において築いた生真面目さと、その背後に存在する強力なトリックスター元型と、この折合いをどうつけてゆくか、という仕事に共に取組んでゆくより仕方がないのである。

ユングが共時性を発表したときは、ほとんどの人から無視されたり、批判されたりしたし、また誤解も受けた。ひどい場合は、ユングが因果律を否定しているなどとさえ思われた。しかし、現在はこのことに注目している人の数が急激に増えてきている。なかには間違って、共時的現象をユングが魔術的因果律と呼ぶ考えによって説明して得意になっている人もいる。共時性に対する関心が高まってきたことの一因としては、自然科学に対する不信感の増大ということがあるだろう。これまでは、自然科学絶対という感じであったが、それに対する疑問が生じてくると共に、すべてのことが「科学的」にコントロールされ、管理されるという状況に対して反撥する上においても、非因果的連関に注目することになったのであろう。しかし、これは共時性についてじっくりと考えてみることではなく、オカルト・ブームと言われるような軽い傾向に流されてしまう危険性ももっている。

これから人間の心を探究してゆく上において、因果的に説明可能なことと、元型的布置として共時的に把握してゆくことと、この両者の関連をどう考え、どのように組合せてゆくかが大きい課題となってくるであろう。人間の心の深層に向かうほど、後者のような立場による了解ということが重要になってくると思われる。

宗教とイメージ

神体験とイメージ

宗教の世界はイメージに満ちている。仏教の寺院に行くと、たくさんの彫像や図像を見ることができる。偶像崇拝を禁じているキリスト教でも、カトリックの教会にはいると、そのなかがイメージによって満たされていると言っても過言ではない。もちろん、カトリックを批判して生じてきたプロテスタントの教会では、できる限りイメージを排除しようとする意図さえ感じられるが、一見プレーンに見える内部も、採光の具合、祭壇の在り方などを見ると、建築物全体がイメージ性をもっていると感じられる。

それでは、アニミズムの場合、石や木や山などが神であり、そこには別に彫像や図像などが存在しないわけだから、これらはイメージと無縁と言えるだろうか。実は、ここに宗教とイメージとの関連の根本問題があると考えられるので、まずそのことを取りあげてみよう。

岩田慶治『からだ・こころ・たましい』(ポプラ社)は青少年向きに、宗教とは何かということについて述べている書物である。できるだけ平易に書かれているが、そのためにかえって、宗教の本質について端的に表現されているところが多く、教えられる。彼はアニミズムについて、それは「山や自然のなかで、出会いがしらにハッとして神を感じる、そのときになりたつ宗教だ。とびあがるほどおどろいたかとおもった、その一瞬に、こころがスーッとおちついてすみとおった感じになる。そこに神がいたとしかいいようのない「経験」なのだ」と述べている。

ここで大切なのは、その人が何を見たのかではなく、その人自身の「経験」なのである。森の中を歩いていて、突然、途方もなく大きい木に出会う。その一瞬に彼の感じたもの、それが神体験なのである。そこで、彼はその木に何らかの飾りをするかも知れないし、彼の経験を共有した人たちも、今後、その木にお参りをするかも知れない。だからと言って、その木を観察の対象としてみる現代人が、アニミズムは「木を神としている」と断定するのは間違っている、と言わねばならない。その木は神であるのかないのかなどと議論してもはじまらないのである。

「一瞬の体験」が神なのだ、と言っても、それはその木をみることによって、ひき起こされていることは事実である。そのとき、彼の見た「イメージ」こそが重要である、と言えないだろうか。その際の「イメージ」は、内と外、見ることと感じること、などがわかち難く、その「イメージ」のなかに体験されているのである。

宗教について、岩田慶治は次のように述べている。「宗教というのは、人間のつくりあげた文化という衣装はそれとしてみとめながら、そのなかにつつみこまれている事物のほんとうのすがたをたしかめようとするこころみである。ものを見る。もののすがたをみとめる、その本質を見きわめる。あるがままの、ほんとうの自然に対面する」と述べている。われわれは自分のつくりあげた文化によって、たとえばひとつの石を見るにしても、たとえば運動場にあれば、邪魔なものとして取りのけようとするし、時によっては、何かの重しに使ったり、金槌の代用にするときもあるだろう。そのときそのときに従って、自分との関連によって石を見ているわけだが、それは石そのものを見ているのではない。石のほんとうの姿など、誰もこれがそれだとは言えないだろう。しかし、文化のなかに位置づけるのではなく、石のほんとうの姿があるとして、限りなくそれに近い姿を見たと思うとき、その人は感激にふるえることだろう。その体験が「神」なのである。そして、そのとき、その人の見た石のイメージこそ、その宗教体験の基礎となるものである。

アニミズムとは異なり、キリスト教のような場合は、神の姿は聖典、この場合であれば聖書に語られる。聖書を有難いこととして読んでいるうちに、多くの人はその心のなかに神のイメージ、キリストのイメージを描くのではなかろうか。その際、画家がその内的イメージを絵画や彫像として提示し、多くの人がそれによって、神の体験をするならば、そこに提出されたイメージが、神体験の契機を与えるものとして尊ばれることになる。

世界中のいずれにおいても、芸術のはじまりは、既に述べたような意味での宗教体験と関連するものであったろうと思われる。ただ、ここに生じてくる問題は、内的体験を抜きにして、外在化されたイメージをすなわち神である、というように思いはじめることである。それと、これはすべての宗教につきまとうことであるが、宗教が組織化され、その社会との共存をはかってゆくためには、最初の宗教体験にいろいろな文化的附加物がつけられて「神」のイメージがつくられてくる、という問題が生じてくる。これはどうしても避け難いことである。このようなことが重なってくると、石を神とすることや、絵画を神とすることなどに伴なう矛盾や問題を生じてきて、すべての偶像、イメージを破壊しようとする運動が生じてくるのもよく理解できる。この点については後にもう一度論じるが、イメージというものは常にいろいろな意味での二面性をもっていることを知っていなくてはならない。

身体性

イメージという場合、「見る」ことがまず考えられるが、それは何よりも存在全体としての「体験」であり、そのような意味で、身体性とは切っても切れない関係をもっている。多くの宗教において、身体の動きが重要な役割をもってくるのは、このためである。ここでいう身体性とは、自分が生きている身体のことであって、自我が客観的対象として見る身体のことではない。

現代人はどうしても知的な思考を優先させる傾向が強いので、身体性ということから切れた存在になりがちである。従って、宗教に対しても、それについて書物を読んだり、考えたりだけするのだが、ある宗教をほんとうにわかるためには、自分の身体も用いねばならないことを、よく知っておく必要がある。

たとえば、ヒンドゥー教には、たくさんの神々が存在する。その図像も豊富にあって、われわれは、シヴァ、ヴィシュヌ、サラスヴァティーなどの姿を絵として見ることができる。しかし、正直のところ自分としては、これらの像を「神」として認めることは困難に感じてしまうのである。ところで、前述の岩田慶治の書物では、ヒンドゥー教について、「からだでおぼえる神々のわざ」という興味深い題を付している。これは、ヒンドゥー教における身体像の重要なことを、一言で表わしているものである。

岩田によると、ヒンドゥー教の寺院では、男も女も体をなげ出して祈る。「からだ全体をぶつけるダイナミックな祈り」なのである。そして、祈願のかなったときは、寺院の外まわりを体を地にふせたまま、ごろごろ回転させてまわる。体は泥まみれになる。

「ヒンドゥー教の祈りはあくまで全身運動なのである。からだを神にささげる。苦行することで神にまごころをしめす、という特徴があるようにおもわれた」と岩田は言う。

インドの気候のなかで、体を使っての祈りをしてはじめて、あの神々のイメージが、深い意味をもってくるのではなかろうか。イメージの問題の難しさは、意識の表層でも深層でもイメージの把握は行われ、本章で取り扱っているのは、あくまで深層におけるイメージなのであるが、そのことが理解されないと、議論はまったく意味をなさない。ヒンドゥーの神々のイメージで言えば、筆者が電車のなかで、ひとつの絵としてヴィシュヌを見ているときは、まったく表層的な把握しかできないが、ヒンドゥー教の寺院で、何度も体を投げうつ祈りをした後に見る人にとって、それは神のイメージとして顕現してくるのである。ここで、身体の在り方がかかわってくるところが重要なのである。

ある坐禅をした人の体験談として、次のようなことを聞いた。坐禅をしていると、いわゆる「魔境」として、いろいろなイメージが生じてくる。そのときに、そのようなイメージにかかわらないのが禅の特徴である。その経験をもった人の話によると、そうなったとき、魔境のイメージを何とかしようとか、それについて考えることなどをせずに、自分の姿勢に注目すると、坐禅の正しい姿勢が崩れているときが多く、そこで姿勢をただすと、すっと魔境のイメージが消えてゆく、というのである。ここで、イメージそのものよりも、自分の姿勢に注目することを、非常に興味深く感じたのであった。

なお、ついでに述べておくと、禅の場合、これらのイメージに注目しないのは、イメージそのものを軽視しているのではなく、できる限り早く深層に至ろうとするため、いわば、途中に生じるイメージに心を奪われないようにしている、と考えられる。深層心理学の場合、それらのイメージにもかかわってゆくのは、それぞれの層においてそれなりの意味を認めているわけだから、当然のことである。深層心理学の場合は、日常世界にいかに実際的に生きてゆくか、も大切な問題と考えているので、これらのことも取りあげるわけである。禅の場合、できる限り、もっとも根源的なイメージにまっしぐらに進んでゆこうとしていると考えられる。

身体の在り方とイメージの関係ということではなく、自分の身体の動きや在り方自身がイメージである場合としては、多くの宗教における儀礼や踊りがある。踊りでは、自分の身体の動きそのものがイメージとなっている。従って、多くの宗教においては、踊りが重要な要素となっている。

最近、スリランカの悪魔祓いのフィルムを見せて貰う機会があった(これについては、上田紀行『スリランカの悪魔祓い』徳間書店、参照)。シャーマンの場合は、シャーマンと悪魔(患者)との対話や、シャーマンの祈りなどの言葉も大切だが、それより以前に、相当な身体運動があることも無視できない。悪魔がついていると考えられる患者の踊りなどは凄まじい。エネルギーの爆発である。このような身体の動きそのものが、イメージの表現としてはたらいているのだ。

シャーマニズムのこのような例を見て思うことは、患者だけではなく、それを取り巻く村人全体がこれに参加しているという事実の重さである。悪魔祓いのドラマは村人の観ているところで、というよりは、全体の人たちの「参加」によってなされる。これは、近代的な治療が患者個人を対象としてなされるのと、まったく異なっている。村を含む全体的な体験のなかで、患者の変化が期待されるのである。

個人と村との関係は、どこかで、自我と身体(というより、その個人の存在全体)という図式と重なるところがある。宗教的な癒しは常に「全体的」であろうとする。それに対して医学の治療は「患部」を狙い打ちするのである。これは、病気の在り方によって、どちらがいいとも悪いとも言えないが、この区別をわれわれはよく知っておかねばならない。そしてまた、近代人として「個人」ということを重視しはじめた限り、現代の人間に対して、シャーマニズム的技法を行うことが、どれほどの効果と意義をもつかということについても自覚しておく必要がある。さもなければ、医学とも宗教ともつかぬものを、見境いもなく、現代人に適用しようとするようなことが生じてくるのである。

シンボルの盛衰

宗教の世界はイメージに満ちている、と述べた。しかし、見方を変えると、宗教の世界はイメージの死骸に満ちている、とも言うことができる。たとえば、クリスマスになると飾るクリスマス・ツリーは、どうしてあのようなことをするのだろうか。クリスチャンでこれに答えられる人は少ないのではなかろうか。あるいは、仏教の寺に行き、そのなかにある数多くの飾りなどについて、その意味を知る人はあまりないだろう。あるいは、たとえそれについて説明できる人が居たとしても、それらのイメージはその人にとって「生きた」ものとなっているだろうか。

このことは、宗教におけるイメージまたはシンボルの問題の難しさをよく示している。(以後、イメージと言う語によって、シンボルを含めた包括的なものを表現することにする。) シンボルは「明白で直接的な意味以上の何ものかを包含し、それ以外のものによっては表現できないもの」として、ユングは考えていた。初期のキリスト教徒にとって、十字はキリストの愛の文字どおりのシンボルとして作用していたが、年が経ってくると、それはキリスト教徒であることを示すための単なる記号に堕落してくる。つまり、シンボルが形骸化してくるのである。このようなことのために、多くの宗教におけるシンボルが最初にそれにそなわっていたヌミノースを失い、単なる記号や飾りとなってしまう。あるいは、時に、美術的価値や骨董的価値の対象になってしまうのである。

シンボルが力を失った最大の理由は、自然科学の興隆であろう。宗教においても「みる」ことは大切であるが、自然科学はそれとまったく異なる方法論によって、世界を「みる」ことに努めたのである。宗教においては、イメージを人間の意識の深層において見ること、その主観的体験が基礎となっている。これに対して、自然科学は意識の表層において世界を見る。そして、その際に、できるかぎり自分をその現象に関係させず、対象化して「みる」ことが必要である。この方法は、観察者という個人に関係のない普遍的な理論を見出すことができるので、極めて強力である。従って、このような方法によって、全世界の現象がすべて解明できるとさえ思われた。

そこで先に述べた方法論の差をまったく無視してしまって、宗教的シンボルを「科学的」に解明すると、すべてがナンセンスということになってくる。そこで、啓蒙主義の時代になって、急激に宗教シンボル——および、宗教そのもの——の衰退が生じるのである。これはむしろ当然のことで、それまで宗教的に「みる」ことが、科学的に「みる」ことの世界に侵入し、多くの偽の科学をつくりあげてきていたからである。たとえば、シャーマニズムによる癒しの方法によって伝染病を治すよりは、西洋医学の方法による方が効果的なことは明らかである。

しかし問題は、啓蒙主義によって、それまでのすべての宗教シンボルを無意味として棄て去ろうとしたことにある。これに対する反作用として、神経症の問題がクローズアップされ、深層心理学が、啓蒙主義が見棄てた、「夢」などを再び取りあげようとしたことは、非常に興味深いことである。

二十世紀は、一度棄てられたシンボルの意味を再点検することに大いに力がつくされた時代である。これには、多くの文化人類学者が、他民族を客観的観察の「対象」として捉えるのではなく、自らがその文化のなかにはいりこんでゆき、そこで共に「生きる」ことによって、その宗教を理解しようとしたことが大きく貢献している。それまでは未開人の変な風習としてのみ考えられていたことに、深い宗教的意味のあることを見出し、シンボルが生きた価値を有していることを、明らかにしたのである。

一方、深層心理学は神経症の治療という、極めて実際的なことから出発しながら、その治癒の過程のなかで、宗教的シンボルが重要な役割をもつことを見出してきた。そのひとつが、次に取りあげるマンダラであるが、このように古くから存在していた宗教的シンボルが現代人にとっても意味をもつことを見出した点で、深層心理学の宗教への貢献は大きいものがあったと言うべきである。

このようにして、一度は死んだかと思われた多くの宗教的イメージやシンボルが、今世紀になって復活してきたのである。このため、青年たちが宗教に関心をもったり、東洋の密教が西洋人の心を惹きつけたりするような現象が生じてきた。この際注意しなくてはならぬことは、それが単にプレ・モダンへの逆行であったり、偽科学の復活になったりしてはならぬということであろう。

マンダラ

現在ではマンダラと言っても、実に多くの人がそれが何かを知っている。もちろん正しいことは知らぬにしても、聞いたことはある、という程度には知っているのではなかろうか。筆者は一九五九年にアメリカに留学し、恥かしいことには、アメリカのユング派の人を通じてはじめてマンダラという言葉を聞いたのであった。おそらく、その頃は多くの日本人が筆者と同様の状態だったのではなかろうか。そして、当時の筆者の実感としては、マンダラと言うのは、何だか眉唾の存在というくらいの感じであった。

その後、スイスに留学したが、ユングは既に死亡し、彼の自伝とも言うべき『思い出・夢・思想』(邦訳『ユング自伝』みすず書房)が出版され、それによってわれわれもユングの「マンダラ」体験を知ることができた。それによると、ユングはもともと東洋のマンダラのことなど全然知らなかったのである。それは彼の体験した自己治癒の過程から、自然に生じてきたものである。

彼の『自伝』によると、一九一二年、彼がフロイトと訣別した頃、彼が自ら「方向喪失の状態」と呼ぶ異常な精神状態を体験する。それは一九一六年頃まで続き、幻覚や凄まじい夢の体験を伴なう精神病かと思われるほどの状態であった。このような状態のなかで無意識との対決を行い、それを克服しはじめた頃、ユングは自分の内的な要請に従って、円形の図を描きはじめた。彼は自分でもわけがわからないままそのような図をたくさん描いた。

「このころどのくらい多くのマンダラを描いたかは、もはや覚えていない。ともかく、沢山のものであった。それらを描いている間、疑問がくりかえし生じてきた。この過程はどこへ導かれるのだろうか。このゴールはどこにあるのだろうか」とユングは『自伝』のなかで述べている。しかし、それを続けているうちに、徐々にその意味がわかってきた。彼はマンダラを描いているうちに、「私が従ってきたすべての道、私の踏んできたすべての段階は、唯一の点――すなわち中心点――へと導かれていることが解った。マンダラは中心であることが段々と明らかになってきた」と思ったのである。

一九二八年に、ユングは中心に黄金の城のあるマンダラを描いた。そのとき彼は「どうしてこうまで中国風なんだろう」と不思議に思った。間もなく、リヒャルト・ヴィルヘルムという、当時、中国へ宣教師として行きながら、もっぱら中国の古典を研究して来た人物から、中国の「太乙金華宗旨」という道教の煉丹術の論文が送られてきた。その論文には、ユングがマンダラと中心の周りの巡行などについて考えていたことと、ほとんど一致することが書いてあったのである。

彼は自分自身の経験を基にして、回復期にある精神病者に絵を描かせてみると、マンダラ的な図を描くことがあるのに気づき、彼なりに理論づけを行っていた。しかし、当時の西洋では誰もそんなことを言う人は居ないので、一九二八年になっても、ユングは非常に慎重に彼の考えを一般に公表せずに居たのである。このようなときに、ヴィルヘルムの論文を見たので彼は非常に喜んだ。彼の考えに対する確証が思いがけないところから得られたのである。彼は「これは私の孤独を破った最初のことであった」と『自伝』のなかに述べている。

ユングは中国風のマンダラを描いたときに、ヴィルヘルムからの論文が送られてきた、「共時性」を記念して、彼の描いたマンダラの下に、「一九二八年、この黄金色の固く守られた城の絵を描いていたとき、フランクフルトのリヒャルト・ヴィルヘルムが、黄色い城、不死の体の根源についての、一千年前の中国の本を送ってくれた」と記したのである。このことに力を得て、ユングは一九二九年に、「太乙金華宗旨」に対するコメントを『黄金の華の秘密』と題して出版したときに、はじめてマンダラについての彼の考えを発表し、そのなかに「ヨーロッパのマンダラの例」として何例かの写真をのせている。興味深いことに、彼はそのなかに自らの描いたマンダラの絵を患者の絵と共に匿名で発表している。

ユングはその後もマンダラに関する研究を発表し続けたので、ユング派の人たちにとってはそれは非常に大事なものとなった。筆者も自らの夢分析の経験を通じても、その重要さを感じたが、日本に帰国して箱庭療法や夢分析をはじめるに当って、マンダラのことはまったく口外しなかった。もし、そのようなことを先に言ってしまうと、患者たちに先入観を与えてしまうのでよくないと思ったのである。ところが、箱庭療法をはじめると、その治療者も患者も何も知らないのに、マンダラ表現が箱庭に生じてくる。そこで、それらの例を基にして、マンダラということがあることを徐々に知らせるようにしたのである。

箱庭療法を導入してくるとき、このような方法をとったことは賢明であったと思っている。治療者も患者も自然発生的に生じてきたものを通じて、新しい体験をしつつ学ぶことができたからである。

さて、マンダラということはユング派のサークル内においては西洋でも知られていたが、一般にはほとんど知られていなかった。それが急激に知られるようになるのは、ヴェトナム戦争以後、アメリカにおいて、大麻や薬物などの助けによって、深層意識の経験をする人が急増し、それらの人が自分の体験した幻視などを理解しようとして、ユング心理学に関心を持ちはじめたためである。それと丁度軌を一にして、中国によるチベットの圧迫により、多くのチベット僧がアメリカに亡命し、彼らがチベットの密教をアメリカに伝えはじめた。これらのことが相乗的にはたらいて、一九七〇年代になって、アメリカにおいて、マンダラに対する関心が急に高まり、その流れが日本にも伝わって、わが国においても相当に知られるようになったのである。

わが国には、空海が真言密教をもたらしたときに、マンダラももちろん伝えられ、多くのものが各寺院に伝えられていたが、明治以後は一般の関心から遠く離れたものとなって、忘れ去られていた。しかし、前述のようなアメリカの傾向に沿って、わが国においても関心が高まり、まさに前節で述べた、シンボルの盛衰の典型例として、現在はもう一度一般の多くの人に注目されるようになったのである。

死後の世界

宗教的なイメージで、やはり啓蒙主義によって衰退したが、現代においてもう一度見直されているものとして、死後の世界、ということがある。

人間が死ぬとどうなるのかは、古来からの大問題である。いったい死ということをどう受けとめるのか、ということのために宗教が生じてきて、膨大な儀式や聖典などが生み出されていった、といっても過言ではない。そして、すべての宗教が試みたことは、人間は死んでもその「存在」が何らかの形で永続する、ということであった。そのために、魂とか霊とかいう考え方が生じた。死によって、すべてが「終り」となると考えるのは、耐え難いことである。人間は自分の生命を、何らかの意味で永遠の相のうちに位置づけたいのである。

死後の存在の永続と、勧善懲悪の考えが結びつくと、地獄・極楽の思想が生まれる。これは考えてみると当然のことで、生きている人たちを見ると、悪人が栄えたり、善人が苦しんでいたりするので、これは理屈に合わないとすると、死後にその報いが来ると考えざるを得ないわけである。

キリスト教やイスラム教においても、天国、地獄はある。これもまったく同様の考えから生まれてきたものである。東においても西においても、宗教的天才が地獄・極楽などのイメージを描き、それは一般民衆に受けいれられてきた。

わが国においても、中世の説話を読むと、冥界往還と言われる話が相当にあることがわかる。死んで閻魔大王のところに連れて行かれる。そこで罪状が明らかになり地獄に落とされそうになるが、お経を書き写しますのでと約束したために許されて、この世に帰ってくる、などというのもある。多くの話があって面白いが、地獄の話の方が圧倒的に多いのが特徴的である。考えてみると、極楽に行ってこの世に帰りたがる人間はあまり居ないわけだから、これも当然と言えるだろう。

スウェーデンボリ(一六八八―一七七二)は、西洋における偉大な人物で、科学者・哲学者・宗教家、などと簡単には分類できないが、彼が膨大な「霊界著述」を残したことは有名である。彼は自ら「死の技術」と呼んだ方法を用い、その間は彼はまったく死んだようになるのだが、天国や地獄を訪問し、そこで見聞したことを基に著述を行ったのである。

死後の世界のイメージは長らく人類の心をとらえてきた。しかし、自然科学が発展してくると、天国や地獄を定位することが困難になってきた。天国はその名のとおり「天」にあり、地獄は地の下にあるように思われていたが、自然科学の発達によって、それらは拒否されることになった。このため、人間にとって死をどう受けとめるかが実に大きい課題となってきたのである。

死という場合、特にそれを「私の死」として考えると、これは自然科学的なアプローチを許さぬものである。他人の死に対しては、それを「対象化」して研究することも可能である。しかし、私の死となると、それは決して体験できぬことなのである。それに対するアプローチとしては、イマジネーションより他には方法がない。従って、われわれはそれぞれが「私の死」についてのイメージを形成する必要があるのだ。これこそ宗教の役割である。しかし、現代人にとって既成の宗教の提出する死後の世界のイメージは簡単には受けいれることができないものである。

「私の死」をいかに受けいれるかという問題に対して、既成の宗教の教義に頼ることなく、さりとて自然科学のように「対象化」を試みることなく接近しようとする人たちが、最近になって現われてきた。その代表となる人がキュブラー・ロスである。彼女は死んでゆく人たちに対して、できる限りその状態を共感する態度で接しながら、「もしよかったら今体験していることを話してくれませんか」と尋ねてみた。すると驚くべきことがわかった。瀕死の状態にある人が想像を絶する体験をしていることがわかってきたのである。

これとは別に、アメリカの精神科医レイモンド・ムーディは一九七五年に『死後の生』(邦訳『かいまみた死後の世界』評論社)を出版し、臨死体験(near death experience)についての研究を発表した。それは医者が死んだと判定した後に奇跡的に蘇生した人たちに、その経験を聴いたのであるが、そこにはある種の共通要素が認められることがわかったのである。臨死体験については筆者もよく論じてきたし(たとえば『宗教と科学の接点』〔本著作集第十一巻所収〕)、最近では立花隆のルポルタージュのTV放映などを通じて一般によく知られてきたので詳述は避けるが、この結果はキュブラー・ロスの研究結果と多くの一致点を見出したのである。そのなかで特に注目すべきこととして、多くの人が「光の生命」とも言うべき一種の光を見る体験をしている。ところが、この様相は先に述べたスウェーデンボリの体験や、ここには論じることができなかったが、「チベットの死者の書」と呼ばれているチベット密教の書に記述されている、死者の体験する「光」などと極めて類似性が高いことがわかってきた。

キュブラー・ロスは自分の研究が「科学的」であることを強調し、死後生の存在が科学的に立証されたというような結論に飛躍していく。ここではその当否のことは論じないとして、キュブラー・ロスやムーディの研究は、最初に論じた「自然科学」と「宗教」のアプローチの中間に属するものであることを指摘しておきたい。つまり、彼らは死んでゆく人を「客観的対象」としては見てはいない、ここは自然科学と異なるところである。次に死んでゆく人は極めて深層の意識によって自分の状態を把握し、それのイメージを述べている。これはむしろ宗教体験と言っていいだろう。しかし、それを「記録する」ときのロスたちの態度は「客観的」であり、事実を集積しようとしている。このときの意識は表層の意識のはたらきである。

このようにして生じてきた結果を、宗教か科学かどうかを考えるのも大切な問題であるが、ともかく、死後生のイメージが現代的な意義をもって再び登場してきた事実は注目すべきことであると思われる。

境界例とイメージ

境界例とは

現在、心理療法の仕事をしている人で、境界例に悩まされているとか、悩まされたとかの経験のない人は、まずいないことであろう。境界例とは何かという点で、特に病理診断的なことについては、最近では他書に数多く論じられているので、ここでは割愛しておく。

本章では、境界例とイメージという題に示されるとおり、これまでに述べてきたイメージということとの関連で境界例について考えていることを明らかにしたい。ただ、境界例については、「現代と境界」の問題として、既に他に論じている（拙著『生と死の接点』岩波書店。本著作集第十三巻所収）ので、それと少し重複する点があるが、それについては御寛容をお願いしたい。

境界例とイメージというとき、まず、われわれ治療者が境界例に対してもつイメージ、の問題がある。境界例というとまず浮かんでくるイメージは何か。あるいは、境界例に対してどのようなイメージを持つべきか。次に、境界例の人のもつイメージの特性は何か、ということもある。「見棄てられ不安」という言葉が境界例の心理状態をよく表わすものとして、今では周知のことだが、これも言ってみれば、境界例の人たちにとって「棄て子」

というイメージが強力に作用しているものと言えるだろう。

「境界例」と聞いて治療者の人たちがまず思うのは、「扱いにくい」ということではなかろうか。うまくいっている、と思うとまったく思いがけない破綻がくる。この方針でゆこうとすると、あれがひっかかる。あの方針でゆこうとすると、これがひっかかってくる。何が原因で何が結果なのかわからない。原因と思っていることが結果で、結果と思っていることが原因とも考えられてくる。

境界例の人は非常に繊細で、ちょっとした感情のゆれに——治療者も気づいていないときに——気づいたりして、何と素晴らしいと思っていると、次には冷淡極まりないというか無感情というか、まるっきりの逆転に接することにもなる。

こんな様子を見ていると、「境界例」というのは、あらゆる領域の境界に居て、ほんの少しの動きで、正反対の側にはいってしまうような気さえしてくるのである。ともかく、いろんなところに「逆転」が生じ、時には、治療者とクライエントの間でも逆転が生じるように感じられるときさえある。治療者が右往左往していると、クライエントの方が冷静に事態を眺めて、分析してくれたりするときもある。治療者の欠点などを非常によく見抜く力をもっている。

治療者が相手を「扱いかねる」のは、相手をちゃんと定位できていないからだと思われる。そもそも「境界例」などという名がついていることは、「定位できていない」ことを示しているとさえ言うことができる。ボーダー・ラインと言うラインは線なのだから、本来ならそこには何も存在できないはずである。ボーダー・ゾーンというように境界地帯というならばそこには少しは何かが存在し得るだろう。にもかかわらず、ボーダー・ラインと言っているのは、それは本来ならそこで画然と分割できたはずだと思っているからである。実際、精神科医のなかには、今でも境界例の存在を否定する人もある。

こんなことから考えると、そもそも「境界」というもののイメージについて考えてみることが、境界例の理解に役立つのではないかと考えられるのである。そこで、境界のイメージについて考えてみよう。

境界のイメージ

境界は何かと何かとを分けるはたらきをする。非近代社会においては、大人と子どもとは画然とした線によって分けられていた。子どもから大人になるための境界をこえるには、それにふさわしい儀式を必要としたのである。しかし、近代社会になってから、子どもと大人の「境界」は非常に漠然としてきている。どこから大人になるのか不明というよりも、そもそも何が大人か不明である、と言いたいくらいである。

考えてみると、現代という時代はかつてあった境界が不明になっているときではなかろうか。教師と生徒、既婚者と未婚者、などの境界はあいまいになっている。男と女との境界も相当にあいまいになってきている。一見しただけで判別出来ていた「区別」がそれほど簡単には出来ないのが現状である。このような一般的な境界のあいまい化と、境界例が増加してきたこととは、どこかでつながっているように思われる。

ここで、未開社会におけるイニシエーションの儀式において、「境界」がどのような意味をもっていたかについて、ヴィクター・ターナーの『儀礼の過程』(思索社)によって考えてみることにしよう。

通過儀礼において新参者は日常世界から分離され、一種の境界状況のなかにおかれる。ここでの体験を経て、たとえば、成人式であれば、子どもが大人となり、もとの社会に再統合されるのであるが、この境界状況およびその特性を指して、ターナーはリミナリティ(境界性)と呼んでいる。

リミナリティ	身分体系
移行	状態
全体	部分
同質	異質
コムニタス	構造
平等	不平等
匿名	命名の体系
財産の欠如	財産
身分の欠如	身分
裸ないし制服	服装による識別
性欲の節制	性欲
性別の極小化	性別の極大化
序列の欠如	序列の識別
謙虚	地位に対するプライド
個人の外観の無視	個人の外観に対する配慮
富の無差別	富の差別
非自己本位	自己本位
全面的服従	上位の序列にのみ服従
聖なる性質	俗なる性質
聖なる教訓	技術的知識
沈黙	ことば
親族関係の権利と義務の停止	親族関係の権利・義務
神秘的な力に対する絶えざる祈願	神秘的な力に対する間欠的な問いかけ
愚かさ	聡明
単純	複雑
苦悩の受容	苦悩の回避
他律性	自律性の諸段階

リミナリティの特性をターナーは、通常の身分体系と比較して上の表のように箇条書にして示している。

この表は「境界」ということに対して豊富なイメージを提供してくれる。表中のコムニタスという用語について、『儀礼の過程』の訳者、冨倉光雄の適切な説明を引用しておこう。「コムニタスとは、かんたんにいえば、身分序列・地位・財産さらには男女の性別や階級組織の次元、すなわち、構造ないし社会構造の次元を超えた、あるいは、棄てた反構造の次元における自由で平等な実存的人間の相互関係のあり方である。」

この表の「リミナリティ」の方を見ると、境界例の人たちが心理療法状況のなかで望んでいることが、大分わかってくる気がするのである。もっとも特に境界例などと断ることをしなくても、心理療法の本質と、このリミナリティとは大いに関連していると感じるであろう。成田善弘が『青年期境界例』(金剛出版)において、心理療法家と境界例の類似性について論じていたが、それはこのようなところに要因があると思われる。

ところで、この表を見て、境界例との関連で考えられることを少し述べてみよう。まず言えることは、境界例の人たちのコムニタスへの希求の強さであろう。ターナーも言うように、「複雑な社会における社会生活の段階構造も、自然発生的コムニタスの無数の瞬間によって区切りがつけられ」ているのだが、境界例の人はそのような自然発生的コムニタスの体験が不十分な人たちであり、心理療法場面において、それを取り戻そうとするので、そのことを心理療法家はよく心得ていなくてはならない。

境界例に対しては、心理療法家もついついサービスをし過ぎたり、多くのエネルギーを投入したりしがちになるものだが、その関係が、父母と子ども、教師と生徒、医者と患者などのような「身分」に還元される性質を強くもっているときは、クライエントにとっては何らの役に立たぬものとなる。と言っても、サービスを受けることは嬉しいし、治療者の提出する何らかの「構造」に乗りやすい弱さをもっていることも境界例の特徴であるので、はじめのポジティブな関係が、急転してネガティブな関係になったりするのも、このためである。

治療者の準拠している「理論」どおりに事が運んでいると思って喜んでいると——これは一年以上も続くことがある——急転直下、関係が悪化してしまうようなことが、よく起こる。そうなるとますます治療者が「地位に対するプライド」に拘泥したり、「複雑な聡明さ」を発揮しようとしたりして、事態を悪化させる。境界例に対しては「単純な愚かさ」が必要なのだが、それは「苦悩の受容」につながるもので、実に難しいことである。

ターナーはまたコムニタスにおけるイメージ的思考の必要性を説いている。コムニタスは「実存的な性質のもの」なので、概念化し難く、「比喩《メタファー》や類推《アナロジー》に頼らざるをえない」のである。境界例の人にとって、何かの「イメージ」が大きくふくらみ、それを「現実」として語ってくるので、受けとめかねることが多いのもこのためである。自分の性格のある部分や才能などが拡大して語られる。あるいは自分の周囲の人のことも歪曲して語られる。しかし、それを拡大とか歪曲として受けとめるのではなく、どこまで真実のイメージとして受けとめられるかに、治療の成否がかかっているとも言える。

二分法へのプロテスト

次に少し異なる観点から境界について考えてみよう。近代人が強力な武器としている、自然科学はものごとに明確な境界を設定すること、切断することによって発展してきている。まず、その方法論の第一として、観察者と被観察事象との明確な分離ということがある。観察者は己と切り離して事象を客観的に観察するので、そこから普遍的な法則を見出すことができる。この普遍性の獲得ということは、実に偉大なことである。

このような方法は物理学において大成功を収めたので、次に人間を研究するとき、人間存在を心と体に明確に分割し、まず分割された体の研究を行った。これが近代医学であり、それがどれほど多くの成果を得たかは言うまでもないであろう。近代科学の方法によれば、普遍的な因果法則を見出すことができるので、その法則によって対象を支配できることが大きいメリットである。

近代科学の成果がどれほど偉大であるかは、現在われわれがそれによっていかに便利な生活を享受しているかを考えると、よくわかるであろう。近代ヨーロッパに起こった近代科学は全世界を支配したと言ってよいだろう。そして、人間は自然科学の力によって、自然をも完全に支配できるのではないかと考えるほどになったが、それに対していろいろな歯止めが生じてきた。

自然科学の自然支配に対する自然からの抵抗は、いろいろなところに見られるが、われわれの論議との関連で言えば、境界例や心身症の増加がそれであると思われる。そのいずれもが、人間による単純な分割に反対しているのである。心と体という二分法に対して、心の病いか体の病いかを明確にし得ない心身症という症状が増加してきた。また、精神病者と正常者とを明確に区別できると考えていたのに、そのいずれとも言えない境界例が増加してきた。これらのことは、二分法を基礎とするコンピューターが社会のなかで重要な地位を占めてくるのと平行して生じてきているのである。

　このような点から反省して、前節に述べたように、「境界」の意味について考え直すことが必要となってくる。しかし、前節の議論で明らかなように、その「境界」は今まで線と思っていたのが帯であったのだというような単純な認識によって把握されるものではない。子どもと大人との間に中間地帯があるとか、心と体との間に「心身」と呼ぶ中間地帯があるとか言う捉え方は単純すぎる。前節に示した「境界《リミナリティ》」は、子ども・大人という日常世界とは異次元のものであった。子どもが中間地帯を経て直線的に大人になってゆくのではなく、ある異次元の世界において実存的な変容の体験をして大人になるのである。

　このようなことを踏まえて、境界例のことを考えるために、図1に示したようなイメージを考えてみた。もともと人間存在というものの「全体性」は簡単な分割を許さぬものであるが、人間がものごとを考える時には二分法によることになるので、それをどこかで「切断」しなくてはならない。もともと球であった全体的なものを平面で切って、その平面を正気と狂気に分割する。これは一本の線で切れるかも知れない。そのとき、境界例というのは、その平面上のどこかに存在するのではなく、その平面とは異次元の下に(別に上でもいいのだが)存在している。前節の表現で言えば、この平面の上は「構造」をもっているが、その下はコムニタスなのである。

　構造はコムニタスによって支えられている。そこで、一般の社会人は構造とコムニタスとの間を上手に動きながら生きているのだが、境界例の人たちは、この図で言えば、正気と狂気の分類の線上ではなく、その下の領域

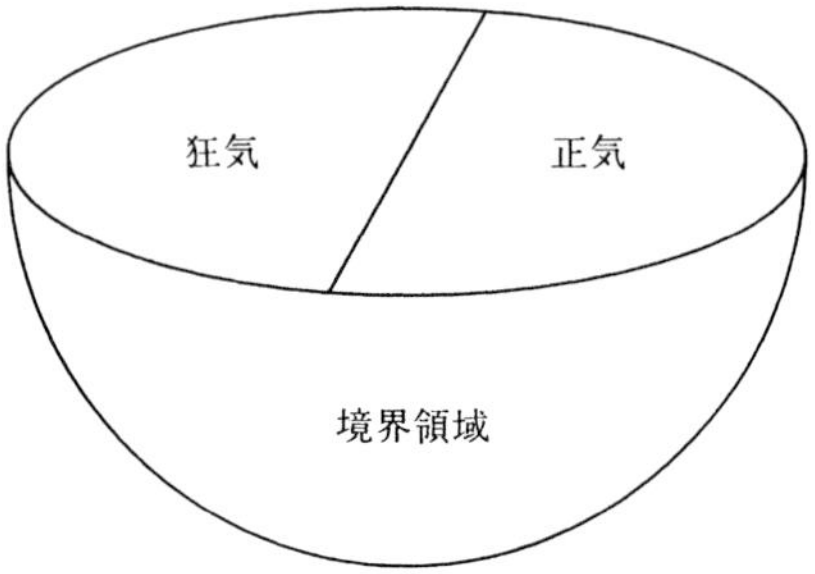

図1　境界例のモデル

にはいり込んで、上方にあがって来ない人たちと言うことができる。あるいは、時によって正気の方にあがってきたり、狂気の方にあがってきたりする。しかし、それは永続しないのである。

この図からいろいろなことが考えられるが、まずこの図が示すように、いかなる人も境界領域にはいり込む可能性をもっている、ということを知っておくべきである。つまり、神経症の治療においても、その過程においては、どうしてもある程度のコムニタス体験が必要で、そのときは境界例《ボーダーライン》的心性が露呈してくる。あるいは、普通の人間でも何らかの「境界」をこえる体験をしなくてはならぬときは、境界例的心性を経験する。

境界例の人たちはコムニタスの希求の程度が高いので、表層の構造化された世界に簡単に定位されることを好まない。治療者が単に表層の世界のみに住み、それだけが「正しい」と思っているようなときは、異次元の世界の存在を訴えるために、境界例の人たちの行動は過激にならざるを得ない。境界例のアクティング・アウトの強さは常に問題にされるが、その程度は、その人を取り巻く人々の態度――治療者の態度も含めて――が相当にかかわっていることを知るべきである。

「治す」ということは、表層の世界の構造のなかにクライエントを位置づけることであり、それをできるだけ早くしようとし、しかも、治療者が「力」をもっているときは、境界例の人たちは「狂気」の世界の方に入りこむことによって「安定」を示すこともある。ともかく、構造のなかにはいり込まない人がいることは、人をいらつかせるので、どうしても焦りたくなってくるのだが、焦って治そうとしないことが大切である。

境界例の人はともかく無茶苦茶をやる、と言いたくなるが、考えて見ると、フツーの人間は「自然」の方から見れば無茶苦茶をやっているのである。全体性をそなえた一なる存在を切って切って切りまくって、そこに構造をつくったり、見つけたりする。これが人間のしていることである。別にこれが悪いというのではなく、そのことによって人間は多くを得、多くの楽しみを見出しているのだが、ただ、それだけが「現実」でも「真理」でもなくて、それを裏打ちする「存在」ということを常に知っておく必要がある。こんな考え方をしていると、境界例の人たちの存在意義がわかってくるので、対応の仕方も少し変ってくるのである。

両性具有

ターナーは「リミナリティは、しばしば、死や子宮の中にいること、不可視なもの、暗黒、男女両性の具有、荒野、そして日月の蝕に喩えられる」と述べている。図1では、正気と狂気の間の一線のみを書いたが、人間社会は実に多くの「線引き」によって構造化されている。従って、境界例の人たちを理解するために、図1の「線」をいろいろに書き変えてみるとよいだろう。

ここで、ターナーの述べている「両性具有」ということについて考えてみよう。境界例の理解のためには、いろいろな線引きについて考えることができるのだが、筆者の現在の興味とも関連させて、特にこの問題を取りあげることにしたのである。

両性具有を図1に従って図示すると、図2のようになるであろう。一般社会では男と女との区別は相当につけられている。しかし、それを支える世界に「両性具有」が存在している。

セックスとしての男女が分類できるのは事実であるが、ジェンダーとしての男女の区別は、その社会・文化の

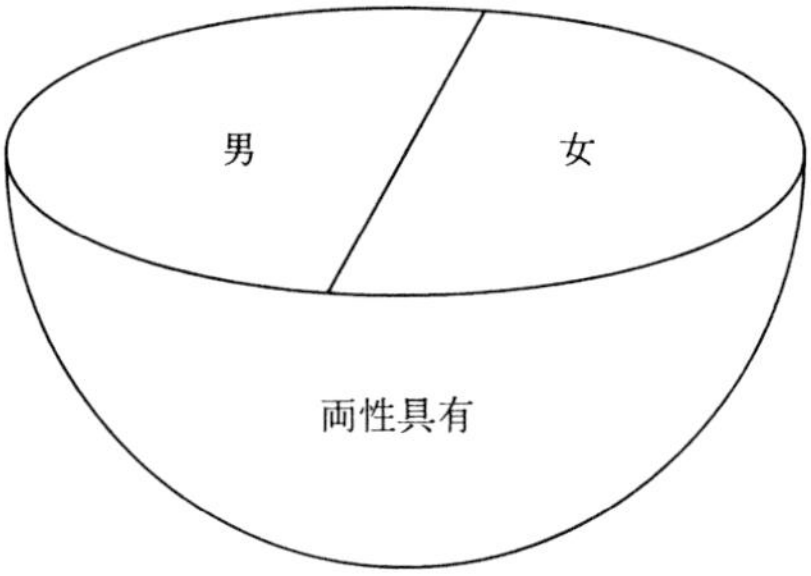

図2　両性具有

なかでつくられてきており、「表層の世界」においては相当に明確に区別されている。このことに男女差別のことがからんでくるのだが、ここではその問題については論じない。ジェンダーとしての区別は相当に御都合主義なところもあるが、表層の世界にのみ生きる人にとっては、それは社会の「秩序」を守るために非常に大切なものである。

　未開社会においても、ジェンダーの区別は明確であり、秩序の維持に必要とされているが、イニシエーションの儀礼において、両性具有的なテーマがよく生じるのである。このことはエリアーデが『悪魔と両性具有』(せりか書房)のなかで論じているので、それに従って述べてみよう。後にも示すように、境界例も両性具有のテーマがよく出現する。

　エリアーデによると、オーストラリアのある部族で用いられているイニシエーションでは、男性新参者の下部切開を行い、これは「新参者に女性生殖器を象徴的に付与するものである」と言う。「この儀礼の深い意味は次のように言えるだろう。両性の共存、両性具有を知らずには性的に成人の男になることはできない、換言すれば、全体的存在の様式を知らずには、特定の、はっきり限定された存在様式に達することはできない」という考えによっている。

　エリアーデは、男女相互間の衣装の交換の事実が、イニシエーション儀礼に認められると述べている。また、イニシエーションにおいて、同性愛的な行法が行われるのも、新参者が両性具有的な経験をすることとして、解釈されている。

このような観点からすると、境界例の人たちがジェンダーの区別を破壊する行為をすることが、よく理解される。女性でいわゆる男言葉を使う人や、男性でなよなよとした言動をする人などが境界例に多いことに気づいている人が多いであろう。もちろん、これは瞬時に逆転するときがあり、なよなよしていた男性が突発的な怒りを爆発させたり、男言葉の女性が、いわゆるコケティックになったりすることもある。つまり、両性具有的なのである。

両性具有的傾向は夢にもあらわれ、夢のなかで性が変換する例が境界例には多いのではないか、と筆者は考えている。筆者の自験例や、スーパーバイズする事例において、そのような夢に接するからである。と言っても、その数は少ないし、「統計的」研究は出来そうもないが、筆者の印象として、言えそうに思う。

男性が女性になる、女性が男性になる、と言うのではなく、夢の中で、フォークダンスをするので、男女が別れて列をつくっているとき、自分は女性だが男性の列のなかに加わっている、というような類のものもある。次に女性が男性になっている夢を示す。

夢　私のような小さい男の子がいる。ある国で厚遇されて、そこの女王を意のままにしている。

ここでは「私のような小さい男の子」というので、まったく同一化しているわけではないが、「私は男性になっている」というような表現の夢もある。男性になって、ガールフレンドを訪問するような夢もある。この夢では、男の子になり「ある国の女王を意のままにする」という表現のなかに、コムニタス状況への強い希求が感じとられる。このようなときには注意をしないと、治療者はこのクライエントの意のままに動かされる人になりかねないのである。

このような例に接して、境界例ではジェンダー・アイデンティティが混乱している。あるいは、退行がひどいというように単純に捉えるよりは、イニシエーション儀礼を完成させようとして完成し切れないあがき、あるいはそれへの必死の接近として見ることが大切であると思う。

ついでに述べておくが、「正常者」でも性変換の夢を見るので、性変換の夢が境界例の「診断」に指標的なものである、とは言えない。しかし、正常者のときは、それが分析の過程のなかでの、深い「境界」体験として受けとめられることが多い。あるいは「性変換」に伴なう葛藤が意識されていることが多いようにも思われる。

ここでは両性具有のことのみを取りあげたが、境界例を理解するときに、いろいろな一般的分類を図1に対して応用して考えてみると面白いし、イニシエーションの儀礼における一見途方もない行為が境界例の理解に役立つことを指摘しておきたい。

なお、現代社会が男女の境界を弱くしようとする傾向をもつことは、一方で厳しい分割による構造化によって管理をしようとする傾向があることに対する反抗として考えられる。人間を「物扱い」されることに反対するためには、人間をどのような方法であれ「分類」することに反対したいと思うのは当然である。しかし、人間というものは、社会の秩序ということを維持してゆかねばならず、ターナーの言うように、「構造とコムニタスの適切な関係をつねに見出し、いずれかの様式が最高のときにそれを受け入れ、他の様式も棄てることをせず、そして、その一方の力が現在使われているときにもそれに執着しないこと」が望ましいのであるが、それは極めて困難なことである。

治療者の両性具有

以上述べてきた点から言えば、治療者が両性具有的存在とならねばならぬことは、むしろ、当然のことと言えるであろう。

図1に示したような、切断による構造化は一般に父性原理ということによってなされるので、境界例の理解には母性原理が必要と考えられるが、本当のところは両性具有的と言うべきである。特に、日本では「表層社会」においても母性原理が強くはたらいているためもあって、境界例に対して母性的に接しようとする治療者が多い。そうなると、「受容」するにも、ほとほと困り果て、人間としての限界をこえるとさえ感じられてくる。ここで失敗をしてしまうと、主観的にはクライエントを受容しようと努めているにも拘らず、途方もない憎しみの感情が湧いてきてしまったり、切断しようとする父性原理が無意識的に出現して、関係を無理矢理に切ってしまうような言動が治療者にあらわれる。そのために、せっかく長い間努力してきたクライエントと喧嘩別れになってしまったりする。しかし、これはまだよい方で、泥沼戦争のような状態になるときもある。

あるいは、このことを避けようとして、理論武装をし過ぎると、父性が強すぎて、クライエントがすぐに来なくなって中断する。あるいは、それでも長く続くときは、力ずくでねじふせるような形で、クライエントを「狂気」の側に「安定」させることにもなる。

このようなことを避けるためには、治療者は自分の両性具有性について、相当に意識する必要がある。それと、この際に大切なことは、父性、母性などと言っても、境界例の人を相手にしているときは、それの次元が深くなるので、生半可な父性や母性では役に立たない、ということである。

もっとつっこんで言うならば、話が表層のことにかかわってくるほど、治療者の「努力」や「知識」などの個人的な資質が役立つであろうが、深い層が問題となってくるほど、治療者の意識的努力のみによって事が運ぶことはない、と考えるべきである。従って、母性的といっても、何かをしてあげるとか、できるだけ時間を費す、などということではなく、クライエントの変化の過程のための「容器」となることが大切で、それができれば、別に取りたてて何やかやとする必要はないのである。

あるいは、父性といっても、それは元型的父親像に近くなってくるので、禁止にしろ、命令にしろ、それは鉄壁のものでなければならない。生半可なことでは通用しない。このような程度のことは、個人の意志だけでは簡単にはできないので、クライエントと自分を取り巻く全体のコンステレーションを、できる限りよく見ることが必要である。

特に父性に関しては、日本の文化の伝統のなかにあまり認められないので、日本人には不得意なことであることを自覚し、元型的父親のイメージについて、他の国の神話や昔話、宗教などを通じてよく知り、イメージを自分なりに思い描くなどのことをしておくとよい。日本で父性のことを考えると、身体的な強さや怖さなどの方に重点がゆきそうであるが、判断力、決断力、意志力などの強さについて、それを身につける努力が必要である。

治療者が両性具有的である、ということを取り違えて、たとえば、クライエントの要求に対して、「君の気持はよくわかるが、それはやってはならない」式のものの言い方をするのは、まったく無用か有害である。気持がわかる方が母性的で、禁止する方が父性的、と考えるのかも知れないが、筆者が論じている両性具有の次元は、もっと深く、ここに示したような、ぬえ的な混合を意味していない。ついでのことながら、ここに示したような対応の仕方をすると、クライエントとしては文句のつけようがなく、文句はつけられないが深いところで自分はまったく理解されていない、と感じるので、アクティング・アウトをするより仕方なくなるのである。

今まで述べてきたことからもわかるとおり、われわれが境界例に特徴的と考えているアクティング・アウトには、治療者の態度も大いにかかわっていることをよく知っておく必要がある。

両性具有的存在とは、言うなれば全体性のひとつの顕われであり、そのような象徴の他のものとしては、男性と女性の聖なる結婚のイメージがある。このことのために、クライエントと治療者が異性の場合は特に、治療者に対して強い性的な転移感情をもつときがある。そのときも、クライエントが真に欲しているものが何であるかをよく弁えることによって、その転移の意味を知ることができる。さもなければ、クライエントの性的転移をそのまま具体的にとって、どう受けとめるかを考えたりするような無駄なことをすることになる。

境界例とかかわるときは、そこに元型的イメージがコンステレートされることが多いので、治療者は人間としての自分の能力の限界について、よくよく意識していることが必要である。自分の能力の限界を知って、無理をせずにいると、不思議に能力を超えたようなことが生じてきたりして、事態が進展するものなのである。このあたりのことがわかってくると、無駄なエネルギーを費すことなく、境界例の人たちと会ってゆけるように思う。

イメージと言語

解釈とは何か

心理療法に従事しているものにとっては、「イメージと言語」という題によって、まず「解釈」のことを思いつくであろう。夢や箱庭、絵画などのクライエントの提供するイメージ作品に対して、心理療法家がその意味をどのように言語化して相手に伝えるか、という「解釈」の問題である。これは、日々の臨床の実際において、いつも直面している問題であるので、心理療法家にとっては強い関心のあることである。しかし、イメージと言語の問題は、考えてみるともっと深くて広い問題につながってゆくわけで、それについては後述することになるが、ともかく、心理療法家として関心のあるところから、話を始めることにする。

たとえば、箱庭療法を受けていたある中年の女性が、「海の中にぽっかり浮かんだ帽子」を作品として作った。その帽子には男女の子どもがのっていて、これから航海をすると言う。海に浮かんだ帽子というイメージから、多くのユング派の人は、グレートマザーと、そこから自立してゆこうとする自我の萌芽ということを思いつくだろう。それに、帽子は特に女性にとって、頭にかぶるものという点とも結びつき、自分の知的な主張と関連してくることも考え合わせると、これまでクライエントが戦争のために上級学校の進学を断念し、結婚後はひたすら姑や夫に仕えてきたのが、このときになって、自我を確立しようとする「船出」をしたことが感じられる。

そのようなことを、そのまま言語化してクライエントに「解釈」として与えた場合はどうであろうか。

このような考えは、おそらくあまり間違ってはいないだろう。しかし、このイメージをそのことだけに限定してしまうこと、および、クライエントに対して「自我の確立」という方向性を与えてしまうこと、は大きい危険性をはらんではいないだろうか。それに、自我の確立と言っても、それぞれその人なりの方法や過程があるわけだから、心理療法家が自我の確立という、一般的な一筋道のみを見ているとき、そこに生じるその人の極めて個性的な面を見落してしまわないだろうか。自我の確立に伴なう、その人固有の苦しみ、悲しみ、嬉しさ、などを共感することなく、ただ一筋の道をまっすぐ進むことにのみ、治療者が関心をもつとき、弱いクライエントの場合は、それに耐え切れないことも起こってくる。このようなことを考えると、「解釈する」ことの怖さが強く感じられる。

イメージはそれが真のイメージであればあるほど「生きている」。つまり、変化の過程にあり、そのなかにダイナミズムをもっている。下手な解釈はそれを殺してしまうのである。この点を大いに強調するならば、下手な解釈をするよりは、黙っていた方がいいということになる。イメージに対して、離れた距離からものを言うよりは、イメージの生きてゆく方向に向かって共に歩んでゆこうとする態度の方が、はるかに治療的と考える。

このような考えを前提とし、その上、日本に箱庭療法や夢分析を導入するにあたって、象徴やイメージについての知識をほとんどもたない人でも、心理療法の経験をある程度もっている人たちに対して即戦力的に実際場面にあたって貰う必要があったため、ともかく箱庭療法や夢分析においても、治療者の無意識の世界に対して開かれていることと、クライエントを共感的に受けとめてゆくこと、の基本的態度を重視し、そこに示されたイメージを共に鑑賞するような態度をもつことを強調した。従って、余計な解釈を加えないことも大切と考えた。この方法は非常に成功し、現在まで、多くの治療的効果をあげてきている。

このことのために、筆者は時に誤解されて、治療の言語化や解釈に反対していると思われているが、事実はまったくそうではない。筆者は心理療法の過程や理論的枠組などは、可能な限り言語化すべきであると思っているし、必要と感じたときは「解釈」をしているときもある。もっとも、この「解釈」については最後に再び取りあげるが。

筆者が特に反対したいのは、言語化や解釈そのものではなく、単に書物で得た知識を頼りにして、――特に外国語を用いて――おきまりの用語にあてはめることをもって「解釈」と考えていることである。これは時に、言語の暴力と呼びたいほどの結果を招くものである。クライエントという、一個の人間存在のすべてを把握することなど、誰にもできることではないが、イメージというものの特性、つまり、それがいかに全存在的にかかわるものであるかを知るならば、そのイメージを出来る限り共有し、共感して、己の存在から生じてきた言語を発するのが当然で、ただ、クライエントにレッテルを貼るような「解釈」を押しつけるのは、暴力以外の何ものでもない、と言わねばならない。

このことは従って、言語化そのことに反対しているのではない。むしろ、本来の意味における「解釈」は必要なのである。このことはまた、イメージの方が言語より優っていると単純に断定しているのではない。後に示すように、人間は言語によって、筆者が問題としているようなイメージを表現できるし、またそのような言語表現の方が適切な場合もある。このような点をもっと考えてゆくためには、そもそも言語ということの特性について、少し考えてみる必要があるだろう。

言語の特性

言語はかつて「思想を表現し伝達する手段」であるように考えられていたが、現在では言語の機能はもっと重く見られるようになってきた。それは言語より先に存在している「思想」を単に伝達する手段などではなく、むしろ、われわれの考え方をさえ規制していることがわかってきた。これは、国際化が激しくなるにつれて、その文化差を規定する要素のひとつとして言語が存在することが明らかになってきたことによっても、認められることである。この点について池上嘉彦は『ことばの詩学』(岩波書店)のなかで、「言語は人間の表現、伝達の手段どころか、むしろ知らないうちに人間を支配している君主であるかもしれないのです。この認識は深層心理学における「無意識」の発見にも比することができるでしょう」と述べている。

ここに池上が無意識のことを持ち出してきているのは、非常に示唆的である。池上の言葉を言いかえると、言語というものは、まったく自我の支配するものとは限らず、多分に無意識的な面をもつということになるだろう。自我が確実に把握している内容を言語という手段によって他に伝えるだけではなく、言語が生じることによって、自我がその内容を知る、あるいは、内容を明確にする、ということもあるわけである。

言語のこのような言わば創造的な面について考えるために、「詩的言語」ということを、日常的言語と区別してとりあげねばならない。この詩的言語を日常的言語と区別するため、大江健三郎はロシア・フォルマリストの用語である「異化」を用いて述べている(大江健三郎『小説の方法』岩波書店、以下の大江の引用は同書による)。大江の説明によると、「日常・実用の言葉は、われわれの現実生活のなかで自動化・反射化している」。われわれが日常で「石」というとき、それは誰にとっても自明のものを指していると、無反省に判定している。これに対して、大江はシクロフスキーの次のような言葉を引用する。このような自動化作用は、ものをのみ込んでしまう。「そこで生活の感覚を取りもどし、ものを感じるために、石を石らしくするために、芸術と呼ばれるものが存在しているのである。芸術の目的は認知すなわち、それと認め知ることとしてではなく、明視することとしてものを感じさせることである。また芸術の手法は、ものを自動化の状態から引き出す異化の手法であり、知覚をむずかしくし、長びかせる難渋な形式の手法である。」このようなシクロフスキーの考えを、大江は「知覚の自動化作用からのものの解放」と表現している。

このような「異化」を行うためには、大江は「自分自身の精神と情動(ほとんど肉体の、といっていいほどの情動)の深い経験をすることが必要である」と言い、あるいは、「人間的な諸要素を可能なかぎり全体化することを指向しつつ、活性化してゆく」という表現もしている。そのような態度によって、ものの「異化」が可能になる。

このような態度は心理療法家の態度と極めて類似するのではないか。クライエントが「私の母は」とか、「私の性格は」とか語るとき、ともすればその言語は「自動的・反射的」に用いられることが多い。そのとき、心理療法家がそれに対して、「人間的要素を可能なかぎり全体化することを指向しつつ、活性化する態度」で接するとき、そこに「異化」作用が生じ、心理療法家あるいはクライエント、あるいは両者が同時に、ものごとを「明視」することができるのではなかろうか。その明視したことの言語化が「解釈」に他ならないと言えるのである。

ところで、ここで話を一転して、科学的言語についても、われわれ心理療法家は考えねばならない。先に引用した、池上や大江の場合は、日常・実用の言語と詩的言語という分類によって考えることで、彼らの問題を考えるのに十分に役立ったのであるが、われわれは、日常・実用の言語をさらに分類して、日常語と科学的言語として考える必要がある。これは、近代の心理療法が「科学」のひとつとして、それを位置づけようとしてきた事実を踏まえている。われわれは心理療法の科学性ということを不問にして、前に進むことはできない。

科学的言語は既に述べた詩的言語の対極にあると考えていいのではなかろうか。たとえば日常語で「まっすぐに歩く」というような表現のなかで「まっすぐ」ということが、ある程度自明のこととして用いられているとき、「直線」ということを、いかにして明晰にあいまいさを残さず定義されたものとするかを考える。そこに用いられる言語――あるいは概念――は誰にとっても同じ内容を指し示すものでなくてはならない。

このためには、言語を用いる人間がその内容を明確に対象化し、自から切断された他として捉える必要がある。このように「自」から切り離されたものとして科学的言語が用いられるので、それは普遍性をもつのである。このような普遍性がどれほど強力なものであるかは、現代人である限りよく知っているはずである。

科学的言語は人間の用いる「道具」としては、最高のものではなかろうか。それによって客観化され対象化されたものを、人間は支配し操作できる。その有効性は疑うべくもない。このように科学的言語があまりにも有効であり、便利であるので、人間はものごとを考えるときに科学的言語で考え、あるいは、すべての言語を科学的言語のようにきめこんで考えたり、感じたりしはじめたのではなかろうか。先に池上の言葉として、言語は「知らないうちに人間を支配している君主かもしれない」を紹介したが、現代人は、科学的言語を知らないうちに自分の「君主」とし、逆にそれに支配されるようになっていないだろうか。

そのもっとも端的な現象が「関係性」の喪失として現われているように思う。科学言語はまず、自と他を切断することから話を始める。しかし、自と他との濃密な関係なしに、人間は生きてゆけるのだろうか。自分がいろいろなものを操作して生きていると思っているうちに、自分も操作の対象とされていることに気づく。それでは、いったい自分は何ものなのか、自分と世界はどのように関係するのか、このような主観的な問いに、科学的言語は答えない。現代人は詩的言語を喪失したために、アイデンティティを見失い、多くの人が心理療法家を必要としているとさえ言えるのではなかろうか。

深層心理学と言語

詩的言語を喪失し、そのために多くの人が心理療法家を訪れるとしたら、われわれ心理療法家は「詩的言語」を語る専門家なのであろうか。心理療法の仕事は「文学」と等しくなるのだろうか。実のところ、これには簡単に「イエス」と言えないのである。むしろ、逆に、心理療法家は「科学者」である、と思っている人の方が多いのではなかろうか。では、どうしてそんなことが起こるのであろうか。

心理療法家で自分を明確に「科学者」と考えている人たちはいる。それは行動療法を専門としている人である。それをどう評価するかは、ここでは不問にするとして、この人たちは自分たちの使用する言語を科学的言語とすることに努力し、その療法を科学的に行うことに努力している。従って、以下に論じるような言語の問題は起こってこない。

心理療法を深層心理学を背景として行うものにとって、言語の問題は極めて困難なジレンマをもたらしてくる。深層心理学はフロイトの精神分析によって始まったと言ってよいだろうが、それは「科学」としてその存在を示そうとした。そのような考えや方法が医学のなかから生まれてきたことや、当時の時代精神の影響を考えると、それはむしろ当然と言っていいであろう。このためにフロイトはいろいろと努力を払い、たとえば、分析家が被分析者に対して、まったく客観的な観察者となることを必要と考えたことなどは、その努力のひとつのあらわれである。このことについては後に述べるように、大いに考え直さねばならぬことになったのであるが。

精神分析が「科学的言語」を用いようと努力しつつ、その中心概念にエディプス・コンプレックスのように、神話からその名を借りて来なければならなかったことは、非常に示唆的である。つまり、それは自然科学のように、まったく個人の主観から切り離されたことではなく、むしろ、人間の内的経験を必要とする、あるいは大江健三郎の言葉を借りると、「自分自身の精神と情動(ほとんど肉体の、といっていいほどの情動)の深い経験をすることが必要である」からではないだろうか。そもそもフロイトが「精神分析」という用語を限定して、実際に分析を受け、長い訓練期間を経て、分析家の資格を取った者だけが用い得るとしたことは、彼が「経験」をどれほど重視したかを示している。いわゆる教育分析として、分析の経験をもつことが資格を得るための必須条件と考えるのは、他の深層心理学の諸派にも共通のことである。この点から言えば、深層心理学者は詩的言語を使用する人と言うことになるだろうか。

ここに深層心理学における言語のジレンマが存在している。先に論じた、フロイトにおけるエディプス・コンプレックス。それに、ユングの言う、アニマ、アニムス、エリクソンの言う、アイデンティティなどの用語は、創始者たちは「科学的言語」と考えたかも知れないが果してそうであろうか。それらの用語に魅力を感じながら、後に続く者がそのあいまいさを無くして厳密に——時に操作的に——それらを定義しようと試み、それに成功したように思った途端、その用語のもっていた魅力が失せてしまう、ということをわれわれは経験してきたのである。

このようなことのため、しばしば深層心理学(精神分析)は「科学ではない」、従って駄目であるという刻印を押されがちであった。これまで述べてきたような観点から、筆者は深層心理学は「自然科学」(あるいは従来の科学）ではないと思っている。しかし、それだから駄目とか間違いとか断定するのは速断である。詩的言語が科学的でないから駄目だなどというのと、それはまったく同じである。さりとて、深層心理学は詩的言語を用いている、とは簡単に言えぬところがある。その点について考えてみたい。

クライエントは詩的言語の喪失に苦しんでいると述べた。そう考えると、まず詩的言語を語るべきは、分析家ではなく被分析者ではないだろうか。たとえば、先にあげた箱庭の作品の帽子について考えてみよう。この箱庭に表現された帽子は、見事に異化された帽子ではなかろうか。それはまぎれもなく帽子である。しかし、日常の帽子とは異なっており、クライエントの全人格のなかで生き生きとして存在している。

既に述べたように、クライエントは日常語として使用している、「母」、「愛」、「友人」その他の言葉を異化し明視するために、治療者のところに来ていると考えられないだろうか。そこで詩的言語の回復と、クライエントの回復が一致して生じてくるのである。このように考えると、治療者の役割は、クライエントがそのような回復の過程をすすむための容器《コンテナー》として存在することではなかろうか。そのことは、治療者とクライエントの間に微妙な関係性が存在することになり、当初フロイトが考えたように、治療者は客観的観察者なのではなく、両者の微妙な関係性の維持に努力を払わねばならないのである。従って、この関係——古典的には転移・逆転移と呼ばれてきた——をどう考えどう記述するかについて、また多くの「用語」が生じてくることにもなったのである。科学的言語の支配によって失われた「関係性」を取り戻すことは、心理療法家の重要な役割のひとつなのである。

心理療法家の役割は、彼が詩的言語を語るのではなく、まずクライエントに詩的言語を語る場を与え、それを理解することである。クライエント自身は話をしながらそれが日常語なのか詩的言語なのかも意識していないかも知れない。それに対して治療者はそれを明確に意識し、言語化しなくてはならない。このときの言語化する態度には、「科学的」要素がはいってくる。治療者もクライエントも共に内的経験を共有するのであるが、そのような現象には一種の普遍性が存在し、それをある程度客観化して記述することが可能である。それが理論的枠組のなかに組みこまれるとき、深層心理学の用語となる。つまり、それはある程度の科学性をもってくる。

深層心理学の言語は、従って、日常語とも詩的言語とも科学的言語とも異なる、第四のカテゴリーに属すると考えてもいいし、このようにして「科学」が新しい領域を開拓しつつあると考えるとき、それは科学的言語が拡張されたものと考えることもできるであろう。いずれにしろ、深層心理学の用語に対しては、以上のような考察が必要であって、不用意に科学的言語と同定しないことが肝要であると思われる。

拡充法

深層心理学の言語はある程度の客観性をもつ、と述べたがそれはどういうことであろうか。自然科学の場合は、自と他との切断を前提とする客観性があった(これも厳密に言えば、絶対的なことを言えないので、ある程度のというべきかも知れぬが、これは今のところ不問にする)。深層心理学の場合はまず、クライエントと治療者の間で極めて主観的な経験の共有があり、その後にその現象を出来る限り客観的に記述しようとする態度がでてくる。それがいかに客観的になされようと、そのベースが主観的なものであってみれば、それは極めて恣意的になるのではなかろうか、そして、そのようなことによって他人を「治療」していいのかという疑問が生じてくる。このことを強調する人は、科学的言語によって心理療法を考えねばならない、と主張するだろう。

筆者は先にも述べたように、科学的言語が人間に対して暴威を揮っていることが、現代人の苦悩の大きい要因でさえあると思っているので、心理療法の言語は既に述べたような第四のカテゴリーとも言うべきものによる方が望ましい、と考えている。しかし、これがまったく恣意的なものではなく、ある程度の客観性を示す方策のひとつとして、ユングが行ったように、人類が今までに残してきた文化遺産のなかに、類似のものを見出すということがある。また、実際の臨床の場合は、その個人の生活史との関係、個人の変容の過程のなかの位置づけ、症状の変化などと関連させて考えるのであるが、このことはこの際は省略する。

ユングはクライエントの提出するイメージに類似のもの、平行的なものを、人類の神話、伝説、昔話、宗教的絵画などに求め、それによって、もとのイメージの意味を見出してゆく方法を拡充法と名づけた。ユング自身は自らの考えた「個性化の過程」という過程に対して、錬金術という素材を用いて、それのある程度の客観性を示そうとしたのである。中世の錬金術師たちは意識的、無意識的に、金属の変容の過程の記述によって人格の変容の過程を記述しようとしており、そのような考えによって錬金術の本を読むときは、現代人の夢のなかに見られる変容過程と極めて類似の内容を見出すことができるのである。

ユングが拡充法を考え出したのは、それによって彼の判断にある程度の支えを見出すということのみならず、クライエントの提出したイメージをより豊かにし、その意味をクライエントにわかりやすくする、という点も持っている。

たとえば、クライエントが蛇の夢を見たときに「蛇は……を象徴する」式のことを言うのはナンセンスであり、蛇についての神話や昔話について語り、時には印象的な絵を見たりするようなことこそ望ましい。もちろん、蛇に関する話は無数と言っていいほどあるのだから、そのうちのどれを話すかは、クライエントの夢のコンテキスト、および、クライエントのおかれている状況などを考えて、選択しなくてはならない。しかし、このような治療者の提出する素材は、クライエントにとって意味がないとして受けいれられないこともある。そのときは、また他の方向に向かって意味を見出してゆく拡充の努力を続けなくてはならない。このような過程は時になかなか困難なものとなる。しかし、先に引用した異化についての文、「知覚をむずかしくし、長びかせる難渋な形式の手法である」を思い出すと、まさにそのことを行っていると言えるのである。端的に言えば、簡単にわかってしまうと駄目なのである。

「解釈」という場合、下手をすると、無意識より生じてきたイメージを自我のなかにすぐ位置づけてしまうことになる。それでは、イメージの持っている魅力的な大半の部分を切り棄てることになる。拡充法は、イメージをできる限り、無意識の側から見ようとして右往左往してみることなのである。それは「むずかしく、長びく」過程である。しかし、その過程こそが大切なのである。シクロフスキーは「芸術は、ものが作られる過程を体験する方法であって、作られてしまったものは芸術では重要な意義をもたないのである」とさえ言っている。

拡充法はほとんどの場合、言語によってなされる。それを語るときの分析家は、これまで述べてきた分類で言えば、詩的言語に近い言葉を語っていると言わねばならない。従って、拡充法に従って語られる言葉は、「文体」をもってくる。つまり、その表現の背後に人間の個性の存在を感じさせる「かたち」をもたねばならないのである。ユングの多くの著作は、拡充法の記述に満ちているが、それが「文体」をもつために強い魅力をもっている。しかし、下手をすると、拡充法は自動化し、文体を失う。これはユングの後継者たちが(自分も含めて自戒するところだが)、ユングと極めて類似のことを書きながら、あまり魅力を感じさせない一因となっているように思われる。その偽科学的言語は文体をなくしてしまうのである。このことは、わが国では、柳田國男とその後継者の間でも、同様のことが起こっているように感じさせられる。

再び解釈について

以上に述べてきたことをまとめる形で、再び「解釈」について考えてみたい。しかし、解釈の前に治療者の役割として、治療者が心理療法の過程が生じるための容器として存在することを、最も重要なこととして強調しておきたい。このことが出来ない限り、その人がいかに多くの知識を持ち、詩的言語を語る能力をもっていても、心理療法家としては仕事ができないのである。

現代人がその喪失に悩んでいるような関係性が、治療者とクライエントの間に成立すると、過程が動きはじめる。そのときにまず詩的言語を語るようになるのはクライエントの方であろう。とすると、それを小説の場合になぞらえると、クライエントが作家であり、治療者は読み手ということになる。この両者の関係について、大江健三郎は次のように述べている。「小説をつくり出す行為と、小説を読みとる行為とは、与える者と受ける者との関係にあるのではない。それらは人間の行為として、両者とも同じ方向を向いているものである。書き手と読み手とは、小説を中においてむかいあう、という構造を示しているのではない。」あるいは、小説を読みとることについて、「小説を書いてゆく者の精神と肉体によりそって、同じ方向に向いて進む行為」(傍点、引用者)であると述べている。

これは治療者とクライエントの関係に対しても深い示唆を与えてくれる。もっとも心理療法の過程では、クライエントがすぐ「書き手」として登場することは少ない。おそらく最初のうちは「日常語」による会話が続くかも知れない。大江が書き手のこととして述べている「人間的な諸要素を可能なかぎり全体化することを指向しつつ、活性化してゆく」態度をとるのは、むしろ治療者であろう。そのような態度に支えられて、クライエントがイメージを提出してくるとき、治療者はそれに対して、「解釈を与えるもの」として存在するのではなく、「両者ともに同じ方向に向いて進む」ことをしなくてはならない。そのような進行のなかで、既に述べた拡充法が行われるであろう。それは極めて創造的なプロセスなのであり、そのプロセスそのものが大切なのである。

治療者とクライエントの関係は、自然科学における観察者と被観察者の関係と異なり、両者の間の切断をできる限りなくしようとするものなので、両者の相互作用は極めて緊密であり、先に述べた「創造過程」は両者の共同作業によるものと言っていいほどになってくる。ただ、心理療法家としては、その行為のイニシアティブをできる限り、クライエントの無意識に取らせようとしているとは言えるであろう。

以上のように考えてくると、「解釈」というものが、クライエントの示すイメージの何かに対して、おきまりの用語に置きかえる、単なる「当てはめごっこ」をしているのではないことは明白であろう。それでも単なる置きかえ的な「解釈」が役立つとすると、それによって治療者が興味を失わずにいることができること、および、安定感を保つことができること、によって過程の容器としての役割のために役立つという二義的な意味においてであろう。

このように述べてくると、心理療法の過程が、ほとんど文学における創造過程と同様のこととなり、それはまさにそのとおりだと考える人もあると思うが、筆者はそれだけではなく、このような過程を治療者とクライエントの両者をも含めて、全体を客観化してみるような「目」が必要であると考えている。このような「目」の在り方は微妙であり、これが強すぎると、過程を壊すようなことになるが、この「目」が弱すぎるときは、危険を防止することができないのである。「創造過程」などというと聞こえはいいが、それは危険に満ちており、ありていに言えば「狂」の世界に限りなく接近し、あるいはそこに落ち込んでしまう可能性を持っている。このような

「過程」は、相当科学的に記述できるし、治療者はそのような意味で、科学者の目も持っていないと危くて仕方がないのである。

心理療法家は常にあらゆる面において、逆説的な状況に置かれており、その状況に耐えて、簡単には一方へと傾斜していかないことが必要である。詩的言語、科学的言語という分類に対しても、心理療法の場面ではまさに両者が必要であり、心理療法家は自分の「解釈」が、その両者の間でどちらの方により重みをもった言語を用いているかを、よく自覚していなければならない。

最後に、大江健三郎がバルザックの小説を例に取りあげながら、読み手の態度として述べている文を引用することによって、本章を終りにしたい。小説の読み手のこととしてここに述べられることは、そのまま治療者のこととしても読むことができると思うからである。

「われわれ(読み手)自身も、自分の想像力を推進機関とするロケットとなって、前方へ発進しようとしている。自分という個の奥底をとおって、想像力にむすばれた人間共通の場へ。そしてその想像力によって自分を前へ投げだそうとする危機的緊張感は、われわれをここにある既知の枠組から解放して、ついには宇宙的なものをふくみこむ構造をそなえた、根源的な自己認識へとさそうのである。」

この文は個を通じて普遍に至る道を、実に的確に描写しているものと思われる。

イメージと創造性

ポアンカレの体験

人間のもつ創造力は実に偉大なものである。これまでの文化の発展を考えてみるとそのことが実感される。特に創造的な天才の出現は、それまでの在り方を一挙に変革してしまうものである。このような天才は、芸術、学問、宗教、政治、軍事、などのあらゆる分野に出現しているし、その在り様は分野が異なるにつれて相違を示すのも当然であるが、それらがすべてイメージということと関連していることは共通であろう。

天才の「ひらめき」はおそらく言語化できないものであろう。それを言語化したり、その他の表現手段を用いたりして、一般に理解されるものとするためには、合理的な思考力を必要とするが、最初の「ひらめき」はまさにイメージそのものと言っていいのではなかろうか。それは突然にやってくるのだが、さりとてまったく何の前提もなしに来るわけでもない。

ひとつの例として、次にアンリ・ポアンカレが自ら語っている、フックス関数についての発見の体験を見てみよう(アンリ・ポアンカレ『科学と方法』岩波書店)。専門的なことは省略してしまうと、彼は二週間の間フックス関数の問題に取り組んで考えこんでいた。その後、ある旅行に参加し、「旅中の忽忙にとりまぎれて、数学の仕事上のことは忘れていた。クータンスに着いたとき、どこかへ散歩に出かけるために乗合馬車に乗った。その踏段に足が触れたその瞬間、それまでかかる考えのおこる準備となるようなことを何も考えていなかったのに、突然わたくしがフックス函数を定義するに用いた変換は非ユークリッド幾何学の変換とまったく同じである、という考えがうかんで来た。馬車内にすわるや否や、やりかけていた会話をつづけたため時がなく、検証を試みることをしなかったが、しかしわたくしは即座に完全に確信をもっていた」。

このことを説明して、彼は「まず第一に注意をひくことは、突然天啓が下った如くに考えのひらけて来ることであって、これは、これにさきだって長いあいだ無意識に活動していたことを歴々と示すものである」と述べている。それと次に注意すべきことは、彼の突然にひらめいた「考え」は、「完全に確信をもつ」ものではあるが、何ら論理的に検証されたものではないということである。事実、彼はこの「考え」の検証のために後で相当な時間を費すのである。

これらのことから考えると、彼が「天啓が下った如くに考えのひらけてくる」と言っている「考え」は論理的思考によって考え出されたものではないという意味で、イメージ的あるいはヴィジョンなどと呼んでいいものではないかと思われる。ポアンカレはそのことを、「一見数学は知性以外には関係がないように思われる」けれども、大切なことは、「すべての真の数学者が知るところの真の審美的感情であって、実に感受性に属するものなのである」と述べている。彼の言う「審美的感情」とは、イメージに対する感受性のようなことを意味していると考えていいのではなかろうか。

ポアンカレはこのような体験を踏まえて、潜在意識の方が意識よりも、豊かに考えの組合せをなしているものだと結論している。つまり、そのような潜在意識の活動の前後に意識的思考を必要とする（はじめに問題解決のために考えたこと、および、ひらめきを得た後に検証のために用いた意識活動）のは事実であるが、もっとも重要なはたらきは潜在意識の活動によってもたらされたというのである。

このようなことは、無意識の創造性について知っているわれわれとしては別に目新しいこととも思えないようだが、この書物が一九〇八年に書かれたことを知ると、驚くのではなかろうか。当時は、フロイトにしろユングにしろ、未だ無意識の病理的側面にのみ注目していたのではないだろうか。

フロイトと異なり、ユングは無意識の創造性に早くから注目するようになり、ポアンカレの体験のように、意識的集中の後に、退行状態が生じ、そこで把握されたイメージによって創造的発見が生じることを、彼も身をもって体験したのである。フロイト派の方もユングには遅れてではあるが創造的退行の考えを、クリスなどが発表し、退行には創造的意味もあることが深層心理学一般に認められるようになった。

創造の病い

ポアンカレの場合は、意識的集中の後に、旅行中における退行状態のなかで創造的イメージが生まれてきたのであるが、その退行時に病いになることが多い事実に注目し、「創造の病い」として、エレンベルガーが明確にしたことは高く評価されるべきことである。次に、エレンベルガーの考えを簡単に紹介する。

エレンベルガーは『無意識の発見』という名著のなかで、深層心理学の創始者たちの生涯について詳しく論じ、そのなかである種の創始者たちの共通の重要な体験として、「創造の病い」の存在を指摘した。これは別に深層心理学者のみに限ることではなく、シャーマン、宗教の神秘家、哲学者、作家などの間にもみられ、創造的な人々に深くかかわるものである。彼によると、創造の病いは、「ある観念に激しく没頭し、ある真理を求める時期に続いておこるもので」「抑うつ状態、神経症、心身症、果てはまた精神病という形をとりうる一種の多形的な病いである」。それは軽快、悪化を繰り返すが、その期間中、「当人は自分の頭を占めている関心の導きの糸を失うことは決してない」。この間に病いと共に正常な社会的活動が両立されているときもあるが、「その人は完全な孤立感に悩む」。「病気の終結は急速で爽快な一時期が目印となることが少なくない、当人は、人格に永久的な変化をおこし、そして自分は偉大な真理、あるいは新しい一個の精神世界を発見したという確信を携えて、この試練のるつぼの中から浮かび上がってくる。」

これが、エレンベルガーの考える「創造の病い」である。彼によると、フロイトの場合は、神経症、心身症的な様相を呈し、ユングの場合は、精神病的な病態であった、ということになる。両者ともにそれを克服するための「自己分析」を行い、その経験を通じて彼らの理論体系をつくりあげていったのである。

フロイトの場合、創造の病いを克服する過程において多くの夢が生じ、その夢のイメージを自ら分析することによって、理論を築きあげたのである。この際、フロイトにとって、フリースの存在が大きかったことを認めなくてはならない。エレンベルガーは、このことについて、「フロイトの創造的な病いの決定的な時期においては、フリースは自らも望まずそれとも知らずシャーマン徒弟に対するシャーマンの先生、そして神秘家に対する霊的な導師という役割をとっていた」と述べている。

フロイトの創造の病いにとって、夢がどれほど大切であったかは、『夢判断』のなかに語られている彼自身の夢について考えてみると相当によくわかる。エレンベルガーは『夢判断』を「偽装された一種の自叙伝と名付けてもいい」とさえ言っている。

ユングの場合は、彼の死後発表された一種の自伝(『ユング自伝』)があるので、その創造の病いの経過は相当明らかである。彼の場合はまさにイメージの氾濫と言ってもいいであろう。凄まじい夢のみではなく、幻聴や、また多くの幻像《ヴィジョン》をも見ている。これらについては『ユング自伝』を見ていただくと詳しいことがわかるので省略するが、重要と思われることを、二、三指摘しておきたい。

彼の創造の病いは一九一二年ごろよりはじまる。そのときに体験した彼の幻覚については既に二五三頁に述べたが、続いて同様の夢を一九一四年の春と初夏のころ、三度も見る。すなわち、「真夏の最中に北極の寒波が下ってきて、土地を凍らせてしまうのである。たとえば、ロレーヌ地方とその運河がすべて凍結してしまって、どこにも人がいなくなってしまう。すべての草木は霜枯れてしまっている」。ところで、同年八月一日に第一次世界大戦が勃発した。つまり、彼の個人的な「病い」が、全ヨーロッパの状況と呼応していた。このような、外界と内界の呼応関係は、あんがいに生じるものである。別に因果的に説明できないが、その全体を通じて布置されているイメージの意味を把握することが重要なのである。

なお、第一次世界大戦勃発のとき、ユングはロンドンに講義のために招かれていたのだが、そこからうまく戦乱のなかを抜けてスイスに帰ってくる。内界は相当な「病い」の状況にありながら、現実吟味の力が全然弱くならない事実にも注目したい。このような強い現実吟味の力がなければ、ユングは精神病におちこんでいたかも知れない。

エレンベルガーは論じていないが、ユングの場合も、創造の病いを克服するための援助者としてトニー・ウォルフという人物が居たことも忘れてはならない。フロイトの場合は相手が男性であったが、ユングの場合は女性である。もちろん、一人で仕事を成し遂げる人も居るが、誰か援助者が居る方が容易であると言えるだろう。

ユングは『自伝』のなかで、「すべての私の仕事、創造的な活動は、ほとんど五十年前の一九一二年に始まったこれら最初の空想や夢から生じてきている。後年になって私がなし遂げたことはすべて、それらの中にすでに含まれていた」と述べている。彼の「創造の病い」体験に伴なって生じてきたイメージは、それ以後、五十年に及ぶ彼の創造活動の源泉になったのである。

芸術の場合

前節には深層心理学者の例をあげたが、次に芸術家の例をあげてみよう。わが国の画家、林武が自らの体験を語っているのを取りあげる(林武『美に生きる』講談社)。

林武は絵画の魅力に捉えられ、苦学しつつ絵を学ぶ。画家になりたいというひたすらな気持によって、「遮二無二描いた。絵の具とカンバスをもって、青筋を立てて野原をのたうち回った」。このような努力の果てに、彼はふと「絵描きになりたいという自分の気持ちの裏に、労働者よりも絵描きのほうがりっぱだと思い、第一に、ほかのことよりも、自分の好きなことをやって名をあげたいという欲があること」に気づく。

彼は既に結婚していたので、そこで「一家の夫として、どんな仕事でもいいから職業としてもち、生活の糧を得られれば、もうそれでいいと思った」。そこで、「絵の道具を一切合財、戸だなのなかにほうりこんでしまった」。何でもいいから愛する妻のために働こうと決心すると「何ともいいようのない愉快な気分であった。からだじゅうの緊張がゆるんで、精神がすっとして、生まれてこのかた、あんなすばらしい解放感を味わったことはいまだなかった」という状態になる。

それまでは「絵描きになりたいと執着した人間の目でしか見ていなかった」ので、明暗ということを習うと、すべてのものが「明暗」として見えてくる、という具合であった。「絵描き」というこだわりを棄てて見ると、木は「ほんとうの木」に見え、雲は「ほんとうの雲」に見えてきたのである。

そのようなある日、「僕は歩きなれた近くの野道をぽつぽつと歩いていた。すると突然、いつも見なれていた杉林の樹幹が、天地を貫く大円柱となって僕に迫ってきた。それは畏怖を誘う実在の威厳であった。形容しがたい宇宙の柱であった。僕は雷にうたれたように、ハアッと大地にひれ伏した。感動の涙が湯のようにあふれた」。

それは圧倒的な体験であった。自然が生命力をみなぎらせて迫ってくる。この体験をしたときに、林武は「そうだ、これはいくらむずかしかろうと、描かねばならない」と感じ、再び絵筆を握ることになる。

以後、林武がどのような画家として成長していったかは周知のとおりである。その際にここに述べられたような、自然についての根源的なイメージとでも言うべきもの、「いくら難しかろうとも、描かねばならない」と感じさせ、一度は棄てた筆をもう一度取らざるを得なくしたもの、が成長への原動力として作用したことは否定できないであろう。

創造のためには必ず「創造の病い」を体験しなくてはならない、というのではない。ポアンカレの場合は、彼は別に「病い」を経験したわけではない。しかし、彼が意識的集中を暫く放棄したときにイメージの創造性がはたらいている事実は注目に値する。林武の場合も「病い」ではないが、一時的な画業の放棄の結果、創造的イメージが出現しているのである。このような緊張からの解放の時期をもつことが、創造のためには必要であろう。

緊張からの解放時に出現する創造的イメージというと、夢が考えられる。夜に眠っているときは解放のときだ。従って夢から創造のヒントを得た話は、スティーヴンスンの小説『ジーキル博士とハイド氏』や、作曲家タルティーニの「悪魔のトリル」など多くある。なお最近の作家としては、筒井康隆がその作品のヒントの多くを夢から得ていると述べている（『河合隼雄全対話V』第三文明社）。

福島章『音楽と音楽家の精神分析』(新曜社)は、音楽家の創造性について論じているが、そのなかで印象に残ったことをひとつあげておきたい。それは、ワグナーとシューマンを「境界人格構造」として捉え、両者の創造の秘密として、ワグナーには妻コジマが、シューマンには妻クララが居て、共に「良いホールディング」を成立せしめ、「庇護的空間」をつくることができたこととしている点である。これはなかなか注目すべき意見である。福島は「境界人格構造」について、「臨床的概念に言葉を借りて〈分裂〉のメカニズムに注目しているようであるが、かならずしもＤＳＭ-Ⅲでいう〈境界人格障害〉を示唆しているのではない」と断っている。確かに、ワグナーやシューマンの「診断」となるといろいろ困難はあるが、彼らの心のなかに存在する〈分裂〉の強さについては誰も承認するだろう。そのような分裂から創造が生まれるための「庇護的空間」の存在ということは極めて大切と思われる。この場合は、二人とも妻によってそれを得たわけであるが、それは必ずしも一人の人物によってとは限らず、集団や、特定の場所などでもいいのではなかろうか。このことは次に述べることにも関連すると思うので、ここに取りあげたのである。

人生の創造

これまで述べてきた人たちは、天才的な人たちであった。「創造」などということは、普通の人間には出来ず、よほどの才能のある人だけである、という考えがある。それも一理あるが、筆者としては、すべての人にとって「創造」ということがあり、各人は自分の人生を創造している、あるいは、創造することができる、と考えている。そんな大げさな、と言う人がいるかも知れない。しかし、次のように考えてみるとどうであろうか。

ごく些細なこと、たとえば自分が高校の教師として、校内で隠れて喫煙している生徒の姿を見かけてしまったときどうするか、などということがある。「規則に従って」そのことを職員会議に報告、生徒は処罰を受けて、ケリがつく場合もある。「面倒なことになるのをおそれて」知らんぷりをしてしまう場合もある。後者の場合は学校の規則を破っているが、「面倒なことは避ける」という一種の一般法則に従って生きている。つまり、どちらの場合にも、その「個人」は生きていない。ある種の一般法則が生きているだけである。

これに対して、ともかくその生徒の傍にゆき、単に喫煙を禁止するのみではなく、生徒の様子をよく見、そして、その言うところをよく聴こうとするとどんなことが生じるだろうか。生徒は卒業前に処罰されたりすると、せっかくの就職が駄目になるから、何とか今回だけは見逃してくれと言う。反省しているようだし、ということで見逃すことに決めるとする。この場合は前二者の場合に比して、少し「個人」の決定がはいっている。ところで、ここで生徒の気持はわかるが、やはり校則は大切だと考えると、この教師は葛藤状況に立たされる。簡単に答は出て来ない。

あらゆる創造は葛藤に耐え、それを抱きかかえていることから生まれてくるのではなかろうか。先に紹介した音楽家のワグナーとシューマンの例のなかで、「分裂」と「ホールディング」のことが語られていたのと同様のことである。ホールディングは他人の助けを借りるときと、自分の力でなし遂げられるときとがある。しかし、相対立する力の共存に耐えているときに、そこから新しいイメージが生まれてくるし、それこそが「創造」なのである。

先の教師の例にかえると、その教師がその葛藤状況から、その生徒に対して、その場でもっとも適切な答を見出せたとき、それはひとつの創造と言っていいのではなかろうか。簡単な原則によって説明できない「個」のはたらきがそこに認められるからである。

このような見方をしないとき、自分の人生はまったく無価値なものに見えるときがある。誰でも同じ生活を繰り返しているに過ぎないし、近づいてくる死を待っているに過ぎない、ということになる。「――に過ぎない」という考えは、イメージの豊かさと反対のものである。ママゴトに興じている子どもたちにとっては、理想の家庭にふさわしいイメージが生き生きとはたらいているだろうが、それも言ってみるならば、子どもたちが、ガラクタと砂を触っているに過ぎない、のである。

「創造」したいと思う者は、それがいかにエネルギーを必要とするかを知っていなくてはならない。先にあげた教師の例で、「面倒なことは避ける」態度をあげたが、そこからは創造は出て来ない。葛藤を抱きかかえていることは、実に大量の心的エネルギーを必要とすることである。天才と言われる人は、そのような凄まじいエネルギー消費に耐える人である。一般的な意味における「努力」の跡の見えない天才も、消費しているエネルギーは莫大なものであるに違いない。ただ、その痕跡が一般人には見えないからではなかろうか。天才モーツァルトが若くして死んだのも、こんなところに要因があるかも知れない。

福島章の前掲書に、ブルックナーが七十二歳まで生きたという事実の後に、「ただし、彼が四十二歳で第一交響曲を完成してから最後の第九交響曲を未完のままで残すまではほぼ三十年、これはモーツァルトがケッヘル一番のピアノ小品を六歳で書いてから《レクイエム》を未完のままで残して夭折するまでの期間とちょうどおなじなのである」と指摘している。創造の仕事に関するひとつの重要な指摘のように感じられた。

われわれ普通人は、モーツァルトのように作品をつぎつぎ生み出したりすることはできない。しかし、自分の人生こそが作品であり、それをかけがえのないものとするための努力がいると思われる。そのためにはイメージ、あるいは自分の人生に対するヴィジョンを持たねばならない。ただ、能率よく、面倒なことを避けて、生きることばかりを考えていると、それは大量生産の商品と同様のものになって、何らの個性ももたなくなってしまう。自分の人生は手づくりでつくりあげねばならない。

ライフサイクルとイメージ

ライフサイクルとは何か

ライフサイクルという用語は、今日では相当に一般化して使われているが、これが現在理解されているような形で用いられるようになったのは、比較的最近のことである。ライフサイクルについては既に他に概説を述べたので(『岩波講座 精神の科学6 ライフサイクル』、本著作集第十三巻所収)、ここではもっぱらイメージとの関連において論ずることにしたい。

ライフサイクルという考えが心理学において用いられるようになったのが最近のことである、という事実は、その考えの本質とかかわることである。心理学は「発達心理学」を重要視し、乳幼児期、児童期、青年期を取りあげて研究してきたが、それ以後のことにあまり関心を示さなかった。それは、心理学が計測可能な対象に限定してその「発達」を考えようとする限り、人間の「発達」は青年期で終りになってしまうからである。以上のような発達心理学に対して、随分と遅れて、老年期の心理学的研究が生じてくるが、これも端的に言えば、老人になってどれほど能力が低下するかを研究するような感じがあり、人生全体のなかに、老年期の意味を位置づけてゆこうとするものではなかった。

ライフサイクルの考えは、人生の始まりから終りに至るまでの過程を、段階的に区分してその意味を明らかにするのであるが、それは従来の心理学が問題としていた「発達」ということとは、異なってきている。それは端的に表現すると、概念からイメージの方に重点が移動してきているのである。「科学的」研究においては、概念を明確に定義することが必要である。それが操作的に定義されるときは申し分がない。操作的に定義された概念は、計測可能な要素によって構成されてくる。しかし、考えてみると、ライフサイクルを提唱したエリクソンの考えの中心となっている「アイデンティティ」という用語は、科学的概念と言えるだろうか。誤解のないように断っておくが、それが科学的概念でないから駄目だなどと、ここで言おうとしているのではない。むしろ、逆に「アイデンティティ」を科学的概念として定義し、質問紙などによって計測しようとする試みは、それはそれとして評価されるが、エリクソンのもともとの考えからは遠ざかってゆくと感じられないだろうか。「アイデンティティ」というのは、イメージとして理解した方がいいのではなかろうか。

ライフサイクルということを、「私」の心理学ということにひきつけて表現すると、「私」が「私の人生」をいかに見、いかに意味づけるか、ということではないだろうか。それは外から計測できることとして、私の属性の何かがどれほど発達したり退化したりしたかということではなく、私が私についてその意味を私という全存在のなかにどれほど深く位置づけていったか、ということであろう。そのように考えると、これはイメージ抜きにはできないこととなってくる。中心となるのは内的体験なのである。

ライフサイクルの考えが出てくるまでは、「発達心理学」があり、それは青年期どまりであったと述べたが、実のところ、ライフサイクルの考えは、東洋には昔からあったと言っていいだろう。たとえば、孔子の『論語』における次の言葉は誰でも知っているだろう(為政第二の4)。

吾《わ》れ十有五にして学に志す。
三十にして立つ。
四十にして惑わず。
五十にして天命を知る。
六十にして耳順《したが》う。
七十にして心の欲する所に従いて矩《のり》を踰《こ》えず。

この考えは、人間が老いて死んでゆく過程を、衰退としてではなく、一種の完成として見たところが特徴的である。三十から五十に向かう方向が、五十のところから回転してゆくところに注目したい。三十から五十に向かう方向をそのまま維持する考えでゆくと、老年を完成へとは導けないのではなかろうか。

「天命を知る」、「耳順う」などの表現は、まったく内的体験にかかわることである。七十歳において到達する「心の欲する所に従いて矩を踰えず」というときの「心」が、それまでに、「天命を知る」とか「耳順う」などと言われる状態を経過することによってつくられてきたものであり、西洋的な定義による「自我」ではないことを知らねばならない。しかし、ここに表現されていることも、多分にイメージ的であって、一義的に定義し難いものである。このような表現を用いることを許してこそ、ライフサイクルを完成に至るものとして記述できるのだ、と言えるであろう。

インドのヒンドゥー教において、人生の理想的な過ごし方と考えられている「四住期」も、ライフサイクルを完結的に見るひとつの例と言えるであろう。

簡単にそれを紹介すると、人生は学生期、家住期、林住期、遁世期に分けられる。学生期は師に対する絶対的な服従と忠誠が必要で、この時期はひたすら学ぶことになる。続く家住期には結婚して家庭生活をする。職業にもつくし、家族を養わねばならない。これを現代的に考えると、ライフサイクルの終りとさえ考えられるが、これに後の二つが加わるところにヒンドゥーの特徴がある。

第三の林住期は、家長は財産や家族などすべてを棄て、社会的義務も棄てて、人里離れたところで暮らすことになる。これは「真の自己を求める道にはいるため」と考えられている。しかし、この時期は家族と完全に離れるのではなく、家族との絆を保ちつつ林住しているのである。

最後の遁世期は、この世への一切の執着を棄て去って、巡礼をして歩く。いかなる特定の土地や仕事などと結びつくことなく、「永遠の自己との同一化に生き、その他の何ものにも関心を持たぬ」生活をする。

インドの四住期の場合も、生涯が完結してゆくというイメージを与えるものである。このように東洋においては、むしろ古くからライフサイクルの考えがあったとも言えるのだが、それではなぜ西洋において、なかなかそのような考えが出て来ず、しかも最近において出てくるようになったのか、という疑問が生じてくる。これについて次節で考えることにする。

直線と円環

ライフサイクルのイメージとして、二つの基本的な形があり、それは直線と円環であると思われる。西洋において、ライフサイクルの考えが出現する以前、「発達」に重点をおいていた時は、あくまで直線のイメージが強かったと考えられる。人間が出生してから成人になるまで、直線的に発達してくる。そこでその発達の「段階」を設定することが、発達心理学の重要な課題となった。

直線的・段階的に人間が進歩する、発達するという考え方はわれわれにとってわかりやすい気がするが、実のところこれは西洋の近代の産物である。われわれはこの考え方にあまりにも強く親しんでしまっているので、当然のことのように思うのだが、実のところ、この考えは既に述べたように、青年期までしか通用せず、それ以後については衰退と考えるより仕方がなくなる。端的に表現すると、進歩・発達の直線的図式にとって、「死」をどう位置づけるかが、大変な問題となってくるのである。

筆者の考えでは、このような直線イメージの背後にはキリスト教という宗教が存在している。直線的にひたすら上昇してゆくイメージは、天上の唯一神に向けられているし、死後は最後の審判によって、その到達点が判定されるわけである。近代自我は、一回限りの復活と最後の審判というイメージによって支えられているのだ。さもなければ、いかに自我を形成したとしても、死によってそれは消失してしまうので、死ということを考える限り、それは無意味になってしまう。

ところが、いずれのときかに復活し、審判が下ると考えると、できる限りの「進歩」をしておくことが意味をもってくるのである。

近代自我のジレンマは、それを確立し、自然科学を武器としてそれを強化することが、それを支えてくれているキリスト教の教義を信じ難くする、ということである。現代人にとって、キリスト教的な復活の審判のイメージを、本当に自分のものとしてもつことは極めて難しいのではなかろうか。

キリスト教のイメージを自分のものとせず、かつ、直線的段階的発達のイメージのみをもつとき、その人は老いや死の現実にたじろがざるを得ない。このことは、ユングが彼のところに来談した中年以後の年齢の人たちに、社会的には成功している人が多かったと語っていることの意味を知らせてくれる。老いや死を迎え、人生の後半をいかに生きるかに直面した人にとって、社会的地位などはあまり大きな意味をもたなくなってくるのだ。

ユングが人生後半の課題を強調し、エリクソンはそれを受け、フロイトの成人に至るまでの発達的図式に、成人以後の段階をつけ加えて、有名な彼のライフサイクル論を提出した。これはあまりにもよく知られているので、ここでは繰り返さずに、一応周知のこととして論をすすめることにする。

人生の直線的イメージによる理解に対して、円環のイメージによる理解は、輪廻に結びつく。輪廻の場合にも「業」によって、次に生まれ変る存在がいろいろと異なってくるので、今の生き方が大切となる点では、キリスト教の場合と同様であるが、何しろ、死によって「終り」が来るのではなく、それはともかく「始まり」にもなる、という点において、老死を受けいれることが容易になるところがある。

こんなことを言っても、現代の日本人で誰がいったい輪廻など信じているか、それは古い時代の迷信だと言われそうである。しかし、筆者は欧米の友人や知人から、「日本人は輪廻を信じているからいいなあ」と言われたり、「日本人は輪廻を信じているのではないか」と言われたことが再三ある。彼らがそのように言う根拠は、日本人が死を受けいれる態度において、欧米の現代人(つまり、キリスト教における復活を信じられない人)に比して、はるかに優れている、ということである。このことに対してすぐに肯定する気も起こらないが、ともかく考えてみる価値のあることだとは思った。

西洋人の自我は統合性を重んじるので、論理的に不整合なことは受けいれ難い。これに対して、日本人の意識は相当なあいまいさを許容する。片方で自然科学者としての高い知識をもちつつ、片方では輪廻ということを何、となく信じていたり、あるいは、信じているわけではないがなどと言いつつも、半意識的な支えとして持っていたり、ということがあると思われる。

円環は「始まり」も「終り」もない、従って、言い方を換えると、人間の人生は最初から最後まで、すべてを有しており不変であるという見方もできる。つまり、潜在的なものにまで目を向けるとき、赤ちゃんも老人も変りはないのだが、ただ、前面に出てくる様相は年齢によって異なる、と考えるのである。従って、子どもが「老人の知恵」を示したり、成人が「子どもっぽいこと」をしたりすることは、十分にあることで、それらを全体としてみることに意味があり、ある段階の次には異なる段階があり、段階が変ると以前の段階のことは消え失せる、とは考えないのである。

このように、円と直線のイメージを対比させ、あれかこれかと考えるのではなく、ライフサイクルを、円のイメージでみたり、直線のイメージでみたり、その時その人にとっての意味との関連で、どちらでも見てみることが必要と考える方がよさそうである。いずれにせよ、その時の自分にとっての意味ということをよく自覚することが大切のように思われる。

老人と子ども

ライフサイクルを考える上において、先に述べた円環的イメージに頼るときは、老人と子どもの結びつきが非常に重要になってくる。このようなイメージの最たるものは、禅の十牛図における、第十図において、老人と牧童が向き合っている図ではないだろうか。禅体験の最高の境位のイメージとして、このような図が描かれている事実は、示唆するところが大きい。このことについては既に他に論じた（拙稿「元型としての老若男女」、『生と死の接点』岩波書店、本著作集第十三巻所収）ので、ここでは省略する。

老人と子どもの結びつきを描きつつ、ライフサイクルのことを考えさせる児童文学の名作は多くあるが、ここでは最近に読んだ、ジル・ペイトン・ウォルシュ『不思議な黒い石』（遠藤育枝訳、原生林）によって、その点について論じてみよう。

主人公のジェームズはティーンエイジの少年である。引越していった近所に一人で住んでいる老人のサムソンさんと知り合いになる。「ここ五十年、じいさんと呼ばれてるのや」というサムソンにジェームズは何となく親近感を覚え、サムソンが事故で入院すると見舞いに行ったりする。サムソンは間もなく退院してくるものの、余命はあまりないと感じさせる状態である。

サムソンを見舞いに来たジェームズに対して、老人は昔に住んでいた家の暖炉の下に隠している「おまもりの石」をとってきて欲しいと言う。それは彼が十四歳のとき、彼の獲ったうさぎと交換にジプシーの女から貰ったものだと言う。

ジプシーはそれをくれるときに、「これなくしたら、季節の変わるまえに死ぬ。人にやったら、人並みにあぶない目にあう。けど、もし持ってたら、陸でも海でも災難に一生あわん」と言った。じいさんはそのお守りの黒い石を暖炉の下にしまいこんでいたが、「それから七十年、ええ時も悪い時もあったが、災難にはあわなんだ」。それを今は自分の手もとに取り戻そうと思うが、一歩も動けないので、ジェームズに取って来て欲しいと言うのである。

ジェームズは「だいじょうぶだよ。取ってきてあげるよ」と請け合うが、思いがけない困難が彼を待ち受けていた。引越してきたジェームズは、その住んでいる場所のせいもあって、そこの新興地の団地の子どもグループにも、もとからある村の子どもグループにもどちらにもいれて貰えないのである。その上、テリーという強い少年を大将とする村のグループは、ジェームズが自転車で「村」を走りまわるのは怪しからん、やっつけてしまえと見張っているのである。

この話の素晴らしいところは、ジェームズがテリーのグループと対決することによって、少年グループに入ってゆくイニシエーションということと、サムソンが老いの世界からあちらの世界へとイニシエートされることとが重なり合っていることをうまく描いていることである。親子の場合もこのようなことがよくある。ライフサイクルの思春期を子どもがどう生きるかと悩んでいるとき、親は思秋期に悩んでいることもある。

その上に、老人のサムソンは自分のお守りの石を、少年ジェームズに継承して貰うことによって、どこかで、「いのちの永続性」のようなことを感じている。いのちの永続性を何らかのかたちで実感できることは、死へのイニシエーションにおいて重要なことである。ジェームズとサムソンと、それぞれの人間がライフサイクルのある節目を通過しようとしているとき、ジプシーに貰った「不思議な黒い石」が、彼らをつなぎ、彼らを支えるシンボルとして機能しているのである。

ジェームズはサムソンに石を探すと約束したものの、町が新しくなってしまっているので、サムソンの昔の家の廃屋を見つけ出すのに苦労するところや、テリーの軍団につかまえられそうになりながら危うく逃げるところや、テリーのグループとジェームズとの一種の仲介者のようにして出現する少女アンジェイのことなど、興味深いことだがすべて省略しておこう。

ジェームズとテリーの最後の対決のところで、ダムに水が溢れているところを渡らねばならぬことになり、テリーはそれを試みて失敗し瀕死の重傷を負う。ジェームズはその後でそこを必死の力で渡り切る。

ジェームズはサムソンじいさんから、お守りの石を譲り受けるが、それを持って病院にゆき、重傷に苦しんでいるテリーにあげることにする。テリーはジェームズがダムの上を渡ったと知り、「とんでもねえやつだな！村人になる資格はじゅうぶんだよな」と言う。ジェームズは晴れて「村」の一員になれたのだ。そして、この日、サムソンじいさんは静かに死んでゆく。彼も晴れて「あちら」の一員になれたのである。「不思議な黒い石」は、ジプシーの女の言うとおり、凄いお守りかも知れぬし、ただの小石かも知れない。しかし、それが生きたイメージとしてはたらきはじめるとき、老人と少年をむすびつけ、彼らのライフサイクルにとって極めて重要な役割を果したのである。

死と再生

ここに紹介した『不思議な黒い石』の話において、「死」ということが非常に強くはたらいている。サムソンは死んだし、ジェームズは死の危険をおかさねばならなかった。

人間はライフサイクルの、節目節目を通過するとき、内的には「死と再生」の体験をするように思われる。イメージとしての死と再生をどのように生きるかが、なかなか難しいことなのであるが、昔はそのようなことを集団的、社会的にうまく行ってきた。それが未開社会に存在するイニシエーションの儀式である。これについても既に他に度々論じているところなので詳述を避けるが、要はその社会全体が必要に応じて、「死と再生」の体験ができるように、うまく伝統的にきめられてきているのである。

たとえば、わが国に昔行われていた元服の儀式をみると、前髪を切るという行為によって、「首を切る」ことを象徴し、子どもの名を棄てて新しい名前を貰うのは、要するに子どもが死んで大人として生まれかわってきたと考えるわけである。

現代においては、このような集団的なイニシエーション儀礼がなくなったので、各人がそれぞれ自分にふさわしい「死と再生」の儀式を取り行わねばならない。このことが、現代人に課された大きい課題なのである。このようなことを自覚していないとき、「死」がイメージとしてではなく、実際的な力を持ちはじめ、思いがけない事故が生じており、ジェームズの例のように、自ら死の危険性のあるところに飛びこんでゆくようなことも生じてくる。暴走族の若者などを見ていると、その背後に、死がうごめいていることを感じさせられる。このような若者に会ったとき、われわれは単純にその行為を止めさせることのみを考えるのではなく、いかにして「死と再生」の体験を象徴的に遂行して貰うのかを考えねばならない。

ライフサイクルはエリクソンが段階的な設定をしているために、一般にあまりにも段階的に受けとめられすぎているように感じられる。これはどうしても既に述べた直線的発達のイメージを引きずっているからであろう。ユング派の分析家のヘンダーソンも、イニシエーション体験に注目しつつ、一応の段階設定を行っているが、実際的には人間のライフサイクルは直線的にではなく、循環的にすすむものであると指摘している(ヘンダーソン『夢と神話の世界』新泉社)。

ある段階から次の高い段階へと常に進むのではなく、低い方に下降することが必要なときもある、とヘンダーソンは指摘している。彼はこのような考えに立って、ユングが人生の前半と後半の課題をあまりにも明確に区別することにも反対している。ユングが人生の後半の課題として設定したことに直面している若者は、現代では多くいる、と彼は強調している。

ユングの言うような区別は、それでも一応のメルクマールとして持っている方が便利ではあるが、それにとらわれてしまうのは問題だということである。現代の若者が人生後半の課題に直面していることがあると述べたが、わが国の女性は人生の後半になってから、ユングの言う人生前半の課題に取り組むことになっている人も多い。これらの人には、日本の昔のパターンに従って、むしろ、自我を消すことに力をつくしてきたが、時代の変化と共に「自我の確立」という課題に目覚め、それを人生の後半において取り組むことになる。

筆者は、五十歳代の女性から、「昇る太陽と沈む太陽」の二つの太陽を同時に見る夢の報告を受けたことが二度ある。これは、わが国の現代の多くの女性の課題を端的に示している。一方では上昇する太陽のイメージによって示される自我の確立や、社会における自分の地位の向上などの課題があり、他方は、沈む太陽のイメージによって示される、死への準備の仕事が存在している。なかなか困難なことではあるが、与えられた課題は受けとめて生き抜くより他に方法はない。しかし、二つの太陽の共存はなかなか大変なことではある。

ライフサイクルの諸段階の変化と共に、自分と他人との人間関係の在り方も変化する。それは外的にも内的にも変化し、その変化が相呼応することが多い。ユング派の分析家、エーリッヒ・ノイマンは、ライフサイクルの変化の背後に、「母親殺し」、「父親殺し」などのイメージが存在することを明らかにした。ノイマンの自我形成に関するイメージの変化の図式的表現は、これまで再三にわたって述べてきているので、ここでは省略する。ここではそれを周知のこととして論をすすめるが、ひとつ強調したいことは、「母親殺し」、「父親殺し」を遂行したとしても、母親も父親も「再生」してくる、ということである。つまり、自分は「父母殺し」の内的体験をしたので、母親や父親から自立したと簡単にきめつけないことが大切である。確かに、一度殺されて再生してきた、母親イメージ、父親イメージは以前のとは異なっている。しかし、その新しく再生してきた、父母のイメージとどうつき合うのか、そして、また必要とあらば、それらの両親を殺すことを再び行うこともあろう、などと考えてみることが必要である。これは単純に直線的発達の図式を当てはめると、「退行」のように見えるかも知れないが、異なる次元で似たようなことを行っているのである。

ここで述べたような考えをもたないと、非常に単純に、ある人間が「自立している」、「自立していない」と判断したり、自分は既に母親殺しも遂行したと考えて、自立していると評価したりとか、馬鹿げたことが生じるようである。ライフサイクルを直線的と円環的と両方の見方で見ることを、われわれは忘れてはならない。人間は生まれたときから完成しているとも言えるし、どんな人も未完のままに死ぬともいえるのである。

死後の生命

ライフサイクルを考える上で、「死後の生命」ということも考慮する方がいいように思う。このことは「宗教とイメージ」の章に少し紹介しておいたが、これはレイモンド・ムーディの『かいまみた死後の世界』によって述べたものである。その後、ムーディの『続 かいまみた死後の世界』『光の彼方に』の翻訳が出版されたので、これらの本に語られたことを踏まえながら、ライフサイクルと死後の生命の問題を論じてみたい。

ライフサイクルについて論じる際に「死後の生命」のことなどを持ち出してくるのは、極めて非科学的であると非難したくなる人もあるだろう。そこで、この件に関する筆者の立場を明確にしておくことが必要と思われる。既に述べたように、ライフサイクルに関する見方は、その背後に宗教を——意識するとしないとにかかわらず——もっている。しかも、それらの宗教に関する「信仰」は急激に薄れつつある。現代人は「信じる」ことよりも「知る」ことに重きをおこうとしているのだ。

ライフサイクルを考える上で、「死」をどう受けとめるかは実に重要なことである。東洋のライフサイクルの考えが完結のイメージをもちやすいのは、それが人生を死の方から見る態度をもつからであるし、それに対して、西洋近代のように徹底して、生の方から人生を見る場合は、ライフサイクルは完結せず、発達段階は青年期で切れてしまうのである。外から計測するものとしてではなく、「私」が「私の人生」をどう見るかというときに、死について考えることはどうしても必要になってくる。

このとき、既成の宗教の教義に頼ることなく、死に瀕した人にその内的体験をそのまま聞くことを行ったのが、臨死体験(near death experience)の研究である。既に紹介した新しい二冊の本に書かれていることは、本質的にはこれまで言われていたことと変りはない。ただ集結された事例の数が多くなり、これまでに述べてきたことの事実性がますます確かめられたとは言えるであろう。

臨死体験の特徴のなかで、非常に大切なことは、いわゆる「光の体験」であろう。「光と言っても愛と言ってもいいんです。結局同じことなんだろうと思います」と言う人や、「地上で見るどのような光よりもはるかに明るい」、「光の洪水」などと表現する人もある。「見る」と言うよりも「包まれる」と言う方が適切で、「その存在は全き愛と英知を発している。それがあまりに強いため、ほとんどの人間は永遠にその存在とともにありたいと願う」。しかし、それは不可能で、その後に人々はこちらに帰ってきて生き返るのである。

この光の体験こそ、すべてのイメージ体験の根源に存在するものではなかろうか。このような体験をした後では、人々は「死に対する不安がなくなり」、「愛の大切さに気づき」、「あらゆるものとつながっているという感じ」をもつと言われている。この体験が人を変えたのである。このような体験は、その人のそれまでの宗教の信仰と無関係に生じるとされているのも興味深い。

このような臨死体験の報告を基にして、一部の人々が言うように、「死後の生命」の存在が証明されたとは筆者は考えていない。そのようなことよりも、むしろ、ある人にとっての臨死体験というイメージ体験が、その人の人生に対する考えを一変させている事実について注目したい。その人にとって、死は生のなかにちゃんと位置づけられ、恐れることはなくなっているのである。

筆者は臨死体験というのは、必ずしも死に瀕する状態のみによって体験されることではなく、多くの宗教的天才が修行を通じて体験してきたことも同様ではないかと考えている。このことは、おそらくどのような人も、「深い」体験をするならば、自分の人生全般を見とおし、全き知恵をもって見ることができて、それも年齢に関係なくそれは可能であることを示している、と思われる。キュブラー・ロスもムーディも子どもの臨死体験についての感動的な事例を報告している。

このようなことは、人生全般を円環的に見ること、つまり、人生のどの年齢においてもそれは完結しているとも言えることを意味している。ただ、表面に見えてくる様相は、その完結性を明らかにするものでないだけである。この考えは、人間のなかに幼くして死んだり、若くして死んだりする人があることに対して慰めを与えてくれる。直線的ライフサイクルのイメージのみに頼るとき、多くの人々がまったく未完のままで死んでゆくことになるのだが、円環のイメージによるときは、そのようには考えられない。人間は生まれたときから完結しているのである。臨死体験の報告がこの考えを支えてくれている。

ライフサイクルを直線的段階的発達のイメージのみで見る態度から自由になることにより、われわれは子どもや老人の素晴らしさを実感できることになる。壮年の男子のイメージを——男性の英雄像を——到達点としてみるような考えから、われわれは自由にならなくてはならない。

解　題

■影の現象学

「もう一人の私」という主題は、子どもの頃より関心があった。それと「悪」についても考えることが多かったので、ユングの言う「影」にはまず心惹かれた。一九六九、七〇年の二年間にわたって京都大学教育学部において非常勤講師として「心理療法における悪の問題」という講義をした。丁度、大学内で「影」のはたらきが強く体験されているときであった。これを基にして『影の現象学』という書物にしたが、やはり書物としてまとめるのにはそれなりの努力が必要で、出版までに数年の年月を必要とした。

この書物の「あとがき」に「国際交流がはげしくなってきた今日においては、本書の最終章にとりあげたように、われわれにとって、ますますその深い影の部分の自覚が必要となることは明らかなことである」と述べたが、このことは時と共にますます重要になりつつあると思われる。自分と「自分の影」との関係をつくりあげることによってこそ、人間は他の人々とのよい関係をもつことができるのである。そのためには、「影」について知ることが必要だ。

■イメージの心理学

ユング心理学は、イメージの心理学である、と言ってもいいだろう。ただ、イメージと言ってもそれは心の深い領域に、それ自身の自律性をもって存在している、とも言うべきもので、単に外界の模像として心に浮かべるようなものではない。『影の現象学』も、イメージとしての影を論じたものと言えるだろう。

イメージとの関連でユング心理学の考えをまとめてみたいと考えていたので、『イマーゴ』よりの依頼を受けて「イメージの心理学」として一九九〇年一月より十二回にわたって連載した。ただそのなかで、他の著作と重複部分が多いものは、本著作集では割愛することにした。ここに取りあげたように、イメージは宗教、芸術、創造性、ライフサイクルなどと深くかかわるもので、個々のトピックについてイメージとの関連において考察することは、私にとっても意義あることであった。

イメージを重視すると言うと、時に私が「言語化」に反対していると誤解されるが、決してそんなことはない。ただ外国の書物から得た概念におきかえて、それを「解釈」とか「言語化」とか考えるような安易なことはしたくない、と思っているだけである。そんなこともあって、「イメージと言語」のところは、特に力を入れて書いた記憶がある。

『イメージの心理学』は、やや入門的すぎるかと思ったりしていたが、芸術や宗教のみならず、思いがけない他領域の人たちに読まれていることを知り、嬉しく思った。イメージの研究は、今後多くの領域で重要となると思う。

初出一覧

『影の現象学』一九七六年六月、思索社刊。一九八七年十二月、講談社学術文庫。

『イメージの心理学』『イマーゴ』一九九〇年一月―一九九一年一月、青土社。『イメージの心理学』一九九一年十一月、青土社刊に所収。

■岩波オンデマンドブックス■

河合隼雄著作集 2
ユング心理学の展開

1994年5月10日　第1刷発行
1998年1月7日　第2刷発行
2015年11月10日　オンデマンド版発行

著　者　河合隼雄《かわいはやお》

発行者　岡本　厚

発行所　株式会社　岩波書店
〒101-8002 東京都千代田区一ツ橋2-5-5
電話案内 03-5210-4000
http://www.iwanami.co.jp/

印刷／製本・法令印刷

ISBN 978-4-00-730311-1　Printed in Japan